Fortsetzung auf der 3. Umschlagseite.

Sammlung
Außerdeutscher Strafgesetzbücher.

Herausgegeben von den Schriftleitungen
der
Zeitschrift für die gesamte Strafrechtswissenschaft
und der
Mitteilungen der Internationalen Kriminalistischen Vereinigung.

XL.

Das Russische Militär-Strafrecht.

BERLIN 1913.

J. Guttentag, Verlagsbuchhandlung,
G. m. b. H.

Das Russische Militär-Strafrecht.

Übersetzt und bearbeitet

von

Rechtsanwalt **Klibanski**
in Berlin.

BERLIN 1913.
J. Guttentag, Verlagsbuchhandlung,
G. m. b. H.

Vorbemerkung.

Die vorliegende Bearbeitung des russischen Militärstrafrechtes besteht aus: einer Übersetzung des Militärstrafgesetzbuchs, einer kurzen Skizze des Disziplinargesetzes und einer kurzen systematischen Darstellung der Militärstrafgerichtsordnung. Diese 3 Gesetze bilden die drei letzten Bücher — XXII, XXIII und XXIV — der Gesamtkodifikation aller russischen Militärgesetze, Verordnungen usw.; sie beziehen sich aber auf das Landheer, während alle Gesetze, Verordnungen, Erlasse usw., welche sich auf die Kaiserliche Kriegsmarine beziehen, in einem besonderen Kodifikationswerke zusammengefaßt werden: „Kodex der Marinevorschriften“. Dieser letztere Kodex enthält nun in seinen letzten drei Büchern — XVI, XVII und XVIII — dieselben drei Gesetze für die Marine wie die erwähnten drei Bücher XXII—XXIV des Kodex der Militärgesetze für das Landheer, also ein Marinestrafgesetzbuch, ein Marinedisziplinargesetz und eine Marinestrafgerichtsordnung. Diese drei Gesetze für die Marine sind aber nichts weiter als eine oft wörtliche Wiederholung derselben für das Landheer geltenden Gesetze, und die durch die Verschiedenheit der Bezeichnungen der Gerichtsinstitutionen und dergl. bedingten Abweichungen machen in der Sache selbst keinen Unterschied. So entspricht dem Regimentsgericht des Landheeres das Bordgericht der Marine — sie bilden beide die unterste Instanz des Strafgerichts. Dem Militärbezirksgericht des Landheeres entspricht das Kriegsmarinegericht und der Oberste Militärgerichtshof im Landheere wird bei der Marine als Oberster Kriegsmarinegerichtshof bezeichnet. Diese Verschiedenheit in der Bezeichnung der Behörden und dergl. ändern, wie schon erwähnt, weder im Wesen noch am Inhalt der Gesetze selbst, und in den vorliegend wiedergegebenen drei Gesetzen hat man daher die materiellstrafrechtlichen und strafprozessualen Vorschriften des Landheeres sowie auch der Kriegsmarine vor sich.

Das Militärstrafgesetzbuch nimmt an zahlreichen Stellen auf das geltende bürgerliche Strafgesetzbuch und an einigen Stellen auf das neue Strafgesetzbuch vom 22. März 1903 Bezug. Von dem letzteren Strafgesetz sind jedoch bis jetzt nur einige Teile in Kraft gesetzt, das ganze Gesetz aber als solches ist noch nicht geltendes Recht. Während nun dieses neue Strafgesetzbuch in deutscher Übersetzung in der Sammlung außerdeutscher Strafgesetze Nr. 24 der Intern. Krim. Vereinigung wiedergegeben ist, liegt eine deutsche Übersetzung des geltenden russischen Strafgesetzbuchs nicht vor. Ich habe daher da, wo in dem Militärstrafgesetzbuch auf das geltende bürgerliche Strafgesetzbuch verwiesen ist, die Bestimmungen des letzteren (in Fußnoten) in wörtlicher Übersetzung wiedergegeben. Wo dagegen im Militärstrafgesetzbuch auf das neue Strafgesetzbuch Bezug genommen ist, habe ich in einer Fußnote auf die erwähnte deutsche Übersetzung unter Anführung der Seitenzahl, wo die betreffende Bestimmung zu finden ist, verwiesen.

Zu bemerken ist noch endlich, daß das geltende russische Strafgesetz aus zwei Teilen besteht: dem „Gesetz betreffend die kriminellen und korrektionellen Strafen" und dem „Gesetz betreffend die von den Friedensrichtern zu verhängenden Strafen" (für leichtere Vergehen und Übertretungen). Beide Teile bilden den Inhalt des XV. Bandes der Gesamtkodifikation aller bürgerlichen Gesetze, des sog. Swod Sakonow und gelten in der Ausgabe vom Jahre 1885 in der ihnen durch die zahlreichen Änderungen und Ergänzungen des Jahres 1906 gegebenen Fassung. In dem vorliegenden Werke wird der erste Teil dieses Strafgesetzes als „Strafgesetzbuch", der zweite Teil schlechthin als „Strafgesetz" zitiert.

Berlin im Oktober 1912.

Klibanski.

Inhaltsverzeichnis.

I. Das Militärstrafgesetzbuch.

Erster Teil.

	Art.	Seite
Von den Verbrechen, Vergehen und Strafen überhaupt	1—95	13
I. Kapitel. Von den Strafen	2—67	13
1. Abschnitt. Von den verschiedenen Strafarten	2—9	13
2. Abschnitt. Von den kriminellen Strafen	10—19	17
3. Abschnitt. Von den korrektionellen Strafen	20—54	18
I. Für Offiziere und Militärbeamte	20—46	18
1. Von der Haft in Korrektionsarrestantenabteilungen und in einem bürgerlichen Gefängnis	20—23[1]	18
2. Von der Einschließung in eine Festung	24—27	20
3. Von der Einschließung in ein bürgerliches Gefängnis	28—31	21
4. Von der Haft in der Hauptwache	32—34	22
5. Von den Geldstrafen	35—37	22
6. Vom Ausschluß aus dem Dienste	38—41	22
7. Von der Degradation zum Gemeinen	42—43	23
8. Von der Verabschiedung vom Dienste	44—45	24
9. Von der Amtsentlassung	46	24
II. Für die Personen der unteren Dienstgrade	47—54	24
1. Von der Haft in Korrektionsarrestantenabteilungen und in einem bürgerlichen Gefängnis	48	24
2. Von der Überweisung an ein Disziplinarbataillon oder Kompagnie	49—50[1]	24
3. Von der Einzelhaft in einem Militärgefängnis	51—52	25
4. Von den Geldstrafen	53	26
5. Von der Festungshaft	53[1]—54	26
4. Abschnitt. Von der Ersetzung der einen Strafe durch andere	55—61	26
5. Abschnitt. Von der Entschädigung für Schaden und Verluste	62—67	27

	Art.	Seite
II. Kapitel. Von der Bestimmung der Strafen für Verbrechen und Vergehen	68—75	29
1. Abschnitt. Von den Gründen, aus denen die Tat als Schuld nicht anzurechnen ist	68—71	29
2. Abschnitt. Von der Höhe der Strafen	72—82	29
I. Von der Strafe nach Maßgabe der Beteiligung an einem Verbrechen oder Vergehen	72—75	29
II. Von den Umständen, welche die Schuld und die Strafe erhöhen oder mildern	76—82	31
3. Abschnitt. Von der Macht und den Pflichten des Militärgerichts bei Bestimmung der Strafe	83—91	35
4. Abschnitt. Von der Aufhebung und Milderung der Strafen	92—95	40

Zweiter Teil.

Von den militärischen und andern Verbrechen und Vergehen im Militärdienste	96—242	42
I. Kapitel. Von der Verletzung der militärischen Disziplin und Unterordnung	96—112	42
II. Kapitel. Von der Beleidigung und den Gewalttätigkeiten gegen eine Schildwache und gegen Amtspersonen des Militärstandes	113—123	48
1. Abschnitt. Von der Beleidigung von Wachposten und einer Militärwache und dem gewaltsamen Angriff auf solche	113—120	48
2. Abschnitt. Von der Beleidigung von Amtspersonen des Militärstandes	121—123	50
III. Kapitel. Von dem Sichentziehen vom Dienste	124—127	51
IV. Kapitel. Von der Fahnenflucht, der eigenmächtigen Entfernung und der nicht rechtzeitigen Meldung zum Dienst	128—140	52
V. Kapitel. Von der Überschreitung der Machtbefugnis und ihrer gesetzwidrigen Nichtausübung	141—152	55
VI. Kapitel. Von der Verletzung der dienstlichen Pflichten auf der Schildwache oder während des Tagesdienstes	153—161	60
1. Abschnitt. Von der Verletzung der dienstlichen Pflichten auf der Schildwache	153—160	60
2. Abschnitt. Von der Verletzung der dienstlichen Pflichten während des Tagesdienstes	161—161[1]	63
VII. Kapitel. Von der gesetzwidrigen Veräußerung und Beschädigung von staatlichen Waffen und Vermögen durch Personen der unteren Dienstgrade	162—168[1]	64

	Art.	Seite
VIII. Kapitel. Von der Verletzung der bei der Erledigung von Amtsdiensten und Angelegenheiten vorgeschriebenen Ordnung durch Militärpersonen	169—172	65
IX. Kapitel. Von der geringen Aufsicht über Untergebene und dem Mißbrauch der Dienstgewalt im Verkehr der Vorgesetzten mit den Untergebenen	173–189	66
1. Abschnitt. Von der geringen Aufsicht über Untergebene	173—175	66
2. Abschnitt. Von der gesetzwidrigen Einbehaltung des den Untergebenen zustehenden Gehalts, Proviants und anderer Sachen und Gelder	176—177	67
3. Abschnitt. Von der Verwendung Untergebener zu den dienstlichen Pflichten nicht entsprechenden Verrichtungen . .	178—182	68
4. Abschnitt. Von der gesetzwidrigen Behandlung Untergebener durch die Vorgesetzten und von dem Mißbrauch der Dienstgewalt bei der Festsetzung von Strafen	183–189	69
X. Kapitel. Von der Verletzung des militärischen Wohlverhaltens und der zur Wahrung desselben erlassenen Vorschriften	190–196	71
XI. Kapitel. Von den gesetzwidrigen Handlungen von Amtspersonen in einigen besonderen Dienstarten	197—215	73
1. Abschnitt. Von den gesetzwidrigen Handlungen bei der Anfertigung von Gegenständen der Verpflegung	197—202	73
2. Abschnitt. Von den gesetzwidrigen Handlungen bei Aufführung von staatlichen Bauwerken, Gebäuden, Befestigungen und andern Baulichkeiten der Militärverwaltung	203—211	74
3. Abschnitt. Von den gesetzwidrigen Handlungen in der militärärztlichen Verwaltung	212—215	77
XII. Kapitel. Von den Verbrechen und Vergehen in der Verwaltung und Verwahrung dienstlich anvertrauten Vermögens	216—241	78
1. Abschnitt. Von den Verbrechen und Vergehen bei der Übernahme staatlicher Geldbeträge und der Staatskasse zu liefernder Sachen, beim Verlangen und bei der Verabfolgung dieser Sachen und bei der Beaufsichtigung der Erfüllung von Verträgen	216—228	78

	Art.	Seite
2. Abschnitt. Von den Verbrechen und Vergehen bei der Verwahrung dienstlich anvertrauten Vermögens	229–239	82
3. Abschnitt. Von den Verbrechen und Vergehen bei Führung der Bücher über Einnahmen und Ausgaben	240–241	87
XIII. Kapitel. Von den Verbrechen und Vergehen im Dienste, die den Militärpersonen mit den Beamten der Zivilverwaltung gemeinsam sind	242	88
Dritter Teil.		
Von der Verletzung der Dienstpflichten zur Zeit kriegerischer Operationen und von den Verbrechen und Vergehen, die in Orten begangen werden, die im Kriegszustand erklärt sind	243–271	88
I. Kapitel. Von der Verletzung der Dienstpflichten zur Zeit kriegerischer Operationen . . .	243–267	88
II. Kapitel. Von den Verbrechen und Vergehen, die in Orten begangen werden, die im Kriegszustand erklärt sind, und von den Straftaten gegen die Sicherheit des Heeres . .	268–271	96
Vierter Teil.		
Von den Verbrechen und Vergehen, die vom Dienste unabhängig den Militärpersonen mit den Personen bürgerlichen Standes gemeinsam sind . .	272–279	97
Fünfter Teil.		
Von den Strafen der bei den Disziplinarbataillonen oder Kompagnien in Haft Befindlichen	280–282	101

Beilagen.

I. (zu Art. 8.) Tabelle zur Bestimmung der Gleichwertigkeit der Strafen 103

II. (zu Art. 59.) Zeitweilige Vorschriften über die Ersetzung der Einzelhaft in einem Militärgefängnis 109

Anhang zum Militärstrafgesetzbuch: Das Disziplinargesetz, eine kurze Skizze der hauptsächlichsten Bestimmungen . 110

II. Die Militärstrafgerichtsordnung.

A. Gerichtsverfassung 118
B. Zuständigkeit 123
C. Allgemeine strafprozessuale Grundsätze 125
D. Einleitung des Strafverfahrens 127
E. Ermittlungsverfahren 128
F. Voruntersuchung 129

Seite
G. Erhebung der Anklage 136
H. Verfahren vor den Regimentsgerichten 137
I. Verfahren vor den Militärbezirksgerichten und den zeitweiligen Militärgerichten 143
K. Zuständigkeit des Obersten Militärgerichtshofs und Verfahren vor demselben 151
L. Vollstreckung der Urteile der Militärbezirksgerichte und der zeitweiligen Militärgerichte 154
M. Ausnahmen von dem ordentlichen Prozeßverfahren:
1. Verfahren bei Vergehen gegen Kirche und Religion . . . 155
2. Verfahren gegen Personen geistlichen Standes 156
3. Verfahren wegen Staatsdelikte 156
4. Verfahren wegen Amtsdelikte 157
5. Verfahren bei Vergehen in den verschiedenen Zweigen der Staatsverwaltung 158
6. Konkurierende Zuständigkeit der Militär- und Zivilgerichte 158
7. Verfahren bei Vergehen gegen die Preßgesetze 159
N. Das Strafverfahren in Kriegszeiten 159

Militärstrafgesetzbuch.

(Kodex der Militärstrafgesetze vom Jahre 1869, Buch XXII, 3. Ausg., 1900),

mit allen in der Fortsetzung vom Jahre 1907 und den Befehlen in Militärsachen bis zum 1. Mai 1910 publizierten Änderungen.

Erster Teil.

Von den Verbrechen, Vergehen und Strafen überhaupt.

1. In allen denjenigen Fällen, für welche das vorliegende Gesetz keine Ausnahmen oder besondere Vorschriften bestimmt, finden auf die den Militärstrafgesetzen unterstehenden Personen hinsichtlich der Verbrechen, Vergehen und Strafen die allgemeinen Bestimmungen der geltenden bürgerlichen Strafgesetze (Gesetz betreffend die kriminellen und korrektionellen Strafen[1]) und das Gesetz betreffend die von den Friedensrichtern zu verhängenden Strafen[2]) — Swod Sakonow, Band XV, Ausgabe 1885 und in der Fassung vom Jahre 1906 — sowie das Allerhöchst bestätigte Strafgesetzbuch vom 22. März 1903 in denjenigen Teilen, die in Kraft gesetzt sind) Anwendung.

Erstes Kapitel.

Von den Strafen.

Erster Abschnitt.

Von den verschiedenen Strafarten.

2. Die durch dieses Gesetz festzusetzenden kriminellen Strafen sind folgende:

I. Die Aberkennung aller Standesrechte und die Todesstrafe;

II. die Aberkerkennung aller Standesrechte und die Verschickung zu Zwangsarbeiten;

Anmerkung. Die nach dem Strafgesetzbuch für einige Verbrechen zu erkennende Verschickung zur Ansiedelung an Orten, die hierzu bestimmt sind [StGB. Artikel 17 III in der

---

1) Weiterhin als „Strafgesetzbuch" zitiert.

2) Weiterhin als „Strafgesetz" zitiert.

Fassung von 1906[1])] wird auch nach den Urteilen des Militärgerichts in denselben Fällen und auf derselben Grundlage festgesetzt.

3. Außer den in dem vorstehenden Artikel (2) aufgeführten Strafen wird für einige militärische Verbrechen in den im Gesetze angegebenen Fällen auf folgende kriminelle Strafen ohne Aberkennung aller Standesrechte erkannt:

I. Todesstrafe;

II. Einschließung in eine Festung.

4. Für Verbrechen und Vergehen, die mit einer Verletzung der Pflichten des Militärdienstes nicht verbunden sind, werden für Offiziere und Militärbeamte die korrektionellen Strafen auf Grund des bürgerlichen Strafgesetzbuchs [Artikel 30 in der Fassung von 1906[2])] festgesetzt, wobei jedoch die Einschließung in ein Gefängnis auf Zeit ohne Dienstentlassung und ohne Aberkennung der Rechte und Vorrechte, ebenso der kurzfristige Arrest, Verweise vor dem Gerichte, Vorhaltungen und Ermahnungen Umwandlungen erfahren auf Grund einer besonderen Tabelle, die dem Artikel 8 dieses Gesetzes beigefügt ist.

Für Verbrechen und Vergehen, die mit einer Verletzung der Pflichten des Militärdienstes nicht verbunden sind, werden für Offiziere und Militärbeamte die Strafen auch auf Grund des Allerhöchst bestätigten Strafgesetzbuchs vom 22. März 1903 (vgl. oben Artikel 1) festgesetzt, wobei jedoch die Einschließung in eine Festung für die Zeitdauer von nicht über ein Jahr und die Einschließung in ein Gefängnis ohne Aberkennung der Rechte und Vorrechte für eine Zeit-

---

[1]) Artikel 17 StGB. in der Fassung vom Jahre 1906 lautet:
Die gesetzlich bestimmten kriminellen Strafen sind die folgenden:
I. Verlust aller Standesrechte und Todesstrafe.
II. Verlust aller Standesrechte und Verschickung zu Zwangsarbeiten.
III. Verlust aller Standesrechte und Verschickung zur Ansiedelung an die dazu bestimmten Orte.

[2]) Artikel 30 StGB. in der Fassung von 1906 lautet:
Die gesetzlich bestimmten korrektionellen Strafen sind die folgenden:
I. Überweisung an eine Korrektionsarrestantenabteilung auf Zeit unter Aberkennung aller besonderen dem Verurteilten persönlich und nach seinem Stande oder Berufe zugeeigneten Rechte und Vorrechte.
II. Einschliefsung in ein Gefängnis auf Zeit unter Aberkennung aller besonderen dem Verurteilten persönlich und nach seinem Stande oder Berufe zugeeigneten Rechte und Vorrechte.
III. Einschliefsung in eine Festung auf Zeit unter Aberkennung nur einiger besonderen, dem Verurteilten persönlich und nach seinem Stande zugeeigneten Rechte und Vorrechte, oder aber ohne Aberkennung, je nach der Art des Verbrechens und der Höhe der Schuld.
IV. Einschliefsung in ein Gefängnis auf Zeit unter Aberkennung nur einiger besonderen, dem Verurteilten persönlich nach und seinem Stande zugeeigneten Rechte und Vorrechte.
V. Einschliefsung in ein Gefängnis auf Zeit.
VI. Kurzfristiger Arrest.
VII. Verwarnungen in Gegenwart des Gerichts, Vorhaltungen und Ermahnungen von Gerichts- und Regierungsbehörden, Geldstrafen.

dauer von nicht über neun Monaten Umwandlungen auf Grund der Ergänzung zur Beilage I (zu Artikel 8 dieses Gesetzes) erfahren.

5. Die nach diesem Gesetz für Offiziere und Militärbeamte zu erkennenden korrektionellen Strafen für Verbrechen und Vergehen im Dienste sind folgende:

I. Die Überweisung an die Korrektionsarrestantenabteilungen der Zivilverwaltung auf Zeit unter Aberkennung des Ranges, Ausschluß aus dem Dienst und unter Verlust aller besonderen, dem Verurteilten persönlich und nach seinem Stande zugeeigneten Rechte und Vorrechte.

II. Einschließung in ein bürgerliches Gefängnis auf Zeit unter Ausschluß aus dem Dienste und unter Verlust aller besonderen dem Verurteilten persönlich und nach seinem Stande zugeeigneten Rechte und Vorrechte.

III. Ausschluß aus dem Dienst unter Aberkennung des Ranges und unter Verlust einiger (Artikel 40) besonderen dem Verurteilten persönlich und nach seinem Stande zugeeigneten Rechte und Vorrechte.

IV. Einschließung in eine Festung auf Zeit unter Ausschluß aus dem Dienste ohne Aberkennung des Ranges und unter Verlust einiger besonderen, dem Verurteilten persönlich und nach seinem Stande zugeeigneten Rechte.

V. Degradation zum Gemeinen.

VI. Ausschluß aus dem Dienste ohne Rangverlust unter Verlust einiger dem Verurteilten persönlich und seinem Stande nach zugeeigneten Rechte und Vorrechte.

VII. Einsschließung in eine Festung auf Zeit unter Beschränkung einiger Rechte und Vorrechte im Dienste.

VIII. Verabschiedung vom Dienst unter Beschränkung einiger Rechte und Vorrechte im Dienste.

IX. Arrest in der Hauptwache unter Beschränkung einiger Rechte und Vorrechte im Dienste, oder aber ohne alle Beschränkung der Rechte und Vorrechte.

Anmerkung 1. Unabhängig von den oben aufgezählten Strafen wird in einigen, in diesem Gesetze angegebenen Fällen die Amtsentsetzung mit den im Artikel 46 des Gesetzes bezeichneten Folgen ausgesprochen.

Anmerkung 2. Die Unterfähnriche der Ingenieurtruppen und der Ingenieurkondukteure (Kodex der Militärgesetze vom Jahre 1869, Buch VII — Ausgabe 2 — Artikel 180 und 191) und die Anwärter für den Klassendienst werden hinsichtlich der Strafen den Offizieren gleichgestellt.

6. Die nach diesem Gesetz für Personen der unteren Dienstgrade festzusetzenden korrektionellen Strafen sind folgende:

a) Für die Verbrechen, die mit einer Verletzung der Pflichten des Militärdienstes nicht verbunden sind:

I. Überweisung an eine Korrektionsarrestantenabteilung der Zivilverwaltung unter Verlust des militärischen Standes, mit Ausschluß aus dem Dienste und unter Verlust aller besonderen, dem Verurteilten persönlich und nach seinem Stande oder Berufe zugeeigneten Rechte und Vorrechte.

II. Einschließung in ein Gefängnis der Zivilverwaltung unter Verlust des militärischen Standes, mit Ausschluß aus dem Dienste und unter Verlust aller besonderen, dem Verurteilten persönlich und nach seinem Stande oder Berufe zugeeigneten Rechte und Vorrechte.

III. Einzelhaft in einem Militärgefängnis unter Verlust einiger Rechte und Vorrechte im Dienste und unter Versetzung in die Klasse der Bestraften.

IV. Geldstrafen.

b) Für Verbrechen im Dienste:

I. Überweisung an eine Korrektionsarrestantenabteilung der Zivilverwaltung unter Verlust des militärischen Standes, mit Ausschluß aus dem Dienste und Verlust aller besonderen, dem Verurteilten persönlich und nach seinem Stande zugeeigneten Rechte und Vorrechte.

II. Einschließung in ein Gefängnis der Zivilverwaltung unter Verlust des militärischen Standes mit Ausschluß aus dem Dienste und unter Verlust aller besonderen, dem Verurteilten persönlich wie nach seinem Stande zugeeigneten Rechte und Vorrechte.

III. Überweisung an ein Disziplinarbataillon oder -Kompagnie unter Verlust einiger Rechte und Vorrechte im Dienste und unter Versetzung in die Klasse der Bestraften.

IV. Einzelhaft in einem Militärgefängnis unter Verlust einiger Rechte und Vorrechte im Dienste und unter Versetzung in die Klasse der Bestraften.

7. Gleichermaßen kann nach Ermessen des Gerichts gegen Militärpersonen auch auf die in dem Disziplinargesetz bezeichneten Strafen (Kodex der Militärgesetze vom Jahre 1869, Buch XXIII, Ausgabe 3 in der Fassung von 1907) erkannt werden[1].

7[1]. Unabhängig von den oben in den Artikeln 5—7 aufgezählten Strafen kann in einigen in diesem Gesetz bezeichneten Fällen sowohl gegen Offiziere und Militärbeamte als auch gegen Personen der unteren Dienstgrade auf Einschließung in eine Festung unter Verlust einiger besonderen, dem Verurteilten persönlich und nach seinem Stande zugeeigneten oder im Dienste von ihm erworbenen Rechte und Vorrechte und unter Ausschluß hierbei der Offiziere und Militärbeamten aus dem Dienste mit Rangverlust erkannt werden.

---

[1]) Das Disziplinargesetz ist inhaltlich im zweiten Teil dieser Arbeit (Anhang) mitgeteilt.

8. In einer besonderen Beilage zu diesem Artikel werden diejenigen Strafen, denen die Militärchargen zu unterwerfen sind, anstelle einiger korrektionellen Strafen, die durch die allgemeinen Strafgesetze festgesetzt sind, sowie das Verhältnis der Schwere der Strafen bestimmt, welche durch dieses Gesetz für Militärpersonen je nach der Verschiedenheit ihrer Rechte und ihrer Dienststellung festgesetzt sind.

Anmerkung. In derselben Beilage sind die Vorschriften dargelegt: a) über das Verfahren wegen Umwandlung der Festungs- und Gefängnishaft, die für Straftaten nach dem Strafgesetzbuch festzusetzen sind, für Militärpersonen in Militärstrafen (Ergänzung) und b) wegen Umwandlung der auf Grund dieses Gesetzes gegen Personen der Landwehr und Militärpersonen der unteren Dienstgrade der Heeresreserve festzusetzenden Strafen (Anm. VI und VII).

9. Zu den sowohl kriminellen wie korrektionellen Strafen tritt noch in einigen durch die Gesetze bestimmten Fällen eine Kirchenbuße hinzu; die Arten dieser Buße sowie ihre Dauer werden durch die geistliche Behörde festgesetzt. In den in den Gesetzen besonders angegebenen Fällen werden auch die Konfiskation aller oder von Teilen der den Verurteilten gehörigen Sachen oder von andern Vermögensgegenständen, das Verbot des Wohnens in den Residenzen und in andern Orten, die Stellung unter besondere Aufsicht der Militärbehörde oder der Polizei und die Landesverweisung, wenn der Schuldige Ausländer ist, festgesetzt.

Anmerkung. Die zur Verschickung zu Zwangsarbeiten Verurteilten werden einer Kirchenbuße nicht unterzogen.

Zweiter Abschnitt.

Von den kriminellen Strafen.

10. Die Arten der mit der Aberkennung aller Standesrechte verbundenen Todesstrafe (Art. 2) sind: Erhängen und Erschießen.

11. ist gestrichen.

12. Ist im Gesetze die Art der Todesstrafe nicht angegeben, so ist die Bestimmung der einen oder der andern Art derselben dem Ermessen des Gerichts überlassen.

13. Die Todesstrafe ohne Aberkennung aller Standesrechte (Art. 3) ist nach Gerichtsurteil ausschließlich zur Kriegszeit zulässig und überdies für solche Verbrechen gegen die Pflichten des Dienstes, die zwar zur Kriegszeit die Todesstrafe nach sich ziehen, jedoch nicht von eigennützigen oder andern schimpflichen Beweggründen begleitet sind. Die Todesstrafe ohne Aberkennung aller Standesrechte wird stets durch Erschießen vollstreckt.

14. Die Zwangsarbeiten werden nach der Art des Verbrechens und nach Maßgabe der Schuld in folgenden Stufen festgesetzt:

1. Stufe. Zwangsarbeit ohne Frist (lebenslänglich, d. Ü.).

2. Stufe. Zwangsarbeit auf die Dauer von fünfzehn bis zu zwanzig Jahren.

3. Stufe. Zwangsarbeit auf die Dauer von zwölf bis zu fünfzehn Jahren.

4. Stufe. Zwangsarbeit auf die Dauer von zehn bis zu zwölf Jahren.

5. Stufe. Zwangsarbeit auf die Dauer von acht bis zu zehn Jahren.

6. Stufe. Zwangsarbeit auf die Dauer von sechs bis zu acht Jahren.

7. Stufe. Zwangsarbeit auf die Dauer von vier bis zu sechs Jahren.

15 und Anmerkung sind aufgehoben.

16. Die Folgen der Aberkennung aller Standesrechte bei der Todesstrafe, Verschickung zu Zwangsarbeiten oder Ansiedelung sind dieselben, die für die Strafen dieser Art in den allgemeinen Strafgesetzen bestimmt sind [StGB. Art. 22—28 [1])].

Anmerkung. Die Form der Urteilsvollstreckung gegen einen zur Todesstrafe unter Aberkennung aller Standesrechte Verurteilten wird in der Militärstrafprozeßordnung bestimmt (Kodex der Militärgesestze vom Jahre 1869, Buch XXIV, Ausg. 3).

17 ist gestrichen.

18. Die Einschließung in eine Festung wird auf die Dauer von zehn bis zu zwanzig Jahren festgesetzt und ist stets mit Ausschluß aus dem Dienst und Aberkennung des Ranges verbunden.

19. Die Einschließung in eine Festung wird lediglich für Militärverbrechen nach besonderer infolge die Schuld mildernder Umstände erfolgter Befürwortung des Gerichts wegen Umwandlung der Todesstrafe oder der Aberkennung aller Standesrechte mit Verschickung zu Zwangsarbeiten in diese Strafe festgesetzt. Solche Befürwortungen der Gerichtsbehörden werden in Friedenszeiten zur Allerhöchsten Entscheidung und in Kriegszeiten zur Entscheidung des Oberkommandierenden vorgelegt.

Dritter Abschnitt.

Von den korrektionellen Strafen.

I. Für Offiziere und Militärbeamte.

1. Von der Haft in Korrektionsarrestantenabteilungen und in einem bürgerlichen Gefängnis.

20.
21.
22 mit Anm. 1 und 2
23.
sind aufgehoben.

23[1]. Die Überweisung an eine Korrektionsarrestantenabteilung oder an ein bürgerliches Gefängnis auf eine bestimmte Zeit unter

[1]) Die Artikel 22—28 des Strafgesetzbuchs sind inhaltlich im wesentlichen in den jetzt in Kraft gesetzten Artikeln 25—30 des neuen russischen StGB. vom 22. März 1903 enthalten. Die Übersetzung dieses neuen StGB. ist in der Nr. 24 der „Sammlung außerdeutscher Strafgesetzbücher“ der IKV. gegeben; die zitierten Artikel 25—30 sind auf S. 17–19 zu finden.

Aberkennung des Ranges mit Ausschluß aus dem Dienst und Verlust aller besonderen, dem Verurteilten persönlich und nach seinem Stande oder Berufe zugeeigneten Rechte und Vorrechte wird nach den in den Artikeln 31, 31[1] und 33 des Strafgesetzbuchs [in der Fassung von 1906[1])] gegebenen Bestimmungen festgesetzt und wird von den Folgen begleitet, die in den Artikeln 43 und 46 desselben Strafgesetzbuches [in der Fassung von 1906[1])] angegeben sind.

---

[1]) Die hier zitierten Artikel 31, 31[1], 33, 43 und 46 des StGB. lauten:

Art. 31. Die Dauer der Arbeiten in den Korrektionsarrestantenabteilungen werden nach Mafsgabe der Schuld in folgenden Stufen festgesetzt:

1. Stufe. Arbeiten in den Korrektionsarrestantenabteilungen auf die Dauer von dreiundeinhalb bis zu vier Jahren.

2. Stufe. Arbeiten in den Korrektionsarrestantenabteilungen auf die Dauer von drei bis zu dreiundeinhalb Jahren.

3. Stufe. Arbeiten in den Korrektionsarrestantenabteilungen auf die Dauer von zweiundeinhalb bis zu drei Jahren.

4. Stufe. Arbeiten in den Korrektionsarrestantenabteilungen auf die Dauer von anderthalb Jahren bis zu zweiundeinhalb Jahren.

5. Stufe. Arbeiten in den Korrektionsarrestantenabteilungen auf die Dauer von einem Jahre bis zu anderthalb Jahren.

Art. 33[1]. Aufser den im Artikel 31 angegebenen Zeiten wird auf Überweisung an die Korrektionsarrestantenabteilungen auf die Daner von fünf bis zu sechs und von vier bis zu fünf Jahren erkannt.

Art. 33. Die Dauer der Einschliefsung in ein Gefängnis auf Zeit, verbunden mit dem Verlust aller besonderen Rechte und Vorrechte (Art. 30 II) wird nach Mafsgabe der Schuld in folgenden Stufen festgesetzt:

1. Stufe. Einschliefsung in ein Gefängnis auf die Dauer von einem Jahre und vier Monaten bis zu zwei Jahren.

2. Stufe. Einschliefsung in ein Gefängnis auf die Dauer von acht Monaten bis zu einem Jahre und vier Monaten.

3. Stufe. Einschliefsung in ein Gefängnis auf die Dauer von vier bis zu acht Monaten.

4. Stufe. Einschliefsung in ein Gefängnis auf die Dauer von zwei bis zu vier Monaten.

Art. 43. Mit der Aberkennung aller besonderen, dem Verurteilten persönlich und nach seinem Stande zugeeigneten Rechte und Vorrechte verliert der zur Überweisung an die Korrektionsarrestantenabteilungen auf Zeit oder zur Einschliefsung in ein Gefängnis Verurteilte (Art. 30 II, V Anm.) sowohl seine Ehrentitel, den Adel, seinen Rang und alle Auszeichnungen als auch, selbst nach Entlassung aus dem Gefängnis oder von den Arbeiten, das Recht:

1. in den Staats- oder öffentlichen Dienst einzutreten;
2. in eine Gilde sich eintragen zu lassen, oder irgendwelche Handelszeugnisse zu erlangen (vgl. Gesetz betr. die direkten Abgaben Abschnitt II);
3. Zeuge bei irgendwelchen Verträgen oder andern Beurkundungen zu sein, und in Zivilsachen eidlich oder uneidlich Zeugnis abzulegen, aufser den Fällen lediglich, wo das Gericht sein Zeugnis zu erfordern für notwendig erachtet;
4. zum Schiedsrichter gewählt zu werden;
5. Vormund oder Pfleger zu sein;
6. Bevollmächtigter in irgendwelchen Prozessen zu sein.

Art. 46. Die zur Überweisung an die Korrektionsarrestantenabteilungen auf Zeit und zur Einschliefsung in ein Gefängnis unter Aberkennung aller besonderen, persönlich und dem Stande nach zugeeigneten Rechte und Vorrechte Verurteilten (Art. 30 II, V Anm.) behalten ihre Familienrechte und die Rechte an ihrem früheren Eigentum; Adlige jedoch, da sie der besonderen diesem Stande verliehenen Rechte verlustig sind, können ihr adliges Gut nicht weiter

2. Von der Einschließung in eine Festung.

24. Die Dauer der zeitlich begrenzten Festungshaft unter Verlust einiger besonderen, dem Verurteilten persönlich und seinem Stande nach zugeeigneten oder durch den Dienst erworbenen Rechte und Vorrechte wird nach Maßgabe der Schuld in folgenden Stufen festgesetzt:

1. Stufe. Festungshaft auf die Dauer von zwei Jahren und acht Monaten bis zu vier Jahren.

2. Stufe. Festungshaft auf die Dauer von einem Jahre und vier Monaten bis zu zwei Jahren und acht Monaten.

25. Die Dauer der zeitlich begrenzten Festungshaft mit Beschränkung einiger Rechte und Vorrechte im Dienste wird nach Maßgabe der Schuld in folgenden Stufen festgesetzt:

1. Stufe. Festungshaft auf die Dauer von acht Monaten bis zu einem Jahre und vier Monaten.

2. Stufe. Festungshaft auf die Dauer von vier bis zu acht Monaten.

3. Stufe. Festungshaft auf die Dauer von zwei bis zu vier Monaten.

26. Die Festungshaft unter Verlust einiger besonderen, dem Verurteilten persönlich und seinem Stande nach zugeeigneten oder durch den Dienst erworbenen Rechte und Vorrechte zieht den Ausschluß aus dem Dienste und alle diejenigen Folgen nach sich, die für die Strafen dieser Art in den allgemeinen Strafgesetzen [StGB. Art. 50[2])] bestimmt sind.

---

besitzen, dieses wird vielmehr, den Bestimmungen des Ständegesetzes entsprechend, in vormundschaftliche Verwaltung genommen. Unbewegliche besiedelte Güter (auf denen früher Leibeigene ansässig waren. D. Ü.), welche nach Verurteilung der Schuldigen an sie durch Erbgang etwa gelangen, werden auf derselben Grundlage in vormundschaftliche Verwaltung genommen.

Die Aberkennung der besonderen, persönlich und dem Stande nach zugeeigneten Rechte und Vorrechte erstreckt sich auch nicht auf die Ehefrau des Verurteilten und seine vor der Verurteilung erzeugten Kinder.

[2]) Art. 50 StGB. lautet:

Der mit der Verurteilung zur Einschliefsung in eine Festung auf die Dauer von einem Jahre und vier Monaten bis zu vier Jahren und zur Einschliefsung in ein Gefängnis (Art. 30 IV) auf die Dauer von acht Monaten bis zu zwei Jahren verbundene Verlust einiger persönlichen Rechte und Vorrechte beschränkt sich:

für Adlige: auf das Verbot, in staatlichen oder öffentlichen Dienst einzutreten, an (öffentlichen, d. Ü.) Wahlen teilzunehmen und zu irgendwelchen Ämtern gewählt zu werden, auch zum Vormund durch die Adelsvormundschaft ernannt zu werden;

für Geistliche: auf den Verlust ihrer geistlichen Würde für alle Zeiten;

für Kirchendiener: auf den Ausschlufs aus dem geistlichen Stande;

für Ehrenbürger und Kaufleute: auf das Verbot, an städtischen Wahlen teilzunehmen und in Ehrenämter oder städtische mit Machtbefugnissen verbundene Ämter gewählt zu werden;

für Personen aller andern Stände: ebenfalls auf den Verlust des Rechts, an Wahlen teilzunehmen und in Ehrenämter oder mit Machtbefugnissen verbundene Ämter gewählt zu werden.

27. Die Festungshaft mit Beschränkung einiger Rechte und Vorrechte im Dienste zieht nicht den Ausschluß aus dem Dienste nach sich, ist jedoch begleitet:

1. von einem Verbot der Beförderung in der Linie und für Verdienstjahre, bis die vorgesetzte Behörde eine besondere Bescheinigung über eine ausgezeichnete Heldentat oder über eifrigen und untadeligen Dienst erteilt und gestattet, daß die von dem Schuldigen erlittene Strafe kein Hindernis sei zu Belohnungen und Dienstbeförderungen;
2. von einer Beschränkung des Rechts auf den Empfang von Orden und andern Auszeichnungen, die nach den Statuten dieser Orden und Auszeichnungen für die tadellose Ableistung des Dienstes bestimmt sind.

27¹. Die oben im Artikel 7¹ angegebene Festungshaft unter Aberkennung des Ranges wird gegen Offiziere und Militärbeamte auf die Dauer von fünf bis sechs Jahren und von vier bis fünf Jahren festgestellt und zieht alle im Artikel 26 dieses Gesetzes bezeichneten Folgen nach sich.

3. Von der Einschließung in ein bürgerliches Gefängnis.

28. Die zeitliche Dauer der Einschließung in ein bürgerliches Gefängnis unter Aberkennung einiger besonderer dem Verurteilten persönlich und nach seinem Stande zugeeigneten oder durch den Dienst erworbenen Rechte und Vorrechte [StGB. Art. 30 IV[1])] wird nach Maßgabe der Schuld in folgenden Stufen festgesetzt:

1. Stufe. Einschließung in ein Gefängnis auf die Dauer von einem Jahre und vier Monaten bis zu zwei Jahren.

2. Stufe. Einschließung in ein Gefängnis auf die Dauer von acht Monaten bis zu einem Jahre und vier Monaten.

29. Die auf Grund der im vorstehenden Artikel (28) festzusetzende Gefängnisstrafe zieht den Ausschluß aus dem Dienste und alle diejenigen Folgen nach sich, welche für diese Strafe in den allgemeinen Strafgesetzen [StGB. Art. 50[2])] bestimmt sind.

30. Die Dauer der Einschließung in ein bürgerliches Gefängnis ohne Aberkennung der Rechte und Vorrechte [StGB. Art. 30 V[3])] wird nach Maßgabe der Schuld in folgenden Stufen festgesetzt:

1. Stufe. Einschließung in ein Gefängnis auf die Dauer von acht Monaten bis zu einem Jahre und vier Monaten.

2. Stufe. Einschließung in ein Gefängnis auf die Dauer von vier bis zu acht Monaten.

3. Stufe. Einschließung in ein Gefängnis auf die Dauer von zwei bis zu vier Monaten.

31. Im Militärdienst stehende Personen werden auf Grund der allgemeinen Strafgesetze zu Gefängnisstrafe ohne Aberkennung der

¹) Vgl. Note zu Art. 4.
²) Vgl. Note zu Art. 26.
³) Vgl. Note zu Art. 4.

Rechte und Vorrechte nur in denjenigen Fällen verurteilt, wo das Gericht gleichzeitig mit der Festsetzung der Strafe für die Straftat dieser Art die Entlassung des Verurteilten aus dem Dienst für notwendig erachtet; in den andern Fällen dagegen werden Militärpersonen anstatt der Einschließung in ein bürgerliches Gefängnis zur Haft in der Hauptwache verurteilt.

4. Von der Haft in der Hauptwache.

32. Die Dauer der Haft in der Hauptwache mit Beschränkung einiger Rechte und Vorrechte im Dienste wird in folgenden Stufen festgesetzt:

1. Stufe. Haft in der Hauptwache auf die Dauer von vier bis zu sechs Monaten.

2. Stufe. Haft in der Hauptwache auf die Dauer von drei bis zu vier Monaten.

33. Die Haft in der Hauptwache unter Beschränkung einiger Rechte und Vorrechte im Dienste wird von denjenigen Folgen begleitet, welche oben im Art. 27 angegeben sind.

34. Die Haft in der Hauptwache ohne Beschränkung der Rechte und Vorrechte im Dienste wird auf die Dauer von einem bis zu drei Monaten festgesetzt.

5. Von den Geldstrafen.

35. Die Höhe der Geldstrafen wird auf Grund besonderer Bestimmungen über jede einer Strafe dieser Art unterwerfende gesetzwidrige Handlung festgesetzt. Bei der Verhängung einer Geldstrafe, die nach Gesetz nur zu einem höheren Betrage festgesetzt ist, kann dieselbe nach Ermessen des Gerichts gemildert werden.

36. Im Falle des Unvermögens des Schuldigen werden durch die Festsetzung der Geldstrafe gegen ihn die Rechte anderer Personen aus Klageforderungen und Verpflichtungen, die vor Begehung jenes Verbrechens oder Vergehens eingegangen sind, nicht berührt.

37. Die Geldstrafen, welche gesetzlich keine besondere Bestimmung haben, werden in die Kapitalien des Alexanderkomitees für Verwundete einverleibt und bei den Kosaken- und irregulären Truppen zu den diesen Truppen gehörigen zu wohltätigen Zwecken bestimmten Beträgen genommen.

6. Von dem Ausschluß aus dem Dienste.

38. Der zum Ausschluß aus dem Dienste unter Aberkennung der Dienstgrade Verurteilte verliert alle Dienstgrade, Orden und andere Ehrenzeichen, mit Ausnahme der Medaillen für die Teilnahme an Kriegen und Feldzügen und der gleichwertigen Kreuze, sowie auch alle andern durch den Dienst erworbenen Vorrechte. Der aus dem Dienste unter Aberkennung der Dienstgrade Ausgeschlossene behält jedoch die durch die Dienstgrade oder Orden erworbenen Adels- oder Ehrenbürgerrechte.

39. Der aus dem Dienste ohne Aberkennung der Dienstgrade Ausgeschlossene behält sowohl die Orden und andern Ehrenzeichen als auch die mit den Dienstgraden, Orden und Ehrenzeichen verbundenen Rechte und Vorrechte, geht jedoch aller andern durch den Dienst erworbenen Rechte und Vorrechte verlustig.

40. Die aus dem Dienste Ausgeschlossenen, sowohl unter Aberkennung der Dienstgrade als auch ohne Aberkennung derselben, verlieren das Recht, von neuem in den Staatsdienst einzutreten, an den Wahlen für die Ämter der Adelskorporationen, der Städte und Landgemeinden teilzunehmen und gewählt zu werden. Diejenigen jedoch, die wegen nicht aus eigennützigen oder andern verwerflichen Beweggründen verübter eigentlicher Militärvergehen aus dem Dienste ausgeschlossen sind, können nach Ermessen der Militärbehörde von neuem in den Militärdienst nicht anders denn als Gemeine und nur nach Ablauf von drei Jahren nach dem Ausschluß aufgenommen werden, wenn eine Bescheinigung der Ortsbehörde über ihre tadellose Führung vorgelegt wird.

41. Diejenigen, die aus dem Dienst ausgeschieden sind und wegen solcher Verbrechen und Vergehen zur gerichtlichen Verantwortung gezogen werden, die sie während ihrer Militärdienstzeit begangen haben, und welche den Ausschluß aus dem Dienste nach sich ziehen, werden nach ihrer Verurteilung als aus dem Dienste ausgeschlossen unter dem mit dieser Strafe verbundenen Verlust der Rechte und Vorrechte erachtet.

7. Von der Degradation zum Gemeinen.

42. Die Degradation zum Gemeinen zieht den Verlust der Dienstgrade, Orden und andern Ehrenzeichen, mit Ausnahme nur der Medaillen für die Teilnahme an Kriegen und Feldzügen und der diesen gleichwertigen Kreuze, sowie den Verlust der andern durch den Dienst erworbenen Rechte und Vorrechte nach sich. Der zum Gemeinen Degradierte behält jedoch die durch die Dienstgrade und Orden erworbenen Adels- und Ehrenbürgerrechte.

42[1]. Die zu Gemeinen Degradierten werden verabschiedet oder zur Reserve geschrieben, sie werden jedoch auf ihren Wunsch mit Genehmigung des Truppenbezirkskommandierenden im Dienste belassen, wobei im Falle einer besonderen ruhmvollen Tat oder nach Ablauf einer dreijährigen tadellosen und eifrigen Dienstzeit nach der Degradation der vorgesetzten Behörde das Recht gewährt ist, zu befürworten, daß die erlittene Strafe als Hindernis zu Belohnungen und Dienstbeförderungen nicht angesehen werden soll.

43. Der zum Gemeinen Degradierte kann, mit Ausnahme nur der Fälle einer ausgezeichneten militärischen Ruhmestat, den Offiziersrang nicht anders erlangen, als nach vorhergegangener Allerhöchster Genehmigung, daß die erlittene Strafe kein Hindernis zur Belohnung sein soll.

8. Von der Verabschiedung vom Dienst.

44. Die Verabschiedung vom Dienst hat weder den Verlust der Dienstgrade, Orden und anderer Ehrenzeichen noch der mit den Dienstgraden, Orden und Ehrenzeichen verbundenen Rechte und Vorrechte zur Folge, sondern zieht den Verlust der durch den Dienst erworbenen Rechte und Vorrechte sowie des Rechts, im Verlaufe von drei Jahren nach der Verabschiedung von neuem in den Staats- oder Gemeindedienst einzutreten, nach sich.

Zur Kriegszeit wird der Behörde das Recht gewährt, die vom Dienste verabschiedeten Offiziere zur Einreihung in die operierenden Truppen vorzuschlagen, ohne die dreijährige Frist seit der Verabschiedung abzuwarten.

45. Die Verabschiedung vom Dienste als eine gerichtliche Strafe kann auch gegen diejenigen, die ihren Abschied genommen haben, auf derselben Grundlage in Anwendung gebracht werden, wie im Artikel 41 dieses Gesetzes hinsichtlich des Ausschlusses aus dem Dienste bestimmt ist.

9. Von der Amtsentlassung.

46. Die Entlassung aus dem Amte infolge gerichtlichen Urteils unterwirft nicht der im Artikel 27 dieses Gesetzes angegebenen Beschränkung der Rechte und Vorrechte, der des Amtes Entsetzte kann jedoch zu derselben Tätigkeit oder aber zu einem entsprechenden Amte nicht anders zugelassen werden, als mit besonderer Allerhöchster Genehmigung nach einer Bescheinigung der Behörden über seine ausgezeichnete eifrige Dienstleistung.

47 ist aufgehoben.

II. Für Personen der unteren Dienstgrade.

1. Von der Haft in Korrektionsarrestantenabteilungen und in einem bürgerlichen Gefängnis.

48. Die zeitlich beschränkte Überweisung an Korrektionsarrestantenabteilungen oder an ein bürgerliches Gefängnis unter Aberkennung des militärischen Standes mit Ausschluß aus dem Dienste und Verlust aller besonderen, dem Verurteilten persönlich und nach seinem Stande oder Berufe zugeeigneten Rechte und Vorrechte wird nach den in den Artikeln 31, 31^1 und 33 des Strafgesetzbuchs gegebenen Vorschriften festgesetzt und wird von den Folgen begleitet, die in den Artikeln 43 und 46 desselben Strafgesetzes (in der Fassung vom Jahre 1906) angegeben sind[1].

2. Von der Überweisung an ein Disziplinarbataillon oder eine -Kompagnie.

49. Die Überweisung an ein Disziplinarbataillon oder eine Disziplinarkompagnie wird von den in den Artikeln 50 und 50^1 dieses

[1]) Vgl. Note zu Art. 23^1.

Gesetzes bezeichneten Rechtsentziehungen begleitet und wird nach Maßgabe der Schuld in folgenden Stufen festgesetzt:

1. Stufe. Überweisung an ein Disziplinarbataillon oder eine Disziplinarkompagnie auf die Dauer von zwei Jahren und sechs Monaten bis zu drei Jahren.

2. Stufe. Überweisung an ein Disziplinarbataillon oder eine Disziplinarkompagnie auf die Dauer von zwei Jahren bis zu zwei Jahren und sechs Monaten.

3. Stufe. Überweisung an ein Disziplinarbataillon oder eine Disziplinarkompagnie auf die Dauer von einem Jahre und sechs Monaten bis zu zwei Jahren.

4. Stufe. Überweisung an ein Disziplinarbataillon oder eine Disziplinarkompagnie auf die Dauer von einem Jahre bis zu einem Jahre und sechs Monaten.

50. Die Überweisung an ein Disziplinarbataillon oder eine Disziplinarkompagnie wird von dem Verluste einiger Rechte und Vorrechte im Dienste und Versetzung in die Klasse der Bestraften begleitet.

50¹. Die Überweisung an ein Disziplinarbataillon oder eine Disziplinarkompagnie, welche als Ersatz für die Haft in einer Festung oder einem bürgerlichen Gefängnis unter Aberkennung einiger besonderen Rechte und Vorrechte auf Grund der Anmerkung I zur Beilage I (zu Artikel 8 dieses Gesetzes) festgesetzt wird, wird von dem Verluste einiger besonderen, dem Verurteilten persönlich und nach seinem Stande oder Berufe zugeeigneten oder im Dienste erworbenen Rechte und Vorrechte [StGB. Art. 50[1])] begleitet, zieht aber nicht den Ausschluß aus der Militärverwaltung nach sich. Hierbei gehen die Verurteilten der Ehrenzeichen verlustig und behalten nur die Medaillen für die Teilnahme an Kriegen und Feldzügen und die gleichwertigen Kreuze und werden in die Klasse der Bestraften versetzt.

3. Von der Einzelhaft in einem Militärgefängnis.

51. Die Einzelhaft in einem Militärgefängnis ist mit dem Verlust einiger Rechte und Vorrechte im Dienste und mit der Versetzung in die Klasse der Bestraften verbunden und wird nach Maßgabe der Schuld in folgenden Stufen festgesetzt:

1. Stufe. Einzelhaft in einem Militärgefängnis auf die Dauer von drei bis zu vier Monaten.

2. Stufe. Einzelhaft in einem Militärgefängnis auf die Dauer von zwei Monaten und zwei Wochen bis zu drei Monaten.

3. Stufe. Einzelhaft in einem Militärgefängnis auf die Dauer von zwei Monaten bis zu zwei Monaten und zwei Wochen.

4. Stufe. Einzelhaft in einem Militärgefängnis auf die Dauer von einem Monat und zwei Wochen bis zu zwei Monaten.

---

[1]) Vgl. Note zu Art. 26.

5. Stufe. Einzelhaft in einem Militärgefängnis auf die Dauer von einem Monat bis zu einem Monat und zwei Wochen.

52. Der in den vorstehenden Artikeln 50 und 51 erwähnte Verlust einiger Rechte und Vorrechte im Dienste besteht in: a) der Aberkennung der Unteroffiziers- oder Gefreitencharge: b) der Aberkennung des durch den früheren Dienst erworbenen Anrechts auf den Bezug einer Gehaltszulage und c) der Aberkennung des Rechts, mit Ausnahme nur des Falles einer ruhmvollen Tat, auf den Empfang von Ehrenzeichen bis zu der in vorgeschriebener Form erfolgten Verzeihung der erlittenen Strafe.

Anmerkung. Die ärztlichen, Apotheker- und Veterinärgehilfen (Feldschere), ebenso alle Unteroffiziere überhaupt, welche diesen Rang infolge eines Examens erhalten haben, gehen bei der Verurteilung zur Haft in einem Militärgefängnis des Unteroffiziers- und Feldscherranges oder des im selben Examen zusammen mit dem Unteroffiziersrang erworbenen andern Ranges verlustig.

4. Von den Geldstrafen.

53. Die Geldstrafen werden auf derselben Grundlage, wie in den Artikeln 35—37 dieses Gesetzes bestimmt ist, festgesetzt, wobei jedoch bei den Personen der unteren Dienstgrade ein Abzug von dem von der Staatskasse bezogenen Gehalt nicht stattfindet.

5. Von der Festungshaft.

53¹. Die oben im Artikel 7¹ angegebene Einschließung in eine Festung mit Verlust einiger besonderen, dem Verurteilten persönlich und nach seinem Stande zugeeigneten oder durch den Dienst erworbenen Rechte und Vorrechte wird gegen die Personen der unteren Dienstgrade auf die Dauer von fünf bis sechs und von vier bis fünf Jahren festgesetzt und wird von allen im Artikel 26 dieses Gesetzes bezeichneten Folgen begleitet.

54 ist aufgehoben.

Vierter Abschnitt.

Von der Ersetzung der einen Strafarten durch andere.

55. Die Todesstrafe unter Aberkennung aller Standesrechte kann zufolge besonderer Allerhöchster Genehmigung und zur Kriegszeit auf Anordnung des Oberkommandierenden kraft des ihm gewährten Rechts ersetzt werden: für den zum Erschießen Verurteilten durch Vollziehung lediglich der Zeremonie des Erschießens an ihm, und für den zum Erhängen Verurteilten durch die Hinstellung desselben unter dem Galgen. Diese Strafe deutet den politischen Tod an und auf sie folgt stets die Verschickung zur Zwangsarbeit ohne Zeitbeschränkung oder auf eine bestimmte Zeitdauer.

Die Todesstrafe ohne Aberkennung aller Standesrechte kann auf derselben Grundlage durch die oben angegebene Zeremonie des Erschießens ersetzt werden, darauf folgt jedoch stets die Einschließung in eine Festung auf eine bestimmte Zeitdauer (Art. 18).

56.
57. und Anmerkung } sind aufgehoben.

58. Die Festungshaft auf die Dauer von weniger als einem Jahr und vier Monaten kann im Falle der weiten Entfernung der Festungen und der Schwierigkeit der Überführung der Verurteilten dorthin durch die Haft in der Hauptwache oder in einem besonders hierfür errichteten Raum ersetzt werden, jedoch mit denselben Folgen, welche die Festungshaft nach sich zieht (Art. 27).

59. Anstelle der Unterbringung in einem Militärgefängnis werden die Personen der unteren Dienstgrade, wenn hierzu eine offenbare Unmöglichkeit sich erweist, indem sie denselben Folgen hinsichtlich des Verlustes der Rechte und Vorrechte unterliegen, die für die Strafen dieser Art bestimmt sind: zur Arresthaft bei Wasser und Brot gemäß den diesem Artikel beigefügten Vorschriften verurteilt.

60. Anstelle der für Verbrechen und Vergehen bestimmten Geldstrafen werden Personen der unteren Dienstgrade, die eigenes Vermögen zur Entrichtung derselben nicht besitzen, unterworfen:

1. wenn der Betrag der Strafe fünfzig Rubel nicht übersteigt, einfachem Arrest nicht über zehn Tage;
2. wenn der Betrag der Strafe einhundertfünfzig Rubel nicht übersteigt, einfachem Arrest von zehn Tagen bis zu einem Monat;
3. wenn der Betrag der Strafe dreihundert Rubel nicht übersteigt, der Einzelhaft in einem Militärgefängnis von einem bis zu zwei Monaten;
4. wenn der Betrag der Strafe dreihundert Rubel übersteigt, der Einzelhaft in einem Militärgefängnis von zwei bis vier Monaten.

Die nach diesem Artikel festzusetzende Einzelhaft in einem Militärgefängnis zieht die in dem Artikel 52 dieses Gesetzes angegebenen Folgen nicht nach sich und muß, falls ein Militärgefängnis nicht eingerichtet ist, durch Arresthaft auf dieselbe Dauer gemäß dem Disziplinargesetz (Kodex der Militärgesetze vom Jahre 1869, Buch XXIII, Ausg. 3) ersetzt werden.

61. Sind die zu korrektionellen Strafen verurteilten Offiziere und Militärbeamten nicht imstande, die ihnen auferlegte Geldstrafe ganz oder teilweise zu bezahlen, so unterliegen sie einem Abzug eines bestimmten Teils von dem ihnen zustehenden Gehalt in Gemäßheit der besonderen darüber bestehenden Bestimmungen, und im Falle ihrer Dienstentlassung werden sie bis zur Bezahlung der ganzen gegen sie zustehenden Geldstrafe den Ersatzstrafen gemäß den allgemeinen Strafgesetzen unterworfen.

Fünfter Abschnitt.

Von der Entschädigung für Schaden und Verluste.

62. Diejenigen, die solcher Verbrechen oder Vergehen schuldig sind, die einem anderen Schaden und Verluste verursacht haben, sind außer der Strafe, zu der sie verurteilt sind, verpflichtet, denjenigen, der den Schaden oder die Verluste erlitten hat, nach genauer diesbezüglicher Festsetzung des Gerichts auf Grund der allgemeinen Gesetze oder der besonderen Militärbestimmungen unter Beobachtung folgender Vorschriften zu entschädigen:

1. wenn der Schaden oder die Verluste genau festgestellt sind, so wird die Höhe der Entschädigung im Urteil des Militärgerichts selbst bestimmt;
2. wenn der Schaden oder die Verluste nicht genau festgestellt sind, so wird dem Verletzten anheimgestellt, Befriedigung im Wege des Zivilprozesses, der Staatskasse aber außerdem im Verwaltungswege nachzusuchen, nachdem der Schaden oder die Verluste durch die Behörde oder Verwaltung, in deren Bereich sie entstanden sind, genau festgestellt sind.

63. Wird ein Verbrechen oder ein Vergehen durch mehrere Personen begangen und die Hauptschuldigen sind nicht imstande, den verursachten Schaden oder die Verluste zu ersetzen, so wird auf den zur Entschädigung zukommenden Geldbetrag gegen die andern Teilnehmer am Verbrechen oder im Falle ihrer Zahlungsunfähigkeit auch gegen diejenigen erkannt, welche zuverlässige Kenntnis von der Absicht auf dasselbe hatten, dies aber nicht zur Kenntnis der Behörde oder derjenigen Person brachten, gegen welche die gesetzwidrige Handlung in Anschlag gebracht war.

Die Beitreibung der Entschädigung für verursachten Schaden oder Verluste erstreckt sich im Falle des Todes der Hauptschuldigen und ihrer Teilnehmer auch gegen deren Erben, sie ist jedoch nur aus demjenigen Vermögen zu fordern, welches auf sie von den Schuldigen übergegangen ist.

64. Die Schuldigen, welche keinerlei Mittel zur Schadensersatzleistung für die von ihnen verursachten Schaden oder Verluste besitzen, können auf Verlangen der verletzten Partei, wenn sie zu einer kriminellen Strafe nicht verurteilt sind, unterworfen werden: die im Dienste Belassenen einen Abzug von dem Gehalte in dem vom Gesetze bestimmten Maße, diejenigen aber, die im Dienste nicht belassen sind, der Einschließung in ein Gefängnis auf Grund der Zivilgesetze.

65. Falls der Verurteilte zur Zahlung der Entschädigung und der Geldstrafe unvermögend ist, so werden aus seinem Vermögen zuerst die Entschädigungssume für den Schaden oder den Verlust gedeckt und alle unstreitigen Forderungen gegen den Schuldigen befriedigt, die Geldstrafe aber wird nur aus dem dann verbliebenen Vermögen desselben beigetrieben.

66. Die Bestimmungen der Artikel 62, 64 und 65 dieses Gesetzes erstrecken sich auch auf die Personen der unteren Dienstgrade, jedoch unter Beobachtung hierbei der Vorschriften des Artikels 60.

67. Der von einem ganzen Kommando oder einem Teile desselben verursachte Schaden wird im Falle der Zahlungsunfähigkeit der Schuldigen selbst von dem Vorgesetzten des Kommandos oder dessen Teiles nachgesucht, falls er als der Untätigkeit der Behörde schuldig erkannt wird.

Zweites Kapitel.

Von der Bestimmung der Strafen für Verbrechen und Vergehen.

Erster Abschnitt.

Von den Gründen, aus denen die Tat als Schuld nicht anzurechnen ist.

68. Ein zufällig begangenes Übel [StGB. Art. 5[1]] wird als Schuld nicht angerechnet, wenn auf seiten desjenigen, der dasselbe verübt hat, keinerlei Unachtsamkeit gegen seine Dienstpflichten vorlag; im andern Falle dagegen unterliegt er der Bestrafung nur wegen dieser Unachtsamkeit, je nach den Umständen, die darauf Bezug haben.

69. Als strafbar wird weder die Handlung, die in Erfüllung eines Gesetzes, noch diejenige erachtet, die in Erfüllung eines von dem Vorgesetzten gegebenen Befehls ausgeführt ist, wenn der Befehl im Dienste gegeben wurde oder hierbei ein Untergebenenverhältnis bestand und der Untergebene der Strafbarkeit der aufgetragenen Handlung sich nicht bewußt war.

Die Strafe des Untergebenen, dem die in Ausführung eines ihm vom Vorgesetzten gegebenen Befehls begangene Straftat als Schuld angerechnet wird, kann um eine, zwei oder drei Stufen gemildert werden.

70. Jede Verletzung der dienstlichen Pflichten aus Furcht vor einer persönlichen Gefahr wird, wenn das Gesetz keine besondere Strafe dafür bestimmt, mit derselben Strenge bestraft, wie wenn sie mit Absicht begangen wäre.

71. Die allgemeinen Bestimmungen über Notwehr finden im Falle einer Verletzung der dienstlichen Beziehungen des Untergebenen zum Vorgesetzten keine Anwendung, es sei denn, daß der Vorgesetzte einen gegen das Gesetz und die Dienstpflichten verstoßenden Angriff auf den Untergebenen sich erlaubt hat, wovon diesem eine offenbare Gefahr drohte; aber auch in diesem letzteren Fall muß die Abwehr sich auf das Maß des zur persönlichen Selbsterhaltung notwendigen Schutzes beschränken. Zum Schutze der Untergebenen vor gesetzwidrigen Handlungen ihrer Vorgesetzten werden die letzteren in solchen Fällen den im Gesetze für Mißbrauch der Dienstgewalt bestimmten Strafen unterworfen.

Zweiter Abschnitt.

Von der Höhe der Strafen.

I. Von der Strafe nach Maßgabe der Beteiligung an einem Verbrechen oder Vergehen.

72. Bei Verbrechen und Vergehen, die mit einer Verletzung der militärischen Disziplin und der Dienstpflichten verbunden sind, wird

[1]) Art. 5 StGB. lautet: Ein Übel, welches zufällig, nicht nur ohne Absicht, sondern auch ohne jede Unvorsichtigkeit des Täters verübt ist, wird als Schuld nicht angesehen.

der Vorgesetzte und in seiner Abwesenheit der Älteste dem Stande oder dem Range nach und, bei Gleichheit des Standes und des Ranges, der Älteste in diesem Stande oder Range, der an der Begehung der Straftat teilgenommen hat, stets derjenigen Strafe unterworfen, welche im Gesetze für die Hauptschuldigen oder Anstifter bestimmt ist, und wenn er hierbei Hauptschuldiger oder Anstifter war, so kann die Strafe selbst um eine Stufe erhöht werden.

73. Die der Nichtmeldung eines schon begangenen Verbrechens oder Vergehens Schuldigen werden je nach der Erheblichkeit des Verbrechens oder Vergehens und je nach den Tatumständen entweder der Einschließung in eine Festung unter Verlust einiger besonderen, dem Verurteilten persönlich und nach seinem Stande zugeeigneten oder durch den Dienst erworbenen Rechte und Vorrechte, oder unter Beschränkung einiger Rechte und Vorrechte im Dienste, oder der Entlassung aus dem Dienste, oder der Haft auf der Hauptwache, oder aber der Disziplinarbestrafung unterworfen. Für die Personen der unteren Dienstgrade werden diese Strafen auf Grund der Vorschriften dieses Gesetzes betreffend die Ersatzstrafen umgewandelt.

74. Die im Artikel 128 [1]) des Strafgesetzbuches gegebenen allgemeinen Vorschriften über die Befreiung von der Verantwortung für die Nichtmeldung eines bekannt gewordenen bösen Anschlags oder von andern verübter Verbrechen oder Vergehen sowie für Verheimlichung [2]) erstrecken sich nicht auf diejenigen Fälle, wo die der Nichtmeldung oder Verheimlichung Schuldigen ihre direkte Dienstpflicht verletzt haben und die Straftat in ihrem Amtsbereiche verübt ist.

75. Ist eine Straftat von einem ganzen Kommando oder einem Teile desselben verübt, oder ist die Zahl der Angeschuldigten sehr groß, so werden der im Gesetze bestimmten Strafe stets unterworfen:

---

[1]) Art. 128 StGB. lautet:

Den gesetzlich für die Nichtanzeige eines bereits begangenen Verbrechens bestimmten Strafen verfallen nicht: Kinder, die Eltern und überhaupt ihre Verwandten in aufsteigender gerader Linie, ebenso Eltern, die ihre Kinder und ihre andern Verwandten in absteigender gerader Linie, Ehegatten, die ihren Ehegatten, und leibliche Geschwister, die ihre Geschwister nicht angezeigt haben. Diese Strafen werden nach Ermessen des Gerichts gemildert und in den Fällen, wo der Schuldige selbst weder der Todesstrafe noch der Verschickung zu Zwangsarbeiten verfällt, auch ganz ausgeschlossen, wenn der Nichtanzeigende mit dem Täter nahe verschwägert war, bis zum zweiten Grade einschliefslich, oder von ihm Erziehung oder sonst eine Wohltat erhalten hat. Auf derselben Grundlage, jedoch in geringerem Mafse, wird auch die Strafe für die Nichtanzeige eines bekannt gewordenen bösen Anschlags gemildert.

Die für die Verheimlichung bestimmten Strafen werden in demselben Mafse ebenfalls gemildert oder ganz ausgeschlossen, wenn der Schuldige, ohne Mittäter am Verbrechen zu sein, nur nachdem das Verbrechen bereits verübt war, das Verbergen des Verbrechers begünstigte, der mit ihm ehelich, verwandtschaftlich oder durch Schwägerschaft verbunden oder sein Wohltäter war.

[2]) Die Verheimlichung schliefst die Begriffe der Hehlerei sowie der Begünstigung in sich. (D. Ü.)

die Urheber, Anstifter, Verleiter, gleichwie diejenigen, welche bei Begehung der Straftat die Handlungen der andern bestimmten oder leiteten, oder als erste an sie herangetreten sind, ebenso der Vorgesetzte, der an der Straftat teilgenommen hat, oder der Älteste dem Stande oder Range nach, oder aber bei Gleichheit des Standes und Ranges der im Dienste Älteste, sollte er auch nicht unter den Hauptschuldigen oder Anstiftern gewesen sein. Die Verantwortung der übrigen Personen wird vom Gericht je nach der Erheblichkeit ihrer Schuld und nach den Umständen der gesetzwidrigen Handlung bestimmt, wobei diejenigen einer strengeren Bestrafung unterworfen werden, welche am meisten der Teilnahme an dem Verbrechen oder Vergehen oder der Begünstigung dazu oder der Nichtergreifung der von ihnen zur Vorbeugung der Straftat abhängigen Maßnahmen schuldig sind.

Unabhängig von den vom Gericht den an einem von einem ganzen Kommando oder einem Teile eines solchen verübten Straftat Schuldigen zuerkannten Strafen kann für eine Straftat dieser Art durch besonderen Allerhöchsten Befehl die Entziehung aller dem Kommando Allergnädigst verliehenen Auszeichnungen oder eines Teiles derselben, oder die Aufhebung des Kommandobestandes oder eines Teiles desselben durch Versetzung der im Dienste belassenen Personen der unteren Dienstgrade in andere Truppenteile und Entlassung der Offiziere aus dem Dienste oder Versetzung in andere Regimenter oder Kommandos verfügt werden.

II. Von den Umständen, welche die Schuld und die Strafe erhöhen oder vermindern.

76. Außer den in den allgemeinen Strafgesetzen angegebenen Umständen, welche das Strafmaß erhöhen, werden als solche in Beziehung zu Militärpersonen angesehen:

1. die Begehung eines Verbrechens oder Vergehens im Beisein von Personen der unteren Dienstgrade oder einer Volksmenge;
2. die Begehung einer strafbaren Handlung unter Umständen, wo die Verübung derselben gegen Dienst und Disziplin der Anlaß zu einem anreizenden Beispiel für andere sein kann;
3. die Begehung einer strafbaren Handlung unter Umständen, welche die öffentliche Ruhe und Sicherheit stören können.

77. In den Fällen der Wiederholung eines Verbrechens oder Vergehens wird die Strafe nach den in den Artikeln 131 und 132[1])

[1]) Artikel 131 und 132 StGB. lauten:

131. Als ein die Schuld und Strafe erhöhender Umstand wird auch eine Wiederholung des Verbrechens oder Vergehens erachtet, d. h. die Begehung derselben oder einer gleichartigen Straftat nach Verbüſsung der Strafe für die frühere Straftat oder nach Erlaſs der Strafe infolge einer allgemeinen Amnestie oder eines besonderen kaiserlichen Gnadenaktes.

In den im Gesetze besonders angegebenen Fällen erhöht sich die Strafe bei Wiederholung nicht nur nach dem Maſse, sondern auch nach Stufe und Art.

des Strafgesetzbuchs (in der Fassung vom 1906) gegebenen Vorschriften festgesetzt, wobei die Wiederholung eines Verbrechens oder Vergehens eine Erhöhung der Verantwortung in dem Falle nach sich zieht, wenn von dem Zeitpunkte der Verbüßung der Strafe oder der Begnadigung nicht verflossen sind:

1. für Personen, die zur Einschließung in eine Festung unter Verlust einiger besonderen Rechte und Vorrechte, oder unter Verlust einiger Rechte und Vorrechte im Dienste, oder aber zur Überweisung an ein Disziplinarbataillon oder eine Disziplinarkompagnie in den im Artikel 50[1] dieses Gesetzes angegebenen Fällen verurteilt sind: fünf Jahre;
2. für Personen, die zur Haft auf der Hauptwache unter Verlust einiger Rechte und Vorrechte im Dienste, oder zur Überweisung an ein Disziplinarbataillon oder eine Disziplinarkompagnie, unter Ausschluß der in Ziffer 1 dieses Artikels angegebenen Fälle, oder zur Einzelhaft in einem Militärgefängnis verurteilt sind: zwei Jahre;

Anmerkung. Besondere Bestimmungen über die Verantwortung für eine wiederholte Verletzung der Vorschriften über die Getränke- und Tabaksteuer, über die Akzise von Beleuchtungsnaphthaöl und Zündhölzern und vom Verkauf von Phosphor sind in dem Gesetze betreffend die Akzisenabgaben gegeben.

132. Die Wiederholung von Verbrechen und Vergehen zieht eine erhöhte Verantwortung nur dann nach sich, wenn vom Zeitpunkt der Strafverbüſsung oder Begnadigung nicht verflossen sind:

1. für Personen, die zum Verlust aller Standesrechte und zur Verschickung zu Zwangsarbeiten oder zur Ansiedelung verurteilt waren: zehn Jahre;
2. für Personen, die zum Verlust aller besonderen, persönlich und nach ihrem Stande zugeeigneten Rechte und Vorrechte und Überweisung an die Korrektionsarrestantenabteilungen verurteilt waren: acht Jahre;
3. für Personen, die zum Verlust aller besonderen, persönlich und nach ihrem Stande zugeeigneten Rechte und Vorrechte und zur Einschlieſsung in ein Gefängnis (Art. 30, II), oder zur Einschlieſsung in eine Festung unter Aberkennung einiger Rechte und Vorrechte, oder ohne Aberkennung derselben (Art. 30, III), oder aber zur Einschlieſsung in ein Gefängnis unter Aberkennung einiger Rechte und Vorrechte (Art. 30, IV) verurteilt waren: fünf Jahre;
4. für Adlige, Geistliche, Mönchspersonen und Ehrenbürger, die in den in der Anmerkung zu Punkt I des Artikels 30 dieses Gesetzes angegebenen Fällen zur Einschlieſsung in ein Gefängnis unter Aberkennung aller besonderen, persönlich und nach ihrem Stande zugeeigneten Rechte und Vorrechte sowie für alle Personen, die wegen Diebstahls, Betrugs, Zueignung oder Unterschlagung fremden Eigentums zur Einschlieſsung in ein Gefängnis ohne Aberkennung von Rechten verurteilt waren: drei Jahre;
5. für Personen, die wegen anderer, auſser den in Ziffer 4 dieses Artikels bezeichneten Straftaten zur Einschlieſsung in ein Gefängnis, sowie für Personen, die wegen Entwendung und eigenmächtigen Schlagens von Holz und wegen der in den Artikeln 104[2] und 106[1] des Strafgesetzes vorgesehenen Straftaten zu einer Strafe verurteilt waren: zwei Jahre;
6. für Personen, die zu andern Strafen, geringer als Gefängnis, verurteilt waren: ein Jahr,

Anmerkung. Die in Ziffer 1 dieses Artikels (132) angegebene Frist wird für die zu Zwangsarbeiten oder Ansiedelung Verschickten vom Zeitpunkt ihrer Zuschreibung zu den Bauern an gerechnet.

3. für Personen, die zur Haft auf der Hauptwache ohne allen Rechtsverlust, oder zu Disziplinarstrafen verurteilt sind: ein Jahr.

77[1]. Im Falle der Begehung einer strafbaren Handlung nach Verkündung des Beschlusses oder des kurzen Gerichtsurteils (Urteilstenors, d. Ü.), jedoch vor Verbüßung der Strafe für eine frühere strafbare Handlung wird die Strafe nach den im Artikel 133[1]) des

---

[1]) Art. 133 StGB. lautet:

Wer eine Straftat nach Verkündung der Gerichtsentscheidung (oder des Urteils über die Schuld des Angeklagten, falls dieses vor Erlaſs der Entscheidung verkündet ist), jedoch vor Verbüſsung der Strafe für eine frühere Straftat begangen hat, wird wegen des neu verübten Verbrechens oder Vergehens gesondert von der Strafe für die frühere Straftat auf folgender Grundlage zur Strafe verurteilt.

I. Wenn der Schuldige gleichartigen Strafen unterliegt:

1. im Falle der Verurteilung einer Person, die zur Verschickung zu lebenslänglicher Zwangsarbeit verurteilt ist: zu derselben Strafe, ihr Verbleiben bei der Versuchsabteilung wird ohne Zeitgrenze bestimmt;
2. im Falle der Verurteilung eines lebenslänglichen Zwangsarbeiters zur Verschickung zu Zwangsarbeiten auf Zeit, oder eines Zwangsarbeiters auf Zeit zur lebenslänglichen Zwangsarbeit: so wird die im Art. 299 des Gesetzes betreffend die Verschickten bestimmte Zeit des Verbleibens der lebenslänglichen Zwangsarbeiter in der Versuchsabteilung nicht mehr als um die Hälfte der Zeitdauer für die zeitlich begrenzten Zwangsarbeiten, die im früheren Urteil oder für die neu begangene Straftat festgesetzt sind, erhöht;
3. bei Verurteilung einer Person, die zur Verschickung zur Ansiedelung (Verbannung nach Sibirien, d. Ü.) verurteilt ist: zur selben Strafe, die im Art. 375 des Gesetzes betreffend die Verschickten bestimmte Frist zur Umschreibung der verschickten Ansiedler zu den Bauern erhöht sich auf 15 Jahre;
4. im Falle der Verurteilung zu gleichartigen zeitlichen Strafen, die in der Freiheitsentziehung bestehen, werden die Strafzeiten zusammengerechnet, hierbei werden jedoch Zwangsarbeiten jedenfalls nicht über die Dauer von dreiſsig Jahren festgesetzt, und Korrektionstrafen werden bei ihrer Zusammenrechnung auf Zeitdauer festgesetzt, welche die für jede Art dieser Strafen gesetzlich bestimmte Höchstdauer (Art. 31, 31[1], 33, 34—36, 38, 39) das anderthalbfache nicht übersteigen.

II. Wenn der Schuldige verschiedenartigen Strafen unterliegt, wird die der Art nach weniger schwere von den durch die Gerichtsurteile festgesetzten Strafen unter Beobachtung der in Ziffer 4 des Abschnittes I dieses Artikels angegebenen Bestimmungen und der nachstehenden Vorschriften zu der schwereren Strafe hinzugerechnet:

1. sechs Monate Zwangsarbeit werden einem Jahre Haft in Korrektionsarrestantenabteilungen, zwei Jahren Festungshaft oder Gefängnis (Art. 30, II—V) und drei Jahren Arrest gleich geachtet;
2. bei der Zusammenrechnung von Verschickung zu lebenslänglicher Zwangsarbeit:
   a) mit der Verschickung zur Ansiedelung: erhöht sich die gesetzlich bestimmte Frist des Verbleibens dieser Art Zwangsarbeiter (Art. 299 des Gesetzes betreffend die Verschickten) bei der Versuchsabteilung auf zwei Jahre;
   b) mit zeitlichen Korrektionsstrafen: erhöht sich die Zeit des Verbleibens in der Versuchsabteilung auf die diesen Strafen nach der Vorschrift der Verrechnung der vorstehenden Ziffer 1 entsprechenden Zeitdauer der Zwangsarbeiten;

Strafgesetzbuchs (in der Fassung vom Jahre 1906) gegebenen Vorschriften festgesetzt, wobei sechs Monate Zwangsarbeit zwei Jahren Einschließung in eine Festung oder Haft in einem Disziplinarbataillon oder in einer Disziplinarkompagnie und drei Jahren Arrest im Disziplinarverfahren oder Haft auf der Hauptwache, und zwei Monate Zwangsarbeit vier Monaten Einzelhaft in einem Militärgefängnis gleich geachtet werden.

78. Bei der Festsetzung von Strafen für Verbrechen und Vergehen gegen Militärpersonen können diese Strafen, je nach den Umständen des Falles, um eine oder selbst zwei Stufen erhöht werden:

1. wenn das Verbrechen oder Vergehen während der Verrichtung der Dienstpflichten, insbesondere aber in der Front, oder von einem Wachposten, einer Person der Eskorte oder der Wache verübt ist;
2. wenn die dem Stande, Range oder Dienstorte zugeeignete Militärmacht oder Militärgewalt oder die militärische Waffe mißbraucht ist;
3. wenn die strafbare Handlung angesichts oder in der Nähe des Feindes oder zur Kriegszeit, insbesondere im Bereiche der Kriegsoperationen, oder während eines Feldzuges, einer Besatzungs- oder Kriegslage, oder aber während eines Aufstandes verübt ist;
4. wenn bei der Begehung eines in den allgemeinen Strafgesetzen vorgesehenen Verbrechens oder Vergehens die Heiligkeit des Eides und die direkten Pflichten des Militärdienstes verletzt sind.

79. Bei Verbrechen und Vergehen hinsichtlich der Verletzung der Pflichten des Militärdienstes kann der Umstand, daß der Beschuldigte nur kurze Zeit im Dienste war, und zwar nicht über ein Jahr, zur Grundlage der Verminderung des Strafmaßes selbst um eine Stufe dienen. Wenn aber die Beschuldigten, die nicht mehr als ein Jahr im Dienste waren, der Wiederholung desselben Verbrechens oder Ver-

---

3. bei der Zusammenrechnung der Verschickung zu zeitiger Zwangsarbeit mit der Verschickung zur Ansiedelung erhöht sich die Zeitdauer der Zwangsarbeit auf zwei Jahre;
4. bei der Zusammenrechnung der Verschickung zur Ansiedelung mit zeitigen Korrektionsstrafen verbüſst der Verurteilte zuerst die ihm auferlegte zeitige Strafe am Orte der Verschickung.

Anmerkung 1. Minderjährige können jedenfalls nicht zu Zwangsarbeiten über 20 Jahre verurteilt werden.

Anmerkung 2. Geldstrafen werden mit höheren Strafen nicht zusammengerechnet und werden von dem Schuldigen unabhängig von den anderen Strafen, zu denen er verurteilt ist, beigetrieben.

Anmerkung 3. Die in diesem Artikel gegebenen Vorschriften finden hinsichtlich der zur Verschickung zu Zwangsarbeiten oder zur Ansiedelung Verurteilten nur auf diejenigen Verbrechen Anwendung, welche sie vor Verkündung der Gerichtsentscheidung (oder des Urteils über die Schuld des Angeklagten, wenn es vor Erlaſs der Entscheidung verkündet ist), jedoch vor ihrer Abführung an den Ort der Verschickung begangen haben.

gehens im Dienste schuldig sind, so ist der Umstand, daß sie sich kurze Zeit im Dienste befanden, als Grund zur Verminderung der Strafe nicht zu erachten.

80 ist aufgehoben.

81. Minderjährige, die weniger als einundzwanzig Jahre alt sind, werden wegen Verbrechen, die der Todesstrafe ohne Verlust aller Standesrechte unterwerfen, zur Einschließung in eine Festung unter Verkürzung der Haftdauer um ein Drittel verurteilt.

82 ist aufgehoben.

Dritter Abschnitt.

Von der Macht und den Pflichten des Militärgerichts bei Bestimmung der Strafen.

83. Wenn die im Gesetze für ein Verbrechen oder Vergehen im Dienste bestimmte Strafe um eine oder mehrere Stufen zu vermindern ist, so hat das Gericht in dem Falle, wo die vom Gesetze bestimmte Strafe jener Art Abstufungen gar nicht, oder aber keine niedrigere, dieser Bestimmung entsprechende, Stufe hat, zu einer andern weniger strengen Strafart in der in den Artikeln 5 und 6 dieses Gesetzes angegebenen Ordnung überzugehen. Hierbei sind folgende Vorschriften zu beobachten: 1. von der Verschickung zur Zwangsarbeit ist zu den Korrektions-Arrestantenabteilungen der Zivilverwaltung nach den allgemeinen Vorschriften (Art. 31[1]) StGB. in der Fassung vom Jahre 1906) mit Ausnahme der in der folgenden Ziffer (2) angegebenen Fällen überzugehen; 2. bei Milderung der Strafe für die durch die Artikel 98, 101 unter c, 106, 107, 111, 157 und 159 dieses Gesetzes vorgesehenen strafbaren Handlungen ist von der Zwangsarbeit nach Ermessen des Gerichts überzugehen: entweder zu den Korrektionsarrestantenabteilungen der Zivilverwaltung von der Dauer von fünf bis zu sechs Jahren (Art. 31[1 2]) StGB. in der Fassung vom Jahre 1906) oder zur Einschließung in eine Festung auf dieselbe Dauer unter Verlust einiger besonderen dem Verurteilten persönlich und nach seinem Stande zugeeigneten oder durch den Dienst erworbenen Rechte und Vorrechte und unter Ausschluß hierbei der Offiziere und der Militärbeamten aus dem Dienst unter Verlust der Dienstgrade (vgl. oben Artikel 7^1, 27^1 und 53^1) und 3. von der Einschließung in eine Festung auf die Dauer von fünf bis zu sechs Jahren unter Dienstausschluß und Verlust der Dienstgrade geht das Gericht über: zu der gleichen Haft auf die Dauer von vier bis zu fünf Jahren und dann zur Einschließung in eine Festung unter Dienstausschluß ohne Verlust der Dienstgrade nach den Stufen 1 und 2 Artikel 24 dieses Gesetzes oder zur Überweisung an ein Disziplinarbataillon auf die Dauer von zwei bis drei Jahren unter Verlust einiger besonderen Rechte und Vorrechte (Beilage I [zu Art. 8], Anm. 1, Ziffer 1). Ein

[1]) Vgl. Note zu Art. 23^1.
[2]) Vgl. Note zu Art. 23^1.

weiteres Herabgehen von diesen letzteren Strafen auf andere Strafarten ist nicht zulässig.

84. Wenn in Gemäßheit der gesetzlichen Vorschriften die durch dieselben bestimmte Strafe um eine oder mehrere Stufen erhöht werden muß und in der Strafart, welche das Gesetz bestimmt, eine höhere, dieser Vorschrift entsprechende, Stufe nicht da ist, so hat das Gericht das oben im Artikel 83 bestimmte Verfahren, jedoch in umgekehrter Richtung zu beobachten.

Das Gericht kann jedoch von der Verschickung zu Zwangsarbeiten nicht zur Todesstrafe übergehen, ebenso nicht von der Einschließung in eine Festung oder Überweisung an ein Disziplinarbataillon oder eine Disziplinarkompagnie zur Einschließung in eine Festung unter Verlust aller besonderen Rechte und Vorrechte, noch von den höheren korrektionellen zu den kriminellen Strafen. In diesem Falle hat das Gericht anstatt des Überganges zu einer andern Strafart lediglich das Strafmaß, das heißt die Dauer der vom Gesetz für die höchste Stufe der betreffenden Strafe bestimmten Festungshaft oder der Haft in den Korrektions-Arrestantenabteilungen in genauer Befolgung des Artikels 150[1]) des Strafgesetzbuchs zu erhöhen,

---

[1]) Artikel 150 StGB. lautet:

Wenn auf Grund der Bestimmungen dieses Gesetzes die für ein Verbrechen oder Vergehen bestimmte Strafe um eine oder mehrere Stufen zu mildern ist, so hat das Gericht, falls es in der gesetzlich bestimmten Strafart eine der Schuld des Angeklagten entsprechenden niedrigeren Stufe nicht gibt, zu der darauf folgenden Strafart in der im Artikel 17 und 30 dieses Gesetzes (Noten zu Art. 2 und 4, d. Ü.) vorgeschriebenen Weise überzugehen. Hierbei sind folgende Vorschriften zu beobachten:

1. Von der Verschickung zu Zwangsarbeiten ist zu den Korrektionsarrestantenabteilungen (Art. 31[1], Note zu Art. 23[1], d. Ü.) überzugehen, mit Ausnahme der in Ziffer 2 angegebenen Fälle.
2. Bei Milderung der Strafe für die in den Artikeln 924 Abs. 1, 1609 Abs. 2 und 3 und 1631 StGB. in dem in den Artikeln 134 und 135 dieses Gesetzes angegebenen Verfahren, ebenso in den Artikeln 774 und 828 StPO. vorgesehenen Straftaten ist der Übergang von der Verschickung zu Zwangsarbeiten zu einer andern Strafe nicht zulässig (betrifft Räuberbanden, Falschmünzerbanden, Brandstiftung beim Vorliegen mildernder Umstände, d. Ü.).
3. Von der Verschickung zur Ansiedelung ist bei Milderung der Strafe der Übergang zur Überweisung an die Korrektionsarrestantenabteilungen zulässig, mit Ausnahme des im Art. 325 Abs. 2 vorgesehenen Falles, wo der gedachte Übergang zu der korrektionellen Strafe nicht zulässig ist (betrifft Verlassen des Landes und Übertritt in fremden Dienst, d. Ü.)
4. In den in den Artikeln 1504 Abs. 1 und 1509 Abs. 1 vorgesehenen Fällen (Zweikampf mit tödlichem Ausgang und ohne Sekundanten, d. Ü.) ist nur der Übergang von der Verschickung zur Ansiedelung zur Einschliessung in eine Festung in Gemässheit und in der Stufenfolge, wie in Art. 34 StGB. (Stufe 1: Festung von 2 Jahren 8 Monaten bis zu 4 Jahren, Stufe 2: von 1 Jahr und 4 Monaten bis zu 2 Jahren und 8 Mohaten, d. Ü.) angegeben, zulässig.
5. Von der Einschliessung in ein Gefängnis, verbunden mit dem Verlust aller besonderen Rechte und Vorrechte (Art. 30, II, Note zu Art. 4, d. Ü.), ebenso von der Einschliessung in eine Festung geht das Gericht unmittelbar zur Einschliessung in ein Gefängnis ohne Entziehnng von Rechten

und in den Disziplinarbataillonen dabei zu der vom Gesetze in der höchsten Stufe bestimmten Dauer hinzuzurechnen: sechs Monate, oder ein Jahr, oder anderthalb Jahre, je nachdem in Gemäßheit der Gesetzesbestimmungen die betreffende Strafe gegen das Höchstmaß nach diesem Gesetze um eine, zwei oder drei Stufen erhöht werden müßte.

84[1]. In denjenigen Fällen, wo bei Herabsetzung (Art. 83) oder Erhöhung (Art. 84) der Strafe um eine oder mehrere Stufen der Angeklagte in der Stufenleiter der Strafen (Art. 5) im Endergebnis der Degradation zum Gemeinen unterliegen müßte, während eine solche in der Zahl der Strafen für die abzuurteilende Straftat nicht vorgesehen ist, hat das Gericht zu der folgenden Strafart überzugehen, die unmittelbar unter oder über der Degradation zum Gemeinen steht (Art. 5 VI und IV), je nachdem die Strafe herabgesetzt oder erhöht wird.

85. Wenn im Gesetze für die der gerichtlichen Aburteilung unterliegende strafbare Handlung eine bestimmte Strafe nicht vorgesehen ist, so hat das Gericht den Schuldigen zu einer derjenigen Strafen zu verurteilen, die für Straftaten bestimmt sind, die nach ihrer Wichtigkeit und Art der betreffenden strafbaren Handlung am meisten ähnlich sind.

86, **87** } sind aufgehoben.

88. Im Falle einer Mehrheit von solchen militärischen und allgemeinkriminellen Straftaten, von welchen für die militärischen Straftaten der Schuldige an ein Disziplinarbataillon oder eine Disziplinarkompagnie zu überweisen ist, und für die allgemeinkriminellen der Aberkennung aller besonderen ihm persönlich oder nach seinem Stande zugeeigneten Rechte und Vorrechte und der Einschließung

---

(Art. 30, V) über mit der Maſsgabe, daſs, wenn die Festungs- oder Gefängnishaft mit Verlust aller Rechte und Vorrechte gesetzlich von geringerer Dauer sein soll als die nach der entsprechenden Stufe festgesetzte Gefängnisdauer ohne Rechtsverlust die letztere auf dieselbe geringere Dauer festgesstzt wird.

6. Von der Einschlieſsung in ein Gefängnis, verbunden mit dem Verlust nur einiger Rechte und Vorrechte (Art. 30, IV), geht das Gericht über unmittelbar zu der in der zweiten Stufe, Art. 38 dieses Gesetzes, bestimmten Strafe.

Soll die gemäſs den Vorschriften dieses Gesetzes gesetzlich bestimmte Strafe um eine oder mehrere Stufen erhöht werden, und gibt es in der betreffenden Strafart eine dieser Vorschrift entsprechende höhere Stufe nicht, so hat das Gericht von der Arrest- zur Gefängnisstrafe (Art. 30, V), von der Strafe aus Art. 33 zu der aus Art. 31 (Note zu 23[1], d. Ü.) und von der Verschickung zur Ansiedelung zu solcher zu Zwangsarbeiten überzugehen. In den übrigen Fällen erhöht das Gericht anstatt des Übergangs zu einer höheren Strafart die Dauer der Einschlieſsung, die gesetzlich für die höhere Stufe der betreffenden Strafe bestimmt ist, und für lebenslängliche Zwangsarbeit wird die Zeit des Verbleibens in der Versuchsabteilung erhöht, indem ein, zwei oder drei Jahre hinzugerechnet werden, je nachdem die Strafe gegen ihr Höchstmaſs gemäſs diesem Gesetze um eine, zwei oder drei Stufen erhöht werden müſste.

bei einer Korrektions-Arrestantenabteilung oder in ein bürgerliches Gefängnis unterliegt, so ist eine Strafe zu bestimmen, welche für die allgemeinkriminellen Straftaten vorgesehen ist; wenn jedoch die Dauer der Einschließung bei einer Korrektionsabteilung oder in ein Gefängnis geringer ist als die Haft in den Disziplinarbataillonen oder -Kompagnien, so unterliegt der Schuldige der Einschließung bei einer Korrektionsabteilung oder in ein Gefängnis auf diejenige Dauer, die er bei einem Disziplinarbataillon oder einer Kompagnie hätte verbüßen müssen.

89. Im Falle einer Mehrheit solcher die Schuld steigernder Umstände, für welche das Gesetz eine Erhöhung der Strafe um eine, zwei oder mehr Stufen bestimmt, wird diese Erhöhung in folgender Weise festgesetzt:

1. Liegt eine Mehrheit solcher die Schuld steigernder Umstände vor, von denen jeder eine Erhöhung der Strafe in ihren verschiedenen Stufen nach sich zieht, so erkennt das Gericht gegen den Angeklagten auf die höchste Stufe derjenigen Strafe, welche für den wichtigsten der seine Schuld steigernden Umstände bestimmt ist, das heißt, wenn beim Zusammentreffen der Umstände, der eine von ihnen die Strafe um eine, der andere aber um zwei Stufen erhöht, so ist der Angeklagte zu der nicht um drei, sondern um zwei Stufen erhöhten Strafe jedoch im Höchstmaß derselben zu verurteilen.
2. Liegt eine Mehrheit solcher die Schuld steigernder Umstände vor, von denen für jeden eine Erhöhung derselben (soll heißen der Strafe, d. Ü.) in gleicher Stufe bestimmt ist, und zwar, wenn bei zwei solcher Umstände für jeden von ihnen der Schuldige nach dem Gesetze einer um zwei Stufen erhöhten Strafe zu unterwerfen ist, so hat das Gericht die Strafe nicht um vier, sondern nur um zwei Stufen zu erhöhen, und ebenfalls in ihrem Höchstmaß.

Im Falle einer Mehrheit von die Schuld mildernden Umständen kann das Gericht die Strafe um eine oder zwei Stufen herabsetzen und hierbei zu der nächsten Strafart übergehen, sollte dies auch im Gesetze, nach der Natur des Verbrechens oder Vergehens, nicht bestimmt sein. Liegt aber eine Mehrheit von solchen Umständen vor, von denen die einen die Schuld und die Strafe erhöhen, die andern aber mildern, so wird die Bestimmung der Strenge der Strafe in den vom Gesetze bestimmten Grenzen dem Ermessen des Gerichts anheimgegeben.

Anmerkung. Die Fälle, wo der in diesem Artikel (89) erwähnte Übergang von der höheren Strafart zur niederen nicht zulässig ist, sind in dem Artikel 83 dieses Gesetzes und im Artikel 150[1]) des Strafgesetzbuchs (in der Fassung von 1906) angegeben.

---

[1]) Vergl. Note zu Artikel 84.

90. Zur Kriegszeit, wenn irgend welche Verbrechen oder Vergehen im Heere, oder in den von den Truppen besetzten Ortschaften, oder in einer Festung, Befestigung oder Stadt, welche sich im Belagerungs- oder Kriegszustande befinden, sich übermäßig vermehren wird dem Oberkommandierenden der Truppen, den Kommandierenden derselben und denjenigen Personen, die eine diesen gleiche Gewalt genießen, ebenso dem Kommandanten oder dem Chef der belagerten Festung, Befestigung oder Stadt, oder dem Chef des von jeder Verbindung mit den übrigen Heeresteilen abgeschnittenen Truppenteiles freigestellt, die Strenge der im Gesetze bestimmten Strafen zu erhöhen, ohne jedoch die Erhöhung der Strafe bis zur Bestimmung der Todesstrafe zu bringen, wobei er vorher die Maßnahme zur allgemeinen Kenntnis zu bringen und gleichzeitig im Instanzenwege über die von ihm getroffenen Maßnahmen und über die Ursachen ihrer Dringlichkeit an den Kaiser zu berichten hat. Diesen Personen wird auch das Recht zugeeignet, in denjenigen Fällen, wo infolge der Kriegsumstände oder zur Zeit eines Aufstandes zur allgemeinen Sicherheit besondere Vorsichtsmaßnahmen getroffen sind, für die Verletzung derselben korrektionelle Strafen aus der Zahl der vom Gesetze (StGB. und MilitärStGB.) festgesetzten zu bestimmen und dies ebenfalls zur allgemeinen Kenntnis zu bringen.

91. In außergewöhnlichen Fällen, wenn eine strafbare Handlung zwar in Friedenszeiten begangen ist, aber infolge der besonderen Wichtigkeit der sie begleitenden Umstände die Notwendigkeit sich ergibt, zur Wahrung der Militärdisziplin die Schuldigen nach der ganzen Strenge der Militärstrafgesetze abzuurteilen, werden diese auf Anordnung des Oberbefehlshabers der Militärbezirke vor Gericht gezogen bei Anwendung der in diesem Gesetze für die Kriegszeit bestimmten Strafen.

Den Oberbefehlshabern der Militärbezirke, die nicht als im Kriegszustand befindlich erklärt sind, ist das Recht gewährt, die Militärchargen der mobilisierten Truppenteile und anderer zum operierenden Heere abzuschickenden Kommandos dem Militärgericht unter Anwendung der Strafen nach den Gesetzen der Kriegszeiten zu überantworten für von ihnen verübte Zuchtlosigkeiten, die von Verbrechen begleitet sind, für welche nach den Gesetzen der Kriegszeiten die Todesstrafe und die Verschickung zu Zwangsarbeiten bestimmt sind, wobei auf diese Sachen das im Kapitel III des Abschnitts IV der Militärstrafgerichtsordnung (Kodex der Militärges. von 1869 Buch XXIV Ausg. 3 und neue Fassung) angegebene Prozeßverfahren Anwendung findet.[1]

Anmerkung ist gestrichen.

---

[1] Vergl. Teil III dieser Arbeit unter N.

Vierter Abschnitt.

Von der Aufhebung und Milderung der Strafen.

92. Infolge Verjährung fällt die Strafe fort:

1. wenn vom Zeitpunkt der Begehung einer Straftat, für welche die Todesstrafe oder Verschickung zu Zwangsarbeiten oder zur Ansiedelung, oder Einschließung in eine Festung bestimmt ist, zehn Jahre verstrichen sind, und während dieser ganzen Zeit jene Straftat nicht offenbar wurde, das heißt wenn wegen derselben keinerlei Prozeßverfahren oder Untersuchung anhängig wurde, noch eine Anzeige oder Klage, Anschuldigung oder sonstige Angabe erfolgte, oder wenn im Verlaufe derselben Zeit, das heißt volle zehn Jahre seit Begehung der Straftat der an ihr Schuldige ungeachtet der erfolgten Untersuchung nicht ermittelt worden ist;
2. wenn vom Zeitpunkte der Begehung einer gesetzwidrigen Handlung, für welche die Überweisung an die Korrektionsarrestantenabteilungen oder an ein bürgerliches Gefängnis gemäß den Artikeln 27[1] und 48 dieses Gesetzes acht Jahre verstrichen sind, und während dieser ganzen Zeit die gesetzwidrige Handlung ebenfalls nicht offenbar wurde, oder aber der derselben Schuldige ungeachtet der erfolgten Untersuchung im Verlaufe derselben Zeitdauer nicht ermittelt worden ist;
3. wenn vom Zeitpunkt der Begehung einer gesetzwidrigen Handlung, für welche Degradation zum Gemeinen, oder Einschließung in eine Festung unter Verlust einiger Rechte und Vorrechte, oder Ausschluß aus dem Dienste, oder Verabschiedung aus demselben, ebenso Haft bei Disziplinarbataillonen oder Kompagnien bestimmt ist, fünf Jahre verstrichen sind, und wenn die Straftat während dieser ganzen Zeit nicht offenbar wurde, oder aber der derselben Schuldige ungeachtet der erfolgten Untersuchung im Verlaufe derselben Zeitdauer nicht ermittelt worden ist;
4. wenn vom Zeitpunkte der Begehung einer gesetzwidrigen Handlung, für welche Einschließung in eine Festung unter Beschränkung nur einiger Rechte und Vorrechte im Dienste, oder Haft auf der Hauptwache, oder Einzelhaft in einem Militärgefängnis, oder Geldstrafe bestimmt ist, drei Jahre verstrichen sind, und wenn die gesetzwidrige Handlung während dieser ganzen Zeit nicht offenbar wurde, oder aber der derselben Schuldige durch die Untersuchung im Verlaufe derselben Zeit nicht ermittelt worden ist;
5. wenn vom Zeitpunkt der Begehung einer gesetzwidrigen Handlung, für welche eine Disziplinarstrafe bestimmt ist, sechs Monate verstrichen sind, und wenn die gesetzwidrige

Handlung während dieser ganzen Zeit nicht offenbar wurde, oder der derselben Schuldige im Verlaufe derselben Zeit nicht ermittelt worden ist.

In den Militärpersonen und Personen bürgerlichen Standes gemeinsamen Verbrechen und Vergehen, die vom Dienste unabhängig begangen sind, werden die Verjährungsfristen auf Grund der allgemeinen Strafgesetze berechnet.

93. Außer den durch die allgemeinen Strafgesetze bestimmteu Ausnahmen (Artikel 161 und 162 StGB. in der Fassung von 1906[1]) erstreckt sich die Geltung der Vorschriften über die Verjährung auch nicht auf Desertionen.

94. Bei Verbrechen und Vergehen im Dienste, welche von der Behörde nur bei Inspektionsbesichtigungen oder bei den Revisionen der betreffenden Sachen entdeckt werden können, wird die Verjährung vom Zeitpunkt der Beendigung der Besichtigung oder der Revision gerechnet.

95. Die Begnadigung der Schuldigen und die Verzeihung hängt in keinem Falle vom Gericht ab.[2]) Sie geht unmittelbar von der obersten selbstherrlichen Gewalt aus und kann nur durch einen Akt der Barmherzigkeit des Herrschers erfolgen. Die Geltung und der Umfang des Aktes dieser Barmherzigkeit werden als Ausnahmen vom Gesetze in demselben Allerhöchsten Befehl bestimmt, durch welchen das Schicksal der Schuldigen erleichtert oder ihnen die vollständige Verzeihung gewährt wird. Mit der Macht, den Schuldigen Verzeihung zu gewähren, sind von der Kaiserlichen Majestät nur die Oberkommandierenden und diejenigen Personen bekleidet, welche die diesen gleichen Rechte genießen.

---

[1]) Die Artikel 161, 162 StGB. lauten:

161. Die für vorsätzliche Tötung des Vaters oder der Mutter bestimmte Strafe wird durch Verjährung nicht aufgehoben; wenn aber vom Zeitpunkt der Begehung des Verbrechens zwanzig Jahre verflossen sind und es während dieser ganzen Zeit nicht offenbar wurde, d. h. wegen desselben kein Verfahren oder Untersuchung, noch eine Anzeige oder Beschwerde, Anschuldigung oder eine sonstige Angabe erfolgt ist, oder wenn im Verlaufe derselben Zeit, d. h. voller zwanzig Jahre vom Tage der Begehung des Verbrechens die desselben Schuldigen ungeachtet der geführten Untersuchung nicht ermittelt worden sind, so sind sie anstatt zu Zwangsarbeiten zur Verschickung zur Ansiedelung zu verurteilen.

162. Die Wirksamkeit der Bestimmungen über die Verjährung erstreckt sich nicht auf diejenigen, die wissentlich eine ungesetzliche Ehe geschlossen haben, und auf diejenigen, die schuldig sind, einen ihnen nicht zustehenden Stand, ein Amt, einen Rang, einen Orden, einen Ehrentitel oder einen Namen sich zugeeignet zu haben, ebenso auf Personen, die sich der Militärpflicht entzogen haben.

[2]) Nach dem Gesetze vom 17. Februar 1910 kann das Gericht dem Schuldigen seine Untersuchungshaft ganz oder teilweise gemäfs Art. 152[1] StGB. und Art. 16[1] des Strafgesetzes für Friedensrichter auf die Strafe anrechnen.

Zweiter Teil.

Von den militärischen und anderen Verbrechen und Vergehen im Militärdienste.

Erstes Kapitel.

Von der Verletzung der militärischen Disziplin und Unterordnung.

96. Für die absichtliche Nichtbezeigung der dem Vorgesetzten schuldigen Achtung, für ein unziemliches Verhalten gegen ihn, sowie für jede Handlung, die eine Nichtachtung gegen die Person des Vorgesetzten bekundet, verfällt der Schuldige, wenn eine Disziplinarstrafe als der Erheblichkeit der Schuld nicht entsprechend erscheint:

der Haft auf der Hauptwache von einem bis zu vier Monaten; oder aber der Einzelhaft in einem Militärgefängnis von einem bis zu zwei Monaten,

und wenn dies während der Verrichtung der dienstlichen Pflichten durch den Vorgesetzten geschieht:

der Entlassung aus dem Dienste oder der Haft auf der Hauptwache von drei bis zu sechs Monaten; oder aber der Einzelhaft in einem Militärgefängnis von zwei bis zu vier Monaten.

97. Für eine Beleidigung des Vorgesetzten durch Worte, durch die Schrift oder durch den Druck, oder durch eine unziemliche Handlung verfällt der Schuldige:

der Degradation zum Gemeinen, oder dem Ausschluß aus dem Dienste, oder der Einschließung in eine Festung von zwei Monaten bis zu einem Jahre und vier Monaten. oder der Entlassung aus dem Dienste, oder der Haft auf der Hauptwache von drei bis zu sechs Monaten; oder aber dem Verluste einiger Rechte und Vorrechte im Dienste und der Überweisung an ein Disziplinarbataillon oder eine Disziplinarkompagnie von einem Jahre bis zu drei Jahren; oder der Einzelhaft in einem Militärgefängnis von zwei bis zu vier Monaten,

und wenn dies während der Verrichtung der dienstlichen Pflichten durch den Vorgesetzten geschieht:

dem Ausschluß aus dem Dienste unter Verlust der Dienstgrade, oder der Einschließung in eine Festung von einem Jahre und vier Monaten bis zu vier Jahren; oder aber dem Verluste einiger Rechte und Vorrechte im Dienste und der Überweisung an ein Disziplinarbataillon oder eine Disziplinarkompagnie von zwei bis zu drei Jahren.

98. Für einen dem Vorgesetzten versetzten Schlag oder für das Erheben der Hand oder der Waffe gegen ihn in derselben Absicht, ebenso für jeder Art gewalttätiger oder im höchsten Grade frecher Handlung gegen ihn verfällt der Schuldige:

der Aberkennung aller Standesrechte und der Verschickung zu Zwangsarbeiten auf die Dauer von vier bis zu zwölf Jahren,

und wenn dies während der Verrichtung der dienstlichen Pflichten durch den Vorgesetzten geschieht, oder wenn bei der Beleidigung gleichzeitig schwere Wunden oder schwere Schläge versetzt, oder eine Verstümmelung verursacht oder der Tod erfolgt ist, wenngleich ohne Absicht der Tötung, so verfällt der Schuldige:

a) in Friedenszeiten: der Aberkennung aller Standesrechte und der Verschickung zu Zwangsarbeiten ohne Zeitbestimmung oder auf die Dauer von zwölf bis zu zwanzig Jahren;

b) zu Kriegszeiten; der Aberkennung aller Standesrechte und der Todesstrafe durch Erschießen.

99. Für eine Forderung des Vorgesetzten zum Zweikampf in einer den Dienst betreffenden Sache verfällt der Schuldige:

dem Ausschluß aus dem Dienste unter Verlust der Dienstgrade, oder der Einschließung in eine Festung von einem Jahre und vier Monaten bis zu vier Jahren, oder der Degradation zum Gemeinen.

Der Vorgesetzte, der die Forderung angenommen hat, unterliegt derselben Strafe wie derjenige, der die Forderung gestellt hat.

Ist infolge der Forderung der Zweikampf zustande gekommen, so bestimmt sich die Strafe auf Grund der Vorschriften über eine Mehrheit von Straftaten.

100. Jüngere verfallen für eine den Älteren zugefügte Beleidigung den in den Artikeln 96, 97, 98 und 99 dieses Gesetzes für die Beleidigung eines Vorgesetzten bestimmten Strafen, jedoch stets um zwei oder drei Stufen niedriger.

Im vorliegenden Falle werden als Jüngere angesehen: Oberoffiziere im Verhältnis zu Stabsoffizieren und Generälen und Stabsoffiziere im Verhältnis zu Generälen.

Personen der unteren Dienstgrade verfallen den Strafen wie für die Beleidigung eines Vorgesetzten in allen denjenigen Fällen, wo sie der Beleidigung eines Offiziers irgend eines Verwaltungszweiges oder eines Militärbeamten während der Erfüllung der Dienstpflichten der letzteren, ebenso desselben Regiments oder Verwaltungszweiges, bei dem sie selbst sich befinden, schuldig befunden werden.

101. Personen der unteren Dienstgrade, welche der Verletzung der militärischen Disziplin oder der Unterordnung gegen einen Feldwebel oder Unteroffizier ihres Regiments, ebenso eines Gefreiten oder Gemeinen, dem der Schuldige bei Begehung der Straftat untergeben war, schuldig befunden werden, verfallen nach dem Grade der Schuld:

a) für die im Artikel 96 dieses Gesetzes bezeichneten Straftaten: einer Disziplinarstrafe;

b) für die im Artikel 97 dieses Gesetzes bezeichneten Straftaten: der Einzelhaft in einem Militärgefängnis von einem bis zu vier Monaten;

wenn aber die Straftat in der Front begangen ist, so verfällt der Schuldige: dem Verluste einiger Rechte und Vorrechte im Dienste und der Überweisung an ein Disziplinarbataillon oder eine -Kompagnie von einem Jahre bis zu einem Jahre und sechs Monaten;

c) für die im Artikel 98 dieses Gesetzes bezeichneten Straftaten: dem gleichen Verluste einiger Rechte und Vorrechte im Dienste und der Überweisung an ein Disziplinarbataillon oder -Kompagnie von einem Jahre bis zu zwei Jahren;

und wenn dies in der Front geschehen ist, oder bei Begehung der Straftat schwere Wunden oder schwere Schläge versetzt oder eine Verstümmelung verursacht oder der Tod erfolgt ist, wenngleich ohne Absicht der Tötung, so verfällt der Schuldige:

in Friedenszeiten: der Aberkennung aller Standesrechte und der Verschickung zu Zwangsarbeiten auf die Dauer von acht bis zu zwölf Jahren,

in Kriegszeit: der Aberkennung aller Standesrechte und der Verschickung zu Zwangsarbeiten auf die Dauer von fünfzehn bis zu zwanzig Jahren.

102. Personen der unteren Dienstgrade, welche der im Artikel 101 dieses Gesetzes bezeichneten Straftaten gegen einen Feldwebel oder Unteroffizier eines anderen Regiments schuldig sind, verfallen denselben Strafen, jedoch um zwei oder drei Stufen niedriger.

103. Personen der unteren Dienstgrade verfallen für eine ihrem Feldwebel oder Unteroffizier oder dem Stellvertreter derselben oder jedem anderen Feldwebel oder Unteroffizier zugefügten Beleidigung, welchem der Verüber der Straftat während der Erfüllung der dienstlichen Pflichten, bei denen die Beleidigung zugefügt ist, untergeben war,

den im Artikel 101 dieses Gesetzes bestimmten Strafen, jedoch stets im Höchstmaß.

104. Für die Nichtausführung allgemeiner oder ihn persönlich betreffender Befehle des Vorgesetzten aus Unachtsamkeit oder Unaufmerksamkeit verfällt der Schuldige, wenn eine Disziplinarstrafe als der Erheblichkeit der Schuld nicht entsprechend erscheint:

der Verabschiedung vom Dienste oder der Enthebung vom Amte oder der Haft auf der Hauptwache von einem bis zu vier Monaten.

Für die Nichtausführung aber eines dienstlich wichtigen Befehls, wenn hieraus für den Dienst schädliche Folgen entstehen konnten:

dem Ausschluß aus dem Dienste, oder der Einschließung in eine Festung von zwei Monaten bis zu einem Jahre und vier Monaten, oder der Degradation zum Gemeinen; oder aber dem Verluste einiger Rechte und Vorrechte im Dienste und der Überweisung an ein Disziplinarbataillon oder Kompagnie von einem Jahre bis zu zwei Jahren, oder der Einzelhaft in einem Militärgefängnis von zwei Monaten und zwei Wochen bis zu vier Monaten.

Angesichts des Feindes, wenn die Nichtausführung des Befehls wichtige Folgen für die Sicherheit des Heeres, oder einen Einfluß auf den Erfolg der unternommenen Handlung, oder auf die Erfolge der Versorgung des Heeres oder des Truppenteiles mit Kriegs-, Provisions- oder anderen Vorräten haben konnte, wird der Schuldige bestraft:

wie für Ungehorsam gemäß dem nachfolgenden Artikel (105).

105. Für den Ungehorsam, das heißt für die absichtliche Nichtausführung des Befehls eines Vorgesetzten verfällt der Schuldige:

der Ausschließung aus dem Dienste unter Verlust der Dienstgrade oder der Einschließung in eine Festung von einem Jahre und vier Monaten bis zu vier Jahren; oder aber dem Verlust einiger Rechte und Vorrechte im Dienste und der Überweisung an ein Disziplinarbataillon oder eine Kompagnie von zwei bis zu drei Jahren.

106. Für den Widerstand gegen die Ausführung von Befehlen des Vorgesetzten, jedoch ohne Anwendung einer Waffe oder eines anderen Instruments, verfällt der Schuldige:

a) zu Friedenszeiten:

aa) der Aberkennung aller Standesrechte und der Verschickung zu Zwangsarbeiten auf die Dauer von vier bis zu acht Jahren; oder bb) der Überweisung an eine Korrektionsarrestantenabteilung der Zivilverwaltung unter Aberkennung aller besonderen persönlich oder dem Stande nach zugeeigneten Rechte und Vorrechte mit allen den oben in den Artikeln 23[1] und 48 angegebenen Folgen auf die Dauer: in erster Stufe — von fünf bis zu sechs Jahren und in zweiter Stufe — von vier bis zu fünf Jahren; oder aber, nach Ermessen des Gewichts, der Einschließung in eine Festung auf dieselbe Zeitdauer unter Verlust einiger besonderen, dem Verurteilten persönlich und seinem Stande nach zugeeigneten oder durch den Dienst erworbenen Rechte und Vorrechte mit den oben in den Artikeln 27[1] und 53[1] angegebenen Folgen und unter Ausschluß überdies des Offiziers oder Militärbeamten aus dem Dienst mit Aberkennung der Dienstgrade; oder cc) der Einschließung in eine Festung von zwei Jahren und acht Monaten bis zu vier Jahren oder dem Verluste einiger Rechte und Vorrechte im Dienste und der Überweisung an ein Disziplinarbataillon oder Kompagnie von zwei Jahren und sechs Monaten bis zu drei Jahren;

b) zur Kriegszeit:

der Aberkennung aller Standesrechte und der Todesstrafe oder der Verschickung zu Zwangsarbeiten ohne Zeitbeschränkung oder auf die Dauer von zwölf bis zu zwanzig Jahren;

c) angesichts des Feindes:
der Aberkennung aller Standesrechte und der Todesstrafe durch Erschießen.

107. Für den in dem vorstehenden Artikel (106) bezeichneten Widerstand unter Anwendung der Waffe oder irgend eines Werkzeugs, oder wenn auch ohne diese, aber bei Beteiligung von zwei oder mehr Personen verfallen die Schuldigen:

a) zu Friedenszeiten:
der Aberkennung aller Standesrechte und der Verschickung zu Zwangsarbeiten auf die Dauer von vier bis zu zwölf Jahren;

b) zur Kriegszeit:
der Aberkennung aller Standesrechte und der Todesstrafe durch Erschießen, oder der Aberkennung aller Standesrechte und der Verschickung zu Zwangsarbeiten ohne Zeitbeschränkung, oder auf die Dauer von zwölf bis zu zwanzig Jahren;

c) angesichts des Feindes:
der Aberkennung aller Standesrechte und der Todesstrafe durch Erschießen.

108. Für Murren (Äußerung des Unwillens, d. Ü.) gegen Anordnungen der vorgesetzten Behörde oder die Beschwerden des Dienstes oder die dabei erlittenen Entbehrungen verfallen die Schuldigen;
in Fällen von geringer Bedeutung: eine Disziplinarstrafe;
wenn aber die Äußerung des Unwillens eine mehr oder minder erhebliche Ordnungswidrigkeit zur Folge hatte:
dem Ausschluß aus dem Dienste mit oder ohne Aberkennung der Dienstgrade; oder aber dem Verlust einiger Rechte und Vorrechte im Dienste und der Überweisung an ein Disziplinarbataillon oder Kompagnie von einem bis zu drei Jahren.

109. Sind die in den Artikeln 96—107 dieses Gesetzes vorgesehenen Straftaten durch eine gesetzwidrige Behandlung der Untergebenen durch den Vorgesetzten hervorgerufen worden, so ist die Strafe um eine, und wenn hierbei der Vorgesetzte eine harte oder eine erniedrigende Behandlung der Untergebenen zugelassen hat, um zwei Stufen zu mildern.

110. Für offenbaren Aufruhr bei Beteiligung von acht und mehr Personen in der Absicht, der vorgesetzten Behörde Widerstand zu leisten oder die Dienstpflicht zu verletzen, verfallen die Schuldigen:

a) zu Friedenszeiten: der Aberkennung aller Standesrechte und der Verschickung zu Zwangsarbeiten ohne Zeitbeschränkung;

b) zur Kriegszeit: der Aberkennung aller Standesrechte und der Todesstrafe.

111. Für jeder Art Verabredung, bei Beteiligung von zwei und mehr Personen zu dem Zwecke, der vorgesetzten Behörde oder ihren Anordnungen entgegenzuhandeln, ebenso für das Aufsetzen von Bittgesuchen, Erklärungen und dergleichen Schriftstücken und für das Sammeln von Unterschriften zu solchen verfallen die Schuldigen:

dem Ausschluß aus dem Dienste mit oder ohne Aberkennung der Dienstgrade oder der Einschließung in eine Festung von zwei Monaten bis zu zwei Jahren; oder aber dem Verlust einiger Rechte und Vorrechte im Dienste und der Überweisung an ein Disziplinarbataillon oder Kompagnie von einem bis zu drei Jahren; oder der Einzelhaft in einem Militärgefängnis von zwei Monaten und zwei Wochen bis zu vier Monaten;

und wenn aus den strafbaren Handlungen dieser Art schädliche Folgen für den Dienst entstehen konnten:

a) zu Friedenszeiten: dem Ausschluß aus dem Dienst unter Aberkennung der Dienstgrade oder der Einschließung in eine Festung von einem Jahre und vier Monaten bis zu vier Jahren; oder dem Verlust einiger Rechte und Vorrechte im Dienste und der Überweisung an ein Disziplinarbataillon oder Kompagnie von zwei bis zu vier Jahren;

b) zur Kriegszeit: aa) der Aberkennung aller Standesrechte und der Verschickung zu Zwangsarbeiten auf die Dauer von vier bis zu acht Jahren, oder bb) der Überweisung an eine Korrektionsarrestantenabteilung der Zivilverwaltung unter Aberkennung aller besonderen, persönlich und nach dem Stande zugeeigneten Rechte und Vorrechte mit allen den oben in den Artikeln 23¹ und 48 angegebenen Folgen auf die Dauer: in erster Stufe — von fünf bis zu sechs Jahren und in zweiter Stufe — von vier bis zu fünf Jahren; oder aber, nach Ermessen des Gerichts, der Einschließung in eine Festung auf dieselbe Zeitdauer unter Verlust nur einiger besonderen, dem Verurteilten persönlich und nach seinem Stande zugeeigneten oder im Dienst erworbenen Rechte und Vorrechte mit den oben in den Artikeln 27¹ und 53¹ angegebenen Folgen und mit Ausschluß der Offiziere und der Militärbeamten aus dem Dienst unter Aberkennung der Dienstgrade.

112. Für die Verleitung oder Anstiftung zum Ungehorsam, Widerstand oder offenbaren Aufruhr verfallen die Verleiter und Anstifter den Strafen gemäß Artikel 120[1]) des Strafgesetzbuchs. Den bezeichneten Strafen unterliegen die Verleiter und Anstifter auch in dem Falle, wenn die Straftat oder der Versuch hierzu oder die Vorbereitung zu dieser nicht von demjenigen verübt ist, der verleitet oder angestiftet worden war.

---

[1]) Art. 120 StGB. lautet:

Die Verleiter und Anstifter werden, selbst wenn sie nicht unter den Rädelsführern waren, zu der höchsten Strafe verurteilt, die für das Verbrechen, zu dem sie verleitet oder angestiftet haben, bestimmt ist. Wenn sie später die Ausführung des verbrecherischen Anschlags zu hemmen sich bemüht, aber dies nicht rechtzeitig zur Kenntnis der Behörde gebracht haben, so verfallen sie der Strafe um eine Stufe niedriger.

Zweites Kapitel.

Von der Beleidigung und den Gewalttätigkeiten gegen eine Schildwache und gegen Amtspersonen des Militärstandes.

Erster Abschnitt.

Von der Beleidigung von Wachposten und einer Militärwache und von dem gewaltsamen Angriff auf solche.

113. Für Beleidigung eines Wachpostens oder einer Militärwache durch Worte oder eine unziemliche Handlung verfallen die Schuldigen:

dem Ausschluß aus dem Dienste, oder der Einschließung in eine Festung von zwei Monaten bis zu einem Jahre und vier Monaten; oder aber dem Verlust einiger Rechte und Vorrechte im Dienste und der Überweisung an ein Disziplinarbataillon oder Kompagnie von einem Jahre bis zu zwei Jahren, oder der Einzelhaft in einem Militärgefängnis von zwei Monaten und zwei Wochen bis zu vier Monaten.

Anmerkung. Wachposten heißt jede Person unteren Dienstgrades, die mit einem Gewehr oder einer bloßen kalten Waffe auf Posten gestellt ist. Als Militärwache werden die Dienstpersonen eines bewaffneten Militärkommandos während der Verrichtung der Militärpflichten des Garnison- oder Felddienstes erachtet.

114. Für die Beleidigung eines Wachpostens oder einer Militärwache durch einen Schlag, jedoch ohne Anwendung einer Waffe, verfallen die Schuldigen:

dem Ausschluß aus dem Dienste unter Aberkennung der Dienstgrade, oder der Einschließung in eine Festung von einem Jahre und vier Monaten bis zu vier Jahren; oder aber der Aberkennung einiger Rechte und Vorrechte im Dienste und der Überweisung an ein Disziplinarbataillon oder Kompagnie von zwei bis zu drei Jahren.

115. Die Geltung der vorstehenden Artikel 113 und 114 erstreckt sich nicht auf diejenigen Fälle, wo die Beleidigung der Dienstperson der Wache, mit Ausnahme des Wachpostens, von demjenigen, der die Wache befehligt, zugefügt ist, oder wo eine Dienstperson der Wache die andere beleidigt.

In diesen letzteren Fällen jedoch muß die vom Gesetze für die Beleidigung bestimmte Strafe in den im Artikel 78 dieses Gesetzes angegebenen Grenzen erhöht werden.

116. Für Nichtausführung der gesetzlichen Forderungen eines Wachpostens oder einer Militärwache oder für den Widerstand gegen diese ohne Anwendung einer Waffe verfallen die Schuldigen:

a) zu Friedenszeiten:

den oben im Artikel 113 dieses Gesetzes bestimmten Strafen:

b) zur Kriegszeit:

der Einschließung in eine Festung von einem Jahre und vier Monaten bis zu vier Jahren, oder dem Ausschluß aus dem Dienste unter Aberkennung der Dienstgrade; oder aber dem Verluste einiger Rechte und Vorrechte im Dienste und der Überweisung an ein Disziplinarbataillon oder Kompagnie von zwei bis zu drei Jahren;

c) Angesichts des Feindes:

der Überweisung an eine Korrektionsarrestantenabteilung der Zivilverwaltung unter Aberkennung aller besonderen, persönlich und dem Stande nach zugeeigneten Rechte und Vorrechte mit den oben in den Artikeln 23[1] und 48 bestimmten Folgen auf die Dauer: in erster Stufe — von fünf bis zu sechs Jahren und in zweiter Stufe — von vier bis zu fünf Jahren; oder aber, nach Ermessen des Gerichts, der Einschließung in eine Festung auf dieselbe Zeitdauer unter Verlust nur einiger besonderer dem Verurteilten persönlich und nach seinem Stande zugeeigneten oder im Dienste erworbenen Rechte und Vorrechte mit den oben in den Artikeln 27[1] und 53[1] angegebenen Folgen und unter Ausschluß überdies der Offiziere und der Militärbeamten aus dem Dienste mit Aberkennung der Dienstgrade.

117. Für den Angriff auf einen Wachposten oder eine Militärwache, ebenso für bewaffneten Widerstand gegen eine Militärwache verfallen die Schuldigen:

a) zu Friedenszeiten:

der Aberkennnng aller Standesrechte und der Verschickung zu Zwangsarbeiten auf die Dauer von vier bis zu acht Jahren;

b) zur Kriegszeit:

der Aberkennung aller Standesrechte und der Todesstrafe durch Erschießen, oder der Aberkennung aller Standesrechte und der Verschickung zu Zwangsarbeiten ohne Zeitbeschränkung oder auf die Dauer von zwölf bis zu zwanzig Jahren;

c) angesichts des Feindes:

der Aberkennung aller Standesrechte und der Todesstrafe durch Erschießen.

Die für Friedenszeiten bestimmte Strafe erhöht sich um eine oder zwei Stufen für den Angriff mit bewaffneter Hand, ebenso in denjenigen Fällen, wo die in diesem Artikel bezeichneten Straftaten von mehreren Personen begangen sind.

Anmerkung. Die Dienstpersonen des besonderen Gendarmeriekorps werden, wenn sie einem bewaffneten Widerstand während der Erfüllung ihrer dienstlichen Pflichten begegnen, in allen Fällen als eine Militärwache angesehen.

118. Für vorsätzliche Tötung eines Wachpostens verfallen die Schuldigen:

a) zu Friedenszeiten:

der Aberkennung aller Standesrechte und der Verschickung zu Zwangsarbeiten ohne Zeitbegrenzung oder auf die Dauer von fünfzehn bis zu zwanzig Jahren;

b) zur Kriegszeit:

der Aberkennung aller Standesrechte und der Todesstrafe.

119. Die in den vorstehenden Artikeln für die Kriegszeit angesichts des Feindes bestimmten Strafen finden auch zu Friedenszeiten Anwendung für jede Gewalttätigkeit gegen eine Wache oder Wachposten, welche die geheiligte Person des Kaisers und die Mitglieder des Kaiserlichen Hauses bewachen.

120. Die Strafen für die Straftaten gegen eine Militärwache finden auch auf diejenigen Anwendung, welche dieser Straftaten gegen Personen der unteren Dienstgrade schuldig sind, die in vom Heere besetzten Ortschaften zum Schutz irgendwelcher Personen oder Ortschaften zur Kriegszeit zurückgelassen sind.

Zweiter Abschnitt.

Von der Beleidigung von Amtspersonen des Militärstandes.

121. Für die Beleidigung eines Offiziers oder eines Zivilbeamten vom Tagesdienst oder vom Amte durch Wort, Schrift oder unziemliche Handlung verfällt der Schuldige:

der Einschließung in eine Festung von zwei bis zu acht Monaten, oder der Verabschiedung vom Dienste, oder der Haft auf der Hauptwache von drei bis zu sechs Monaten;

und für die Beleidigung durch Versetzung eines Schlages oder durch eine Gewalttätigkeit anderer Art:

dem Ausschluß aus dem Dienste mit oder ohne Aberkennung der Dienstgrade, oder der Einschließung in eine Festung von acht Monaten bis zu vier Jahren.

122. Für die Beleidigung von Amtspersonen der unteren Dienstgrade vom Dienste, vom Tage oder dergleichen Personen durch Wort oder eine unziemliche Handlung, ebenso von Kommandos, die nicht die Bedeutung einer Militärwache haben, verfällt der Schuldige, wenn eine Disziplinarstrafe als seiner Schuld nicht entsprechend erscheint:

der Haft auf der Hauptwache von einem bis zu drei Monaten, oder aber der Einzelhaft in einem Militärgefängnis von einem bis zu zwei Monaten;

und für die Beleidigung durch Versetzung eines Schlages oder eine Gewalttätigkeit anderer Art:

dem Ausschluß oder der Verabschiedung aus dem Dienste, oder der Haft auf der Hauptwache von drei bis zu sechs Monaten; oder aber dem Verluste einiger Rechte und Vorrechte im Dienste und der Überweisung an ein Disziplinarbataillon oder -Kompagnie von einem bis zu zwei Jahren, oder der Einzelhaft in einem Militärgefängnis von zwei bis zu vier Monaten.

Anmerkung. Auf denjenigen, welcher der in den letzten zwei Artikeln bezeichneten Straftaten schuldig ist und dabei gleichzeitig die Vorschriften der Unterordnung verletzt, finden die in den Artikeln 96—103 dieses Gesetzes bestimmten Strafen Anwendung.

123. Die Geltung der vorstehenden Artikel 121 und 122 erstreckt sich nicht auf diejenigen Fälle, wo die Beleidigung der Person vom Dienst oder vom Tage von deren Vorgesetzten in diesem Dienste zugefügt ist, oder wenn eine Person vom Dienst oder vom Tage die andere beleidigt. In diesen Fällen verfallen die Schuldigen den für die Beleidigung bestimmten Strafen.

Drittes Kapitel.

Von dem Sichentziehen vom Dienste.

124. Für das Sichentziehen von dienstlichen Pflichten, ebenso für wiederholte Unterlassungen und Vergehen im Dienste, die aus Unachtsamkeit entspringen, verfällt der Schuldige, wenn eine Disziplinarstrafe als seiner Schuld nicht entsprechend erscheint:

der Haft auf der Hauptwache von einem bis zu drei Monaten, oder aber der Einzelhaft in einem Militärgefängnis von einem bis zu zwei Monaten.

125. Für eine Wiederholung der in dem vorstehenden Artikel (124) bezeichneten Vergehen nach erfolgter gerichtlicher Bestrafung verfällt der Schuldige:

der Einschließung in eine Festung von zwei Monaten bis zu einem Jahre und vier Monaten, oder der Einzelhaft in einem Militärgefängnis von zwei Monaten und zwei Wochen bis zu vier Monaten.

125[1]. Für hartnäckige Verweigerung der Erfüllung der Militärpflicht, des Dienstes in der Front oder außerhalb der Front mit dem Ziele, sich dem vollständig zu entziehen, verfällt der Schuldige:

der Aberkennung aller Standesrechte und der Verschickung zu Zwangsarbeiten auf die Dauer von vier bis zu sechs Jahren, oder der Aberkennung aller besonderen und dem Stande nach zugeeigneten Rechte und Vorrechte und der Überweisung an eine Korrektionsarrestantenabteilung auf die Dauer von vier bis zu sechs Jahren.

126. Für die vorsätzliche Abgabe oder Vorlegung eines Zeugnisses über eine vorgetäuschte Krankheit, oder aber für eine vorsätzliche unerhebliche Gesundheitsbeschädigung oder einen andern Betrug, um sich von den Pflichten der Diensterfüllung zu befreien, verfällt der Schuldige:

der Einschließung in eine Festung von zwei Monaten bis zu einem Jahre und vier Monaten, oder der Haft auf der Hauptwache von drei bis zu sechs Monaten, oder aber dem Verluste einiger Rechte und Vorrechte im Dienste oder der Überweisung an ein Disziplinarbataillon oder -Kompagnie von einem Jahre bis zu einem Jahre und sechs Monaten, oder der Einzelhaft in einem Militärgefängnis von einem bis zu vier Monaten.

Anmerkung. Als unerheblich wird eine Gesundheitsbeschädigung erachtet, welche die Ausübung der Dienstpflichten nicht über einen Monat verhinderte.

127. Wer sich selsbt unmittelbar oder durch einen andern, um sich dem Dienste zu entziehen, eine Verstümmelung beibringt, oder seine Wunden aufreißt, oder eine erhebliche Beschädigung seiner Gesundheit anderer Art verursacht, verfällt:

dem Ausschluß aus dem Dienste mit oder ohne Aberkennung der Dienstgrade, oder der Einschließung in eine Festung von einem Jahre und vier Monaten bis zu vier Jahren, oder aber dem Verluste einiger Rechte und Vorrechte im Dienste und der Überweisung an ein Disziplinarbataillon oder Kompagnie von einem Jahre und sechs Monaten bis zu drei Jahren.

Derselben Strafe verfällt auch derjenige, der mit Absicht einen andern verstümmelt, um ihm dadurch ein Mittel zu verschaffen, sich dem Dienste zu entziehen, oder ihm zu demselben Zwecke eine erhebliche Beschädigung seiner Gesundheit beibringt, oder seine Wunden aufreißt, oder ihm Hilfe hierbei leistet.

Viertes Kapitel.

Von der Fahnenflucht, der eigenmächtigen Entfernung und der nicht rechtzeitigen Meldung zum Dienst.

128. Die eigenmächtige Abwesenheit einer Militärperson vom Kommando oder Orte ihres Dienstes, die in Friedenszeiten über sechs Tage und zur Kriegszeit über drei Tage dauert, wird als Fahnenflucht erachtet.

Personen der unteren Dienstgrade, die weniger als sechs Monate im Dienste sich befinden, werden nur nach Ablauf von fünfzehn Tagen vom Tage ihrer Entfernung in Friedenszeiten und von sieben Tagen zur Kriegszeit als fahnenflüchtig angesehen.

Für alle Militärpersonen wird angesichts des Feindes eine Abwesenheit vom Kommando, die über vierundzwanzig Stunden dauert, als Fahnenflucht erachtet.

129. Eine Abwesenheit vom Kommando oder dem Orte des Dienstes während einer Zeitdauer, die geringer ist als die im vorstehenden Artikel (128) angegebene, wird als Entfernung erachtet, und der Schuldige verfällt einer Strafe gemäß dem Disziplinargesetz (Kod. der Militärgesetze vom Jahre 1869, XXIII. Buch, Ausg. 3); in besonders wichtigen Fällen jedoch, oder wenn die Entfernung aus der Haft oder aus dem Arreste erfolgt ist, wird der Schuldige verurteilt:

zur Haft auf der Hauptwache von einem bis zu drei Monaten; oder aber zur Einzelhaft in einem Militärgefängnis von einem bis zu zwei Monaten.

Anmerkung. Diejenigen, die der Entfernung aus der Haft oder aus dem Arreste schuldig sind, verfallen dieser Strafe nur in dem Falle, wenn die Entfernung weniger als vierundzwanzig Stunden dauerte, im andern Falle wird eine solche Entfernung in Gemäßheit der nachstehenden Artikel bestraft.

130. Für die im Artikel 128 dieses Gesetzes bezeichneten Straftaten verfallen Offiziere und Militärbeamte:

a) zu Friedenszeiten:

dem Ausschluß oder der Verabschiedung aus dem Dienste, oder der Haft auf der Hauptwache von drei bis zu sechs Monaten;

b) zur Kriegszeit:

dem Ausschluß aus dem Dienste unter Aberkennung der Dienstgrade.

131. Für die im Artikel 128 dieses Gesetzes bezeichneten Straftaten verfallen Personen der unteren Dienstgrade:

zum ersten Mal:

der Einzelhaft in einem Militärgefängnis von einem bis zu vier Monaten;

zum zweiten Mal:

dem Verlust einiger Rechte und Vorrechte im Dienste und der Überweisung an ein Disziplinarbataillon oder Kompagnie von einem Jahre bis zu drei Jahren;

zum dritten Mal:

der Aberkennung aller besonderen, persönlich und dem Stande nach zugeeigneten Rechte und Vorrechte und der Überweisung an eine Korrektionsarrestantenabteilung der Zivilverwaltung auf die Dauer von vier bis zu fünf Jahren.

Die in diesem Artikel bestimmten Strafen erhöhen sich zur Kriegszeit um eine oder zwei Stufen.

Gegen denjenigen, der sich freiwillig von der Flucht meldet, können die in diesem Artikel bestimmten Strafen im Maße oder auch um eine oder zwei Stufen gemildert werden.

132. Bei der Fahnenflucht werden als die Schuld erhöhende Umstände, außer den in den Artikeln 77 und 78 dieses Gesetzes bezeichneten, angesehen: das Wegtragen der staatlichen Kleidung außer der notwendigen, das Wegtragen von Ausrüstungsgegenständen, von Kriegsvorräten, der Waffen, das Fortführen eines staatlichen Pferdes, ohne jedoch, daß diese verloren gegangen sind, die Verheimlichung des Namens oder Standes bei der Festnahme.

Anmerkung. Falls der Flüchtige seinen Namen oder Stand verheimlicht, wird seine Flucht bis zum Tage der Ermittelung seines wirklichen Standes als fortdauernd angesehen.

133. Die in den Artikeln 130 und 131 dieses Gesetzes bestimmten Strafen können um eine oder zwei Stufen erhöht werden, wenn die Flucht über sechs Monate fortdauerte, oder aus der Haft, wenn auch ohne Erbrechen des Gefängnisses oder eine Gewalttätigkeit gegen die Wache, oder aus dem Arrest erfolgt ist, oder von einer Grenzüberschreitung begleitet war, wenn ein solches Überschreiten nicht die Merkmale des Verrates oder eines unerlaubten Verlassens des Vaterlandes aufweist.

134. Personen der unteren Dienstgrade, welche der Fahnenflucht schuldig sind, verfallen, wenn sie vor ihrer Strafverfolgung oder vor Erlaß des gerichtlichen Urteils gegen sie von neuem Fahnenflucht begehen, derjenigen Strafe, welche der Zahl der tatsächlich von ihnen begangenen Desertionen entspricht.

135. Diejenigen, welche schuldig sind, den Häschern Wunden, schwere Schläge, Verstümmelungen oder den Tod verursacht zu haben, verfallen der für diese Straftaten bestimmten Strafe unter Erhöhung derselben um eine oder zwei Stufen.

136. Für Fahnenflucht angesichts des Feindes verfällt der Schuldige:

der Aberkennung aller besonderen, persönlich und dem Stande nach zugeeigneten Rechte und Vorrechte und der Überweisung an eine Korrektionsarrestantenabteilung der Zivilverwaltung auf die Dauer von vier bis zu fünf Jahren, oder dem Ausschluß aus dem Dienste unter Aberkennung der Dienstgrade; oder aber dem Verlust einiger Rechte und Vorrechte im Dienste und der Überweisung an ein Disziplinarbataillon oder eine Kompagnie von zwei bis zu drei Jahren.

137. Für die Fahnenflucht zum Feinde verfällt der Schuldige:

den Strafen wie für Landesverrat.

Derselben Strafe verfällt auch derjenige, der, in Gefangenschaft geraten, in die Reihen des feindlichen Heeres eintritt.

138. In den in den Artikeln 130 und 131 dieses Gesetzes angegebenen Fällen verfallen die Schuldigen, wenn die Fahnenflucht nach gegenseitiger Vereinbarung von zwei oder mehr Militärpersonen begangen ist:

der höchsten Stufe der durch diese Artikel bestimmten Strafen.

Im Falle der Begehung dieser Straftat angesichts des Feindes verfallen die Schuldigen:

der Aberkennung aller Standesrechte und der Verschickung zu Zwangsarbeiten auf die Dauer von acht bis zu zwölf Jahren.

In beiden Fällen wird gegen die Rädelsführer auf eine um zwei Stufen höhere Strafen erkannt.

139. Die Verleiter und Anstifter zur Fahnenflucht verfallen den Strafen in Gemäßheit des Artikels 120[1]) des Strafgesetzbuchs. Diesen

[1]) Vgl. Note zu Art. 112.

Strafen verfallen die Verleiter und Anstifter auch in dem Falle, wo der Verleitete die Fahnenflucht nicht ausgeführt hat.

140. Die Nichtmeldung zum Dienst zur rechten Zeit ohne gesetzliche Gründe hierzu unterwirft die Schuldigen den in den Artikeln 130 und 131 dieses Gesetzes bestimmten Strafen:

a) wenn die Militärperson nach Ablauf ihrer Urlaubszeit zum Dienste sich nicht gemeldet hat: innerhalb eines Monats zu Friedenszeiten und innerhalb fünfzehn Tage zur Kriegszeit und

b) wenn die Militärperson zum Dienste sich nicht gemeldet hat, wenn sie zum Dienste angenommen, von einem Teil in einen andern versetzt, vom Urlaub zum Dienste aufgefordert, vom Krankenhaus ausgeschrieben ist und dergleichen Fällen: innerhalb eines Monats zu Friedenszeiten und innerhalb fünfzehn Tage zur Kriegszeit, außer der Zeitdauer für die Reiseentfernung.

Die Nichtmeldung zum Dienste während einer Zeitdauer, die geringer ist als die in diesem Artikel angegebene, wird in Gemäßheit des Artikels 129 dieses Gesetzes bestraft.

Fünftes Kapitel.

Von der Überschreitung der Machtbefugnis und ihrer gesetzwidrigen Nichtausübung.

141. Ein militärischer Vorgesetzter oder eine andere Amtsperson wird als die ihm übertragene Gewalt überschreitend angesehen, wenn er aus den Grenzen und dem Wirkungskreise, die ihm nach seinem Berufe, seinem Amte, nach dem Orte oder nach einem besonderen Auftrage vorgeschrieben sind, hinausgeht und etwas, entgegen oder in Abänderung bestehender militärischer oder allgemeiner Gesetzesvorschriften, Einrichtungen, Verordnungen oder ihm gegebener Anweisungen verübt; oder aber entgegen der vorgeschriebenen Ordnung eine Maßregel vorschreibt oder ergreift, die nur auf Grund eines neuen Gesetzes ergriffen werden kann; oder ein ihm nicht zustehendes Recht sich aneignend, eine Sache eigenmächtig entscheidet; oder aber irgendeine Handlung oder Anordnung sich erlaubt, wozu die Genehmigung der vorgesetzten höheren Behörde erforderlich ist, ohne solche in ordnungsmäßiger Weise nachgesucht zu haben.

142. Als gesetzwidrige Nichtausübung der Gewalt wird angesehen, wenn der militärische Vorgesetzte oder eine andere Amtsperson alle vom Gesetze angegebenen oder erlaubten Mittel zur rechten Zeit nicht gebraucht, welche ihm ermöglichten, irgendeinem Mißbrauch oder einer Unordnung zu begegnen oder Einhalt zu tun und dadurch den Staat, die Gesellschaft, das Heer oder den ihm anvertrauten Teil desselben vor Schaden oder Verlust zu bewahren.

143. Als Gewaltüberschreitung wird nicht angesehen:

1. wenn der Oberkommandierende, der Kriegsminister oder ein anderer militärischer Befehlshaber in seinen Handlungen zu-

folge eines für diesen Fall oder überhaupt für Fälle dieser Art ihm von der obersten Gewalt erteilten Vollmacht von den gewöhnlichen Vorschriften abweicht; und

2. wenn ein militärischer Befehlshaber oder eine andere Amtsperson unter außergewöhnlichen Umständen die Ergreifung einer ebenfalls außergewöhnlichen mehr oder minder entschiedenen Maßnahme auf seine Verantwortung nimmt und dann nachweist, daß dieselbe im Staatsinteresse notwendig war, oder daß er wegen der Dringlichkeit der Sache ohne offensichtliche Gefahr oder Schaden für den Dienst die Ergreifung dieser Maßnahme bis zur höheren Entscheidung nicht verschieben konnte.

144. Zu den besonderen Arten der Überschreitung und Nichtausübung der Macht im Dienste gehören unter anderem:

1. der Gebrauch der Waffe ohne die äußerste Notwendigkeit, wenn Nichtgehorsame zur Beruhigung gebracht werden, ebenso deren Gebrauch ohne Befehl der vorgesetzten Behörde, welcher die Beruhigung übertragen ist;
2. die Nichtanwendung der durch die militärischen Verordnungen angegebenen oder erlaubten Mittel zur Versorgung des Heeres, eines Korps oder einer Abteilung mit Vorräten in bestimmter Menge und Eigenschaft, ebenso der Nichterlaß der erforderlichen Verfügungen, um eine Festung in Verteidigungszustand zu bringen und sie mit allem Nötigen zu versehen;
3. die Nichtanwendung der erforderlichen Maßnahmen zur Erhaltung der Ordnung, des Gehorsams und der Disziplin im Heere in ihrer ganzen Strenge;
4. die Nichtanwendung von Maßnahmen zur Erhaltung der Gesundheit der Personen der unteren Dienstgrade und zur Vorbeugung der Verbreitung von Krankheiten unter ihnen, insbesondere epidemischer, ebenso die Nichtanwendung der erforderlichen Fürsorge für die Behandlung und den Unterhalt der Kranken oder Verwundeten;
5. wenn in der wirtschaftlichen Verwaltung eines anvertrauten Teiles ein mehr oder minder erheblicher Schaden oder Verlust dadurch zugelassen ist, daß die durch militärische Verordnungen angegebenen oder erlaubten Mittel zum Schutze der Staatskasse vor Verlust oder Schaden ohne Anwendung gelassen sind;
6. wenn in verbündeten, neutralen oder feindlichen, von einem Heere, einem Korps oder einer Abteilung besetzten Ländern die Ordnung in der Verwaltung nicht gewahrt ist, ebenso wenn dieses Gebiet vor Zerrüttung, Gewalttätigkeit und ungesetzlichen Forderungen des Heeres an die Einwohner nicht geschützt wird;

7. wenn zur Beruhigung Nichtgehorsamer und zur Unterdrückung eines Aufruhrs, einer Gewalttätigkeit oder anderer Ordnungswidrigkeiten die gehörigen Maßnahmen nicht getroffen sind;
8. wenn beim Zielschießen oder bei der Vornahme von Versuchen mit Feuerwaffen, oder Artilleriegeschütz, oder bei Sprengung von Minen, oder unterirdischen Gängen durch Pulver nicht die gehörigen Vorsichtsmaßregeln ergriffen sind.

145. Wer der Überschreitung oder der gesetzwidrigen Nichtanwendung der Macht schuldig ist, verfällt, je nach der Wichtigkeit der Sache und der sie begleitenden Umstände:

der Verabschiedung vom Dienste, oder der Einschließung in eine Festung von acht Monaten bis zu einem Jahre und vier Monaten, oder der Degradation zum Gemeinen, oder dem Ausschluß aus dem Dienste mit oder ohne Aberkennung der Dienstgrade;

und in besonders wichtigen Fällen:

der Überweisung an eine Korrektionsarrestantenabteilung der Zivilverwaltung auf der oben in den Artikeln 23[1] und 48 angegebenen Grundlage und auf die im Artikel 31[1]) des Strafgesetzbuchs (in der Fassung vom Jahre 1906) bestimmten Zeitdauer; oder aber, nach Ermessen des Gerichts, der Einschließung in eine Festung von einem Jahre und vier Monaten bis zu vier Jahren in Gemäßheit der Artikel 24 und 26 dieses Gesetzes (vergl. auch Anm. I und II zur Beilage I — zu Artikel 8 —).

146. Wenn derjenige, der eine Überschreitung der Macht sich erlaubt hat, oder in gesetzwidriger Untätigkeit verblieben ist, dies in der Absicht getan hat, eine Straftat zu begehen oder zuzulassen (zu begünstigen, d. Ü.), für welche das Gesetz eine kriminelle Strafe bestimmt, so wird er verurteilt:

im ersten Falle:

zum Höchstmaß der für jene Straftat bestimmten Strafe;

und im zweiten Falle je nach den Tatumständen:

entweder ebenfalls zum Höchstmaß der für jene Straftat bestimmten Strafe, oder aber zu einer der Strafen, die für die Teilnahme an einer Straftat bestimmt sind.

147. Wenn dagegen die Folgen einer Überschreitung oder einer gesetzwidrigen Nichtanwendung der Macht, der ein militärischer Vorgesetzter oder eine andere Amtsperson schuldig befunden wird, nicht erheblich waren und sein konnten, und seine Schuld durch die begleitenden Umstände gemildert ist, so wird er entsprechend seinem Stande und der Stelle, die er einnimmt, verurteilt:

zur Haft auf der Hauptwache von einem bis zu sechs Monaten, oder zu einer Disziplinarstrafe.

---

1) Vergl. Note zu Artikel 23[1].

148. Wenn ein militärischer Vorgesetzter oder eine andere Amtsperson die Handlungen eines andern bei der Amtsausübung eigenmächtig und vorsätzlich hindert, ohne hierzu ein Recht, eine Anordnung der höheren vorgesetzten Behörde oder einen andern gesetzlichen Grund dazu zu haben, so verfällt er hierfür, je nach den Tatumständen:

entweder der Einschließung in eine Festung von zwei Monaten bis zu einem Jahre und vier Monaten; oder der Verabschiedung vom Dienste, oder der Haft auf der Hauptwache von einem bis zu sechs Monaten, oder einer Disziplinarstrafe.

Wenn jedoch der Schuldige hierbei irgend eine Gewalttätigkeit oder Drohungen sich erlaubt, so wird er, ebenfalls je nach der Wichtigkeit der Sache und den die Straftat begleitenden Umständen, bestraft:

a) zum Ausschluß aus dem Dienste unter Aberkennung der Dienstgrade, oder
b) zur Degradation zum Gemeinen, oder
c) zur Überweisung an eine Korrektionsarrestantenabteilung der Zivilverwaltung nach der vierten Stufe des Artikels 31 des Strafgesetzbuchs (in der Fassung vom Jahre 1906)[1]) auf der oben in den Artikeln 23[1] und 48 gegebenen Grundlage; oder aber, nach Ermessen des Gerichts, zur Einschließung in eine Festung von einem Jahre und vier Monaten bis zu vier Jahren (vergl. auch Anm. I und II zur Beilage I — zum Artikel 8);

und in den Fällen von besonderer Wichtigkeit:

mit Überweisung an eine Korrektionsarrestantenabteilung der Zivilverwaltung unter Aberkennung aller besonderen, persönlich und dem Stande nach zugeeigneten, Rechte und Vorrechte mit allen oben in den Artikeln 23[1] und 48 angegebenen Folgen auf die Dauer: in erster Stufe — von fünf bis zu sechs Jahren und in zweiter Stufe — von vier bis zu fünf Jahren; oder aber, nach Ermessen des Gerichts, zur Einschließung in eine Festung auf dieselbe Zeitdauer mit Verlust nur einiger besonderen, dem Verurteilten persönlich und nach seinem Stande zugeeigneten oder durch den Dienst erworbenen Rechte und Vorrechte mit den oben in den Artikeln 27[1] und 53[1] angegebenen Folgen und zum Ausschluß überdies der Offiziere und der Militärbeamten aus dem Dienste mit Verlust der Dienstgrade.

Hat der Schuldige bei der Begehung der gewaltsamen Hinderung anderer an der Erfüllung ihrer Pflichten die Waffe oder eine militärische Gewalt gebraucht, so verfällt er hierfür:

---

[1]) Vergl. Note zu Art. 23[1].

der Aberkennung aller Standesrechte und der Verschickung zu Zwangsarbeiten auf die Dauer von vier bis zu zwölf Jahren.

149. Wer bei Erfüllung der dienstlichen Pflichten irgend einer Art die Folter oder Härte anwendet, wird deswegen, je nach der Art der Folter und den andern Tatumständen verurteilt:

a) zur Einschließung in eine Festung von einem Jahre und vier Monaten bis zu zwei Jahren und acht Monaten; oder
b) zum Ausschluß aus dem Dienste mit oder ohne Aberkennung der Dienstgrade; oder
c) zur Überweisung an eine Korrektionsarrestantenabteilung der Zivilverwaltung nach der dritten Stufe des Artikels 31[1]) des Strafgesetzbuchs (in der Fassung vom Jahre 1906) auf der oben in den Artikeln 23[1] und 48 gegebenen Grundlage; oder aber, nach Ermessen des Gerichts, zur Einschließung in eine Festung von einem Jahre und vier Monaten bis zu vier Jahren gemäß den Artikeln 24 und 26 dieses Gesetzes (vergl. auch Anm. I und II zur Beilage I — zu Artikel 8 —);

wenn jedoch infolge der durch irgend welche Folterungen und Härten erpreßten falschen Aussage ein Unschuldiger mit der Aberkennung aller Standesrechte bestraft ist, so wird der dieser Straftat oder ihrer Anordnung Schuldige verurteilt ebenfalls:

zur Aberkennung aller Standesrechte und zur Verschickung zu Zwangsarbeiten auf die Dauer von sechs bis zu acht Jahren.

150. Ein militärischer Befehlshaber oder eine andere Amtsperson, die schuldig ist, bei Erfüllung ihrer dienstlichen Pflichten einem andern mit Absicht und ohne offenbare Notwendigkeit Wunden, schwere Schläge oder eine Verstümmelung zugefügt zu haben, wird bestraft:

mit dem Höchstmaß der für diese Straftaten durch die allgemeinen Strafgesetze bestimmten Strafen.

151. Wer einen andern, wenn auch aus gesetzlichen Gründen, die Beachtung verdienen, aber ohne Beobachtung der hierfür vorgeschriebenen Bestimmungen, verhaftet zu haben, schuldig ist, wird, je nach den Tatumständen, verurteilt:

zu einer Disziplinarstrafe.

Wer aber einen andern ohne jeden Grund, der Beachtung verdient, verhaftet hat, oder wenn der dessen Schuldige hierzu weder nach dem Gesetze, noch zufolge besonderer Genehmigung ein Recht hatte, so verfällt er:

dem Höchstmaße der für gesetzwidrige Verhaftung und Einsperrung durch die allgemeinen Strafgesetze bestimmten Strafen.

Vergl. Note zu Art. 23[1].

152. Befehlshaber, die schuldig sind, Offizieren und Personen der unteren Dienstgrade gesetzwidrig unter Überschreitung der ihnen vom Gesetze eingeräumten Gewalt Urlaub gegeben zu haben, verfallen:

der Verabschiedung vom Dienste, oder der Entlassung aus dem Amte, oder der Haft auf der Hauptwache von einem bis zu sechs Monaten.

Wenn aber dieser Gewaltmißbrauch aus eigennützigen Beweggründen begangen ist:

der für Bestechung bestimmten Strafe.

Sechstes Kapitel.

Von der Verletzung der dienstlichen Pflichten auf der Schildwache oder während des Dienstes vom Tage.

Erster Abschnitt.

Von der Verletzung der dienstlichen Pflichten auf der Schildwache.

153. Für die Nichtbeobachtung der allgemeinen Vorschriften des Schildwachendienstes verfallen die Schuldigen, wenn eine Disziplinarstrafe als ihrer Handlung nicht entsprechend erscheint:

der Einschließung in eine Festung von zwei bis zu vier Monaten, oder der Verabschiedung vom Dienste, oder der Haft auf der Hauptwache von einem bis zu sechs Monaten; oder aber der Einzelhaft in einem Militärgefängnis von zwei Monaten und zwei Wochen bis zu vier Monaten.

154. Für die Nichtbeobachtung der besonderen Pflichten des Schildwachendienstes verfallen die Schuldigen:

dem Ausschluß aus dem Dienste mit oder ohne Aberkennung der Dienstgrade, oder der Einschließung in eine Festung von vier Monaten bis zu vier Jahren, oder der Degradation zum Gemeinen; oder aber dem Verlust einiger Rechte und Vorrechte im Dienste und der Überweisung an ein Disziplinarbataillon oder Kompagnie von einem Jahre bis zu drei Jahren.

Anmerkung. Unter besonderen Pflichten des Schildwachendienstes werden solche Pflichten verstanden, zu deren Erfüllung die Schildwache errichtet ist.

154^{1}. Für die eigenmächtige Befreiung von Verhafteten durch Dienstpersonen der Schildwache ohne die Absicht einer Begünstigung der Flucht, verfallen die Schuldigen:

dem Ausschluß aus dem Dienste unter Aberkennung der Dienstgrade, oder der Einschließung in eine Festung von einem Jahre und vier Monaten bis zu vier Jahren, oder der Degradation zum Gemeinen; oder aber dem Verlust einiger Rechte und Vorrechte im Dienste und der Überweisung an ein Disziplinarbataillon oder Kompagnie von zwei bis zu drei Jahren.

Im Falle einer Flucht des aus der Haft Befreiten werden die in diesem Artikel bestimmten Strafen um eine oder zwei Stufen erhöht.

155. Für die eigenmächtige Entfernung vom Posten verfallen, der die Schildwache Befehlende, der Wachposten oder der Eskortierende:

den im vorstehenden Artikel (154) bestimmten Strafen;

und die anderen zum Bestande einer militärischen Wache gehörenden Dienstpersonen werden wegen eigenmächtiger Entfernung von der Wache verurteilt:

zu den oben im Artikel 153 bestimmten Strafen.

Anmerkung. Das Verlassen des Postens durch die Wachmannschaften vor Eintreffen der Ablösung wird als eine Entfernung von der Wache angesehen.

155¹. Für eigenmächtige Entfernung vom Posten bei Arrestanten, Kassengewölben und Geldkisten, Waffenlager, Feuerwaffenvorräten und Explosionsstoffen, ebenso von Posten, die eine besondere staatliche oder militärische Bedeutung haben, verfällt der die Schildwache Befehligende, der Wachposten oder der Eskortierende:

zu Friedenszeiten:

der Aberkennung aller besonderen, persönlich und dem Stande nach zugeeigneten Rechte und Vorrechte und der Überweisung an eine Korrektionsarrestantenabteilung auf die Dauer von vier bis zu sechs Jahren; wenn aber eine solche Entfernung, wie dem Schuldigen bekannt war, das Verlassen der Wache oder des Postens ohne Schutz zur Folge hatte: der Aberkennung aller Standesrechte und der Verschickung zu Zwangsarbeiten auf die Dauer von vier bis zu acht Jahren; und

zur Kriegszeit:

der Aberkennung aller Standesrechte und der Verschickung zu Zwangsarbeiten von zehn bis zu zwanzig Jahren oder ohne Zeitbeschränkung, oder der Todesstrafe.

Die anderen, zum Bestande dieser Schildwachen gehörenden Dienstpersonen verfallen für die willkürliche Entfernung von der Schildwache:

zu Friedenszeiten:

der Aberkennung aller besonderen, persönlich und dem Stande nach zugeeigneten Rechte und Vorrechte und der Überweisung an eine Korrektionsarrestantenabteilung auf die Dauer von anderthalb Jahren bis zu drei und einem halben Jahre; wenn aber eine solche Entfernung in einer Zahl erfolgt ist, die den Bestand der Wache so verringerte, daß die übrig Gebliebenen ihre Pflichten nicht erfüllen konnten: der Aberkennung aller besonderen, persönlich und dem Stande nach zugeeigneten Rechte und Vorrechte und der Überweisung an eine Korrektionsarrestantenabteilung auf die Dauer von drei und einem halben Jahre bis zu vier Jahren, und

zur Kriegszeit:

der Aberkennung aller Standesrechte und der Verschickung zu Zwangsarbeiten auf die Dauer von vier bis zu sechs Jahren.

156. Die in den vorstehenden Artikeln 153—155 bestimmten Strafen erhöhen sich um eine oder zwei Stufen, wenn die in diesen Artikeln erwähnten gesetzwidrigen Handlungen zur Kriegszeit, oder zur Zeit von Unruhen, eines Aufstandes, einer Feuersbrunst, einer Überschwemmung oder eines anderen Unglücksfalles begangen sind; in gleicher Weise können die in den bezeichneten Artikeln bestimmten Strafen ebenfalls um eine oder zwei Stufen erhöht werden, wenn die gedachten Rechtsverletzungen die Flucht eines Gefangenen oder eines Arrestanten, eine Feuersbrunst oder den Verlust des anvertrauten Gutes oder einen anderen Schaden für den Dienst zur Folge hatten.

157. Der Befehlshaber einer Militärwache oder ein Wachposten, welche die oben in dem Artikel 154 bezeichneten gesetzwidrigen Handlungen angesichts des Feindes begangen haben, verfallen:

der Aberkennung aller Standesrechte und der Todesstrhfc durch Erschießen, oder der Verschickung zu Zwangsarbeiten ohne Zeitbeschränkung oder auf die Dauer von acht bis zu zwanzig Jahren.

158. Fur eigenmächtige Entfernung von der Wache angesichts des Feindes verfällt der Schuldige:

der Aberkennung aller Standesrechte und der Todesstrafe durch Erschießen.

159. Für absichtliches Entweichenlassen von in Haft genommenen Personen durch eine Militärwache verfallen die Schuldigen;

der Aberkennung aller Standesrechte und der Verschickung zu Zwangsarbeiten auf die Dauer von acht bis zu zwanzig Jahren.

Zur Kriegszeit verfallen diejenigen, die absichtlich eine in Haft genommene Person entweichen lassen, im Falle besonderer die Schuld erhöhender Umstände:

der Aberkennung aller Standesrechte und der Todesstrafe durch Erschießen.

159^{1}. Für die Verleitung oder Anstiftung zur Verletzung der Pflichten des Schildwachendienstes, die in den Artikeln 153, 154, 154^{1} und 159 dieses Gesetzes vorgesehen sind, verfallen diejenigen Schuldigen von den Militärpersonen, die dem Bestande der Wache nicht angehören, wenn eine Disziplinarstrafe als der Erheblichkeit der Schuld nicht entsprechend erscheint:

der Haft auf der Hauptwache von einem bis zu sechs Monaten, oder der Verabschiedung vom Dienste, oder der Einschließung in eine Festung von zwei Monaten bis zu einem Jahre und vier Monaten, oder dem Ausschluß aus dem Dienste ohne Aberkennung der Dienstgrade; oder aber der Einzelhaft in einem Militärgefängnis von einem bis zu vier Monaten, oder dem Verluste einiger Rechte und Vorrechte im Dienste und der Überweisung an ein Disziplinarbataillon oder Kompagnie von einem Jahre bis zu zwei Jahren.

160. Ein Wachposten, der Anführer einer Schildwache, ebenso Schildwachen befehligende Personen, welche des Diebstahls, der absichtlichen Vernichtung oder Beschädigung von ihrem Schutz anvertrautem Vermögen schuldig sind, verfallen:

der Aberkennung aller Standesrechte und der Verschickung zu Zwangsarbeiten auf die Dauer von vier bis zu acht Jahren.

Auf derselben Grundlage, jedoch unter Herabminderung um eine, zwei oder drei Stufen werden die Strafen bestimmt. wenn der Diebstahl, die Beschädigung öder Vernichtung des Vermögens durch eine der anderen dem Bestande der Schildwache nicht angehörenden Dienstpersonen verübt wird.

Zweiter Abschnitt.

Von der Verletzung der dienstlichen Pflichten während des Tagesdienstes.

161. Für eigenmächtige Entfernung vom Tagesdienst, ebenso die nicht ordnungsmäßige Verrichtung der Pflichten eines den Dejour-, den Tagesdienst Versehenden oder irgend ein Gebäude oder Vermögensgegenstand Bewachenden verfallen die Schuldigen, wenn eine Disziplinarstrafe als nicht ihren Handlungen entsprechend erscheint:

der Haft auf der Hauptwache von einem bis zu drei Monaten; oder aber der Einzelhaft in einem Militärgefängnis von einem bis zu zwei Monaten.

161[1]. Die Personen der unteren Dienstgrade, welche als Wächter Vermögen bewachen und des Diebstahls, der absichtlichen Vernichtung und Beschädigung des Vurmögensgegenstandes schuldig sind, ebenso die Personen vom Dejour-, Tagesdienst und andere Dienstpersonen, denen die Aufsicht über die Unversehrtheit des Vermögensgegenstandes übertragen ist, verfallen:

dem Verlust einiger Rechte und Vorrechte im Dienste und der Überweisung an ein Disziplinarbataillon oder Kompagnie von einem Jahre bis zu drei Jahren, oder der Einzelhaft in einem Militärgefängnis von drei bis zu vier Monaten.

Die Bestimmungen dieses Artikels finden auf die in den Artikeln 1645—1652 und 1655—1658[1]) des Strafgesetzbuches (in der Fassung

---

[1]) Die Artikel 1645—1652, 1655—1658 des StGB. behandeln: Bandendiebstahl; Diebstahl bei Gelegenheit einer Überschwemmung, einer Feuersbrunst oder eines andern Unfalls; des Diebstahls durch Einbruch oder Einsteigen; des Diebstahls durch Bedienstete oder Hausinsassen nach Verabredung oder im Zusammenwirken miteinander; des Diebstahls aus Post- oder Transportanstalten oder aus deren Transportmitteln; des Diebstahls aus Privatfuhrwerken; des Diebstahls von Urkunden zum Zwecke des rechswidrigen Gebrauchs und von amtlichen Akten.

vom Jahre 1906) vorgesehenen Fälle der Begehung eines Diebstahls keine Anwendung.

Siebentes Kapitel.

Von der gesetzwidrigen Veräufserung und Beschädigung von staatlichen Waffen und Vermögen durch Personen der unteren Dienstgrade.

162. Personen der unteren Dienstgrade, welche schuldig sind, die ihnen zum Gebrauche übergebenen staatlichen Ausrüstungs- und Uniformgegenstände vergeudet zu haben, mit Ausnahme der unten im Artikel 163 bezeichneten Fälle, verfallen:

zum ersten Mal:

der Einzelhaft in einem Militärgefängnis von einem bis zu zwei Monaten;

zum zweiten Mal:

der Einzelhaft in einem Militärgefängnis von zwei bis zu vier Monaten;

zum dritten Mal:

dem Verlust einiger Rechte und Vorrechte im Dienste und der Überweisung an ein Disziplinarbataillon oder Kompagnie von einem Jahre bis zu drei Jahren.

163. Personen der unteren Dienstgrade, welche schuldig sind, ihnen zum Gebrauche übergebene staatliche kalte Waffen, Patronen, Schießbedarf oder Pferde vergeudet zu haben, verfallen:

dem Verluste einiger Rechte und Vorrechte im Dienste und der Überweisung an ein Disziplinarbataillon oder Kompagnie von einem Jahre bis zu drei Jahren.

163[1]. Militärpersonen, welche schuldig sind, staatliche Feuerwaffen oder Patronen, Schießbedarf, außer dem in dem vorstehenden Artikel (163) erwähnten, und Explosionsstoffe ohne triftige Gründe im Stiche gelassen, vergeudet, unterschlagen und entwendet zu haben, ebenso dieselben Gegenstände, Feuerwaffen oder Geschütze, die sich in als ihr Aufbewahrungsort bestimmten Lagerräumen befinden, mit Absicht untauglich gemacht zu haben, verfallen:

der Aberkennung aller Standesrechte und der Verschickung zu Zwangsarbeiten auf die Dauer von vier bis zu acht Jahren.

164. Personen der unteren Dienstgrade, welche schuldig sind, ihnen zum Gebrauche übergebene staatliche Ausrüstungs- und Uniformgegenstände absichtlich beschädigt zu haben, verfallen:

der Einzelhaft in einem Militärgefängnis von einem bis zu vier Monaten.

Diejenigen, welche der absichtlichen Beschädigung von Waffen, Patronen oder Pferden schuldig sind, verfallen:

dem Verluste einiger Rechte und Vorrechte im Dienste und der Überweisung an ein Disziplinarbataillon oder Kompagnie von einem Jahre bis zu drei Jahren.

165. Den im vorstehenden Artikel (164) bestimmten Strafen und auf derselben Grundlage verfallen Personen der unteren Dienstgrade, welche absichtlich ohne triftigen Grund ihre Ausrüstungssachen, ihr Gewehr, Patronen oder Pferd im Stiche lassen.

165[1]. Den in den vorstehenden Artikeln 163, 164 zweiter Absatz und 165 bestimmten Strafen verfallen auch Personen der unteren Dienstgrade, welche schuldig sind, zum Gebrauche an andere Personen der unteren Dienstgrade ausgegebene staatliche Waffen, Patronen und Pferde vergeudet, absichtlich beschädigt und absichtlich ohne triftigen Grund im Stiche gelassen zu haben.

166. Eine Militärperson, die von Personen der unteren Dienstgrade eine, wie ihr bekannt ist, staatliche Waffe, ein Pferd oder einen anderen staatlichen Gegenstand zum Pfande annimmt, kauft oder auf andere Weise erwirbt, wird, abgesehen von der Wegnahme dieser Sachen ohne alle Entschädigung:

als Teilnehmer an der Straftat bestraft.

167. Im aktiven Militärdienst befindliche Kosaken werden wegen Vergeudung, absichtlicher Beschädigung und absichtlichen Imstichlassens der in den Artikeln 162—165 dieses Gesetzes bezeichneten Gegenstände oder eines Pferdes, welche pflichtgemäß beim Schuldigen bei Ableistung des Militärdienstes vorhanden sein mußten, ebenso wegen der im Artikel 166 dieses Gesetzes vorgesehenen Straftat in Gemäßheit der in diesen Artikeln gegebenen Bestimmungen bestraft, sollten auch die bezeichneten Gegenstände und das Pferd von dem Schuldigen für sein eigenes Geld angeschafft sein.

168. Wenn derjenige, welcher der in den Artikeln 162, 163, 164, 165, 166 und 167 dieses Gesetzes bezeichneten Straftaten schuldig ist, freiwillig das von ihm Unterschlagene und Vergeudete ersetzt, so ist auf eine um eine oder zwei Stufen niedrigere Strafe zu erkennen.

168[1]. Die Bestimmung über Milderung der Strafe desjenigen, der das von ihm Unterschlagene, im Stich Gelassene, Entwendete und Beschädigte freiwillig ersetzt, findet auf Militärpersonen, die gemäß Artikel 163[1] schuldig sind, nur in dem Falle Anwendung, wenn sie die im Artikel 163[1] bezeichneten Gegenstände und nicht deren Wert zurückgewähren.

Achtes Kapitel.

Von der Verletzung der bei der Erledigung von Amtsdiensten und Angelegenheiten vorgeschriebenen Ordnung durch Militärpersonen.

169. Wer nach Entlassung aus dem Amte seinen Dienstort verläßt, ohne seine Amtsgeschäfte oder das ihm dienstlich anvertraute staatliche oder private Vermögen in der vorgeschriebenen Art seinem Stellvertreter (Nachfolger im Dienste, d. Ü.) übergeben oder dies in der gesetzlich festgelegten Frist getan zu haben, verfällt, wenn eine

Disziplinarstrafe als dem Grade der Schuld nicht entsprechend erscheint:

einer der im Artikel 104 dieses Gesetzes bestimmten Strafen.

Wegen der Ordnungswidrigkeiten, die in den Geschäften oder in dem dienstlich anvertrauten staatlichen oder privaten Vermögen gefunden werden, hat der Schuldige auf allgemeiner Grundlage sich zu verantworten.

170 ist gestrichen.

171. Für die Vorbringung von Beschwerden in den Dienst betreffenden Angelegenheiten unter Verletzung des gesetzlich vorgeschriebenen Verfahrens oder der schuldigen Anstandsform, ebenso für eine Belästigung der vorgesetzten Behörde mit unbegründeten Beschwerden verfällt der Schuldige, je nach der Natur der Verletzung und dem Grade der Schuld:

einer Disziplinarstrafe,

und im Falle besonderer die Schuld erhöhender Umstände:

der Verabschiedung vom Dienste und der Haft auf der Hauptwache von einem bis zu drei Monaten; oder aber der Einzelhaft in einem Militärgefängnis von einem bis zu vier Monaten.

172. Für die Einreichung wissentlich falscher Beschwerden über die vorgesetzte Behörde verfällt der Schuldige, je nach der Erheblichkeit seiner Anschuldigung und der Art der von ihm zur Irreführung der vorgesetzten Behörde gebrauchten Mittel und dem durch ihn dem Beschuldigten zugefügten Schaden:

dem Ausschluß aus dem Dienste unter Aberkennung oder ohne Aberkennung der Dienstgrade, oder der Haft auf der Hauptwache von drei bis zu sechs Monaten; oder aber dem Verlust einiger Rechte und Vorrechte im Dienste und der Überweisung an ein Disziplinarbataillon oder Kompagnie von einem Jahre bis zu drei Jahren, oder der Einzelhaft in einem Militärgefängnis von zwei bis zu vier Monaten;

und in besonders wichtigen Fällen:

der Aberkennung aller besonderen, persönlich und dem Stande nach zugeeigneten Rechte und Vorrechte und der Überweisung an eine Korrektionsarrestantenabteilung der Zivilverwaltung auf die Dauer von vier bis zu fünf Jahren.

Neuntes Kapitel.

Von der geringen Aufsicht über Untergebene und dem Mißbrauch der Dienstgewalt im Verkehr der Vorgesetzten mit den Untergebenen.

Erster Abschnitt.

Von der geringen Aufsicht über Untergebene.

173. Wenn infolge der geringen Aufsicht über die Untergebenen irgendwelche Unregelmäßigkeiten oder Ordnungswidrigkeiten im

Dienste, eine Vernachlässigung oder Verwirrung der Geschäfte, oder eine Lockerung der militärischen Disziplin entsteht, so verfällt hierfür der Vorgesetzte, je nach der Erheblichkeit der aus seiner geringen Aufsichtsführung entstandenen Folgen:

der Verabschiedung vom Dienste, oder der Haft auf der Hauptwache von einem bis zu drei Monaten, oder einer Disziplinarstrafe.

174. Ein Befehlshaber, der die Absicht seines Untergebenen, im Bereiche seiner dienstlichen Tätigkeit etwas, das den Gesetzen oder der Dienstordnung zuwider ist, zu begehen, kannte und dieses aus Sorglosigkeit oder Schwäche nicht abwendete, verfällt hierfür, je nach der Erheblichkeit der von ihm zugelassenen gesetzwidrigen Handlung:

einer Disziplinarstrafe.

Wenn er dies aber absichtlich aus irgend welchen eigennützigen oder anderen persönlichen Gründen geschehen ließ, so wird er hierfür:

auf Grund der oben in den Artikeln 145 und 146 für die gesetzwidrige Nichtausübung der (Dienst-) Gewalt gegebenen Vorschriften bestraft.

175. Ein Vorgesetzter, der von der Begehung seines Untergebenen eines mehr oder weniger wichtigen Verbrechens oder Vergehens in dienstlichen Angelegenheiten zuverlässige Kenntnis hat, und ihn nicht der ordnungsmäßigen Strafe vermöge der ihm gegebenen Dienstgewalt unterzieht, oder ihn nicht dem Gerichte überantwortet, oder in dem Falle, wo ihm dies vom Gesetze zur Pflicht gemacht ist, darüber nicht an die vorgesetzte Behörde, in der vorgeschriebenen Form der Unterordnung berichtet, verfällt hierfür:

den für die Verheimlichung in Gemäßheit der Bestimmungen des Artikels 124[1]) des Strafgesetzbuchs und des Artikels 74 dieses Gesetzes bestimmten Strafen.

Zweiter Abschnitt.

Von der gesetzwidrigen Einbehaltung des den Untergebenen zustehenden Gehalts, Proviants und anderer Sachen und Gelder durch Vorgesetzte.

176. Ein Vorgesetzter, der schuldig ist, aus eigennützigen Beweggründen Gehalt oder andere den Untergebenen zustehenden Gelder oder Bezüge einbehalten, oder von ihnen, in derselben Absicht, irgend welche Abzüge gemacht zu haben, verfällt hierfür, abgesehen von der Rückgewähr des gesetzwidrig Einbehaltenen oder Abgezogenen an die Verletzten:

der Aberkennung aller besonderen, persönlich und dem Stande nach zugeeigneten Rechte und Vorrechte und der Überweisung an eine Korrektionsarrestantenabteilung der Zivil-

---

[1]) Art. 124 StGB. lautet:
Der Hehler (auch Begünstiger, d. Ü.) wird zu der Strafe verurteilt, welche für denjenigen der Helfershelfer am Verbrechen bestimmt ist, dessen Mitwirkung zur Begehung desselben nicht notwendig war, jedoch um eine Stufe niedriger.

verwaltung nach der vierten Stufe des Artikels 31[2]) des Strafgesetzbuchs (in der Fassung vom Jahre 1906), oder der Einschließung in ein Gefängnis der Zivilverwaltung nach der zweiten Stufe des Artikels 33[2]) desselben Gesetzes (in der Fassung vom Jahre 1906).

Wenn aber die bezeichnete Straftat von irgend einer Bedrückung oder Nötigung in Beziehung zu den Untergebenen begleitet war, so verfällt der schuldige Vorgesetzte:

einer der für die Erpressung bestimmten Strafen.

177. Ein Vorgesetzter, der schuldig ist, Gehalt oder den Untergebenen zustehende Gelder oder Bezüge ohne eigennützigen Zweck, sondern zur Verwendung für Ausgaben in den ihm anvertrauten Verwaltungsteil einbehalten zu haben, verfällt:

der Verabschiedung vom Dienste, oder der Entlassung aus dem Amte, oder der Haft auf der Hauptwache von einem bis zu drei Monaten, oder einer Disziplinarstrafe.

Außerdem ist er verpflichtet, den Untergebenen allen Schaden zu ersetzen, die sie infolge seiner gesetzwidrigen Verfügungen erlitten haben.

Wenn aber die, wenn auch ohne eigennützigen Zweck, verübte Straftat von irgend welcher Bedrückung oder Nötigung in Beziehung zu den Untergebenen begleitet war, so verfällt der Schuldige:

einer der im Artikel 145 dieses Gesetzes bestimmten Strafen.

Dritter Abschnitt.

Von der Verwendung Untergebener zu den dienstlichen Pflichten nicht entsprechenden Verrichtungen.

178. Ein Vorgesetzter, der von einem Offizier oder einem Zivilbeamten (der Militärverwaltung, d. Ü.) irgend eine zu den dienstlichen Obligenheiten nicht gehörige Verrichtung verlangt, oder einen Offizier oder Zivilbeamten in eigenen Angelegenheiten abkommandiert, oder ihn zu diesem Zwecke von seinen dienstlichen Pflichten befreit, oder ihn mit Angelegenheiten beschäftigt, die mit dem Offizierstande oder dem Amte des Zivilbeamten nicht vereinbar sind, so verfällt hierfür der Schuldige, wenn eine Disziplinarstrafe seiner Handlung als nicht entsprechend erscheint:

der Verabschiedung vom Dienste, oder der Entlassung aus dem Amte.

179. Ein Vorgesetzter, der ihm untergebene Personen der unteren Dienstgrade, wenn auch gegen angemessene Vergütung, zu Arbeiten, die ihrem Stande nicht entsprechen, und nicht in der hierzu bestimmten Zeit zum Schaden des Dienstes verwendet, verfällt:

der Einschließung in eine Festung von vier Monaten bis zu einem Jahre und vier Monaten, oder dem Ausschluß aus dem Dienste, oder der Verabschiedung vom Dienste, oder

---

[2]) Vgl. Note zu Art. 23[1].

der Entlassung aus dem Amte, oder der Haft auf der Hauptwache von einem bis zu sechs Monaten, oder einer Disziplinarstrafe.

180. Ein Vorgesetzter, der ihm untergebene Personen der unteren Dienstgrade zu Privatarbeiten verwendet und ihnen eine entsprechende Vergütung nicht zahlt, verfällt:

der Überweisung an eine Korrektionsarrestantenabteilung der Zivilverwaltung auf der oben in den Artikeln 23[1] und 48 angegebenen Grundlage nach der vierten Stufe des Artikels 31[1]) des Strafgesetzbuchs (in der Fassung von 1906), oder, nach Ermessen des Gerichts, der Einschließung in eine Festung von einem Jahre und vier Monaten bis zu vier Jahren in Gemäßheit der Artikel 24 und 26 des Gesetzes;

wenn aber diese Straftat von einer Nötigung zur Arbeit, von Drohungen oder einer Gewaltanwendung begleitet war:

einer der für die Erpressung bestimmten Strafen.

181. Den oben in den Artikeln 179 und 180 bestimmten Strafen und auf derselben Grundlage verfallen auch diejenigen, die schuldig sind, Kriegsgefangene, die unter der Aufsicht militärischer Befehlshaber stehen, zu Arbeiten verwendet zu haben.

182. Wer eine staatliche Dienstperson, wenn ihm eine solche nicht zusteht, oder solche in größerer Anzahl als ihm zusteht, hält, oder seine staatliche Dienstperson einem anderen zur Bedienung überläßt, verfällt, wenn eine Disziplinarstrafe als dem Grade der Schuld nicht entsprechend erscheint:

dem Ausschluß aus dem Dienste, oder der Verabschiedung vom Dienste, oder der Haft auf der Hauptwache von einem bis zu sechs Monaten.

Vierter Abschnitt.

Von der gesetzwidrigen Behandlung Untergebener durch die Vorgesetzten und von dem Mißbrauch der Dienstgewalt bei der Festsetzung von Strafen.

183. Für die Beleidigung eines untergebenen Offiziers oder eines Zivilbeamten (der Militärverwaltung d. Ü.) durch Worte, durch die Schrift oder durch unziemliche Handlung verfällt der Schuldige, je nach dem Grade der Schuld:

der Verabschiedung vom Dienste, oder der Entlassung aus dem Amte, oder der Haft auf der Hauptwache von einem bis zu sechs Monaten, oder einer Disziplinarstrafe.

184. Für die Zufügung einer tätlichen Beleidigung oder leichter Verwundungen an einen untergebenen Offizier oder einen Zivilbeamten verfällt der Schuldige:

dem Ausschluß aus dem Dienste unter Aberkennung oder ohne Aberkennung der Dienstgrade, oder der Einschließung in eine Festung von vier Monaten bis zu zwei Jahren und acht Monaten.

---

[1]) Vergl. Note zu Art. 23[1].

184[1]. Die Älteren verfallen für eine Beleidigung der Jüngeren (Art. 100 dieses Gesetzes) den in den vorstehenden Artikeln 183 und 184 für die gesetzwidrige Behandlung Untergebener bestimmten Strafen, jedoch um zwei oder drei Stufen niedriger.

185. Offiziere, die schuldig sind, Personen der unteren Dienstgrade Schläge oder Hiebe versetzt zu haben, verfallen:

der Haft auf der Hauptwache von einem bis zu sechs Monaten, oder einer Disziplinarstrafe;

und im Wiederholungsfalle:

dem Ausschluß oder der Verabschiedung vom Dienste.

186. Unteroffiziere und überhaupt die Vorgesetzten aus den Personen der unteren Dienstgrade, die schuldig sind, diesen Personen Schläge oder Hiebe versetzt zu haben, verfallen:

dem Verlust einiger Rechte und Vorrechte im Dienste und der Überweisung an ein Disziplinarbataillon oder Kompagnie von einem Jahre bis zu zwei Jahren, oder der Einzelhaft in einem Militärgefängnis von zwei Monaten und zwei Wochen bis zu vier Monaten, oder einer Disziplinarstrafe.

187. Wenn die Gewalttätigkeiten des Vorgesetzten gegen die Untergebenen von der Beibringung von schweren Wunden, einer Verstümmelung, oder von Foltern oder Martern, oder gar dem Tode begleitet waren, so wird er verurteilt:

zu den für diese Straftaten durch die allgemeinen Strafgesetze bestimmten Strafen, jedoch stets im Höchstmaß oder unter Erhöhung um eine Stufe.

188. Wenn ein Vorgesetzter einem, wenn auch schuldigen Untergebenen eine Disziplinarstrafe über die ihm gesetzlich zustehende Gewalt hinaus auferlegt, so verfällt er:

einer Disziplinarstrafe;

und unter die Schuld besonders erhöhenden Umständen:

der Verabschiedung vom Dienste oder der Entlassung aus dem Amte, oder der Haft auf der Hauptwache von einem bis zu drei Monaten.

189. Ein Vorgesetzter, der allein von sich selbst einen Untergebenen einer Strafe unterzieht, welche gesetzlich nicht bestimmt ist, oder nur durch ein gerichtliches Urteil erkannt werden konnte, wird hierfür, je nach der Art der Strafe, verurteilt:

zum Ausschluß aus dem Dienste, oder zur Einschließung in eine Festung von vier bis zu acht Monaten, oder zur Verabschiedung vom Dienste, oder zur Haft auf der Hauptwache von drei bis zu sechs Monaten, oder zu einer Disziplinarstrafe;

falls aber hierbei eine besondere Härte angewendet wurde:

a) zur Degradation zum Gemeinen, oder b) zur Überweisung an eine Korrektionsarrestantenabteilung der Zivilverwaltung auf der oben in den Artikeln 23[1] und 48 gegebenen Grundlage und auf die im Artikel 31[1]) des Strafgesetzbuchs (in der Fassung vom Jahre 1906) bestimmten Zeitdauer, oder aber, nach Ermessen des Gerichts, zur Einschließung in eine Festung von einem Jahre und vier Monaten bis zu vier Jahren in Gemäßheit der Artikel 24 und 26 dieses Gesetzes (vgl. auch Anm. I und II zur Beilage I — zu Art. 8 —); oder c) zur Aberkennung aller besonderen, persönlich und dem Stande nach zugeeigneten Rechte und Vorrechte und zur Einschließung in ein bürgerliches Gefängnis in Gemäßheit des Artikels 33[1]) des Strafgesetzbuchs (in der Fassung vom Jahre 1906).

Zehntes Kapitel.

Von der Verletzung des militärischen Wohlverhaltens und der zur Wahrung desselben erlassenen Vorschriften.

190. Wegen Trunkenheit und geringfügiger Verletzungen der Vorschriften und der Ordnung des militärischen Wohlverhaltens unterliegen schuldige Offiziere, Militärbeamte und Personen der unteren Dienstgrade den Strafen in Gemäßheit des Disziplinargesetzes (Kodex der Militärges. 1869 Buch XXIII Ausg. 3).

191. Personen der unteren Dienstgrade, die wiederholt wegen der im vorstehenden Artikel (190) bezeichneten Straftaten für schuldig befunden waren und nach den ihnen von der vorgesetzten Behörde auferlegten Disziplinarstrafen sich nicht gebessert haben, verfallen:

der Einzelhaft in einem Militärgefängnis von einem Monat bis zu zwei Monaten und zwei Wochen;

diejenigen von ihnen, die, eines Erlasses der Strafe nicht würdig befunden, sich in ihrer Führung auch nach der ihnen einmal vom Gericht auferlegten Strafe nicht bessern, werden verurteilt:

zur Einzelhaft in einem Militärgefängnis von zwei Monaten und zwei Wochen bis zu vier Monaten.

192. Wegen Verletzung der Vorschriften des Wohlverhaltens an einem öffentlichen Orte oder in einer Versammlung, ebenso wegen Unfugs und Unanständigkeit, verfallen die Schuldigen, wenn eine Disziplinarstrafe als ihren Handlungen nicht entsprechend erscheint:

der Haft auf der Hauptwache von einem bis zu drei Monaten; oder aber der Einzelhaft in einem Militärgefängnis von einem bis zu zwei Monaten;

und unter die Schuld besonders erhöhenden Umständen:

die Einschließung in eine Festung von zwei bis zu vier Monaten, oder der Verabschiedung vom Dienste, oder der Haft auf der Hauptwache von drei bis zu sechs Monaten; oder aber der Einzelhaft in einem Militärgefängnis von zwei Monaten und zwei Wochen bis zu vier Monaten.

---

[1]) Vergl. Note zu Art. 23[1].

193. Für die eigenmächtige Besetzung einer Wohnung mit militärischer Einquartierung, ebenso für die eigenmächtige Inanspruchnahme von Fuhren oder für andere auf die Bedrückung der Einwohner abzielende Handlungen verfallen die Schuldigen, wenn eine Disziplinarstrafe als ihren Handlungen nicht entsprechend erscheint, je nach dem Maße ihrer Schuld:

> der Haft auf der Hauptwache von einem bis zu sechs Monaten; oder aber der Einzelhaft in einem Militärgefängnis von zwei bis zu vier Monaten,

sofern die Schuldigen nach der Art der gesetzwidrigen Handlungen nicht einer gesetzlich bestimmten strengeren Bestrafung unterliegen.

194. Wer mit untergebenen Personen ein verbotenes Karten- oder Würfelspiel oder dergleichen veranstaltet, jedoch nicht nach Art eines Spielhauses, oder wer an einem solchen Spiel mit Untergebenen sich beteiligt, verfällt:

> dem Ausschluß oder der Verabschiedung vom Dienste, oder der Haft auf der Hauptwache von drei bis zu sechs Monaten; oder aber dem Verlust einiger Rechte und Vorrechte im Dienste und der Überweisung an ein Disziplinarbataillon oder Kompagnie von einem Jahre bis zu zwei Jahren, oder der Einzelhaft in einem Militärgefängnis von zwei bis zu vier Monaten.

Derselben Strafe verfallen auch diejenigen, die spielen, während sie sich auf der Schildwache befinden.

195. Offiziere, die schuldig sind, von Personen der unteren Dienstgrade Geld entlichen zu haben, ebenso Militärbeamte und Vorgesetzte aus den Personen der unteren Dienstgrade, die von den ihnen untergebenen Personen der unteren Dienstgrade Geld entleihen, verfallen, wenn eine Disziplinarstrafe als der Erheblichkeit der Schuld nicht entsprechend erscheint:

> der Haft auf der Hauptwache von einem bis zu drei Monaten; oder aber der Einzelhaft in einem Militärgefängnis von einem Monat bis zu einem Monat und zwei Wochen;

und im Wiederholungsfalle:

> der Verabschiedung vom Dienste; oder aber der Einzelhaft in einem Militärgefängnis von zwei Monaten und zwei Wochen bis zu vier Monaten.

196. Wer in einer seinem Stande oder Range nicht zustehenden Uniform irgendwo erscheint, oder einen ihm nicht zustehenden Orden oder eine andere Auszeichnung anlegt, verfällt, wenn eine Disziplinarstrafe als nicht der Schuld entsprechend erscheint:

> der Einschließung in eine Festung von zwei bis zu vier Monaten, oder der Verabschiedung vom Dienste, oder der Haft auf der Hauptwache von drei bis zu sechs Monaten, oder aber der Einzelhaft in einem Militärgefängnis von zwei bis zu vier Monaten.

Elftes Kapitel.

Von den gesetzwidrigen Handlungen von Amtspersonen in einigen besonderen Dienstarten.

Erster Abschnitt.

Von den gesetzwidrigen Handlungen bei der Anfertigung von Gegenständen der Verpflegung.

197. Wer auf handelsrechtlicher Grundlage zur Lieferung irgend welcher Gegenstände sich verpflichtet hat, das übernommene Geschäft aber gänzlich nicht ausführt, indessen das ihm von der Staatskasse zur Ausführung desselben gezahlte Geld zurückzahlt, verfällt hierfür:

der Verabschiedung oder der Entlassung aus dem Dienste,

und zur Kriegszeit:

dem Ausschluß aus dem Dienste.

Außerdem ist er verpflichtet, der Staatskasse den Schaden zu ersetzen, wenn bei Anschaffung der Gegenstände seiner Lieferung durch die Behörde eine Überzahlung über denjenigen Preis hinaus erfolgt, der für das nicht ausgeführte Geschäft festgesetzt war.

198. Wer einen dritten oder einen größeren Teil des Handelsgeschäfts ausgeführt, aber die Lieferung nicht beendet, das ihm jedoch von der Staatskasse gezahlte Geld in einem dem Werte der von ihm nicht gelieferten Anschaffungsgegenstände gleichkommenden Betrage zurückgezahlt hat, verfällt:

der Entlassung aus dem Dienste

und ist verpflichtet, den Schaden der Staatskasse zu ersetzen, wenn bei der ferneren Anschaffung der von ihm nicht beschafften Gegenstände eine Überzahlung über den für das nicht beendete Geschäft festgesetzten Preis hinaus erfolgt.

199. In den in den vorstehenden Artikeln 197 und 198 angegebenen Fällen wird derjenige, der das ihm zur Ausführung des Handelsgeschäfts gezahlte staatliche Geld freiwillig und in gehöriger Höhe nicht zurückzahlt, außer der Verpflichtung, allen der Staatskasse verursachten Schaden zu ersetzen, verurteilt:

zu dem im Artikel 232 dieses Gesetzes für die Aneignung oder Unterschlagung dienstlich anvertrauten Vermögens bestimmten Strafen.

200. Wer bei Ausführung einer kaufmännischen oder kommissionsweisen Anschaffung sich irgend einen Mißbrauch aus eigennützigen oder andern gesetzwidrigen Beweggründen erlaubt, verfällt außer der Verpflichtung, allen von ihm der Staatskasse verursachten Schaden zu ersetzen:

der Aberkennung aller besonderen, persönlich und dem Stande nach zugeeigneten Rechte und Vorrechte und der Überweisung an eine Korrektionsarrestantenabteilung der Zivilverwaltung nach der dritten oder vierten Stufe des Artikels 31[1]) des Strafgesetzbuchs (in der Fassung von 1906);

---

[1]) Vergl. Note zu Art. 23[1].

und zur Kriegszeit:

der Aberkennung aller besonderen, persönlich und dem Stande nach zugeeigneten Rechte und Vorrechte und der Überweisung an eine Korrektionsarrestantenabteilung auf die Dauer von vier bis zu fünf Jahren.

Wenn aber ein solcher Mißbrauch eine erhebliche Störung in der Versorgung der gegen den Feind operierenden Truppen mit notwendigen Vorräten oder Gegenständen zur Folge hat, welche Störung eine ungünstige Wirkung auf den Gang der Kriegsoperationen selbst ausgeübt hat, so verfällt der Schuldige:

der Aberkennung aller Standesrechte und der Todesstrafe, oder der Verschickung zur Zwangsarbeit ohne Zeitbeschränkung, oder auf die Dauer von acht bis zu zwanzig Jahren.

201. Ist der unordentliche kaufmännische Lieferant oder Kommissionär nicht zahlungsfähig, um den Schaden der Staatskasse zu ersetzen, so wird die Ergänzung dieses Schadens sowohl demjenigen Vorgesetzten, der die Ernennung der Amtsperson zur Ausführung des Anschaffungsgeschäfts vorgeschlagen, als auch dem Vorgesetzten, der diesen Vorschlag bestätigte, auferlegt, falls bei Ernennung des kaufmännischen Lieferanten oder des Kommissionärs die hierfür in dem Kodex der Militärlieferungen gegebenen Vorschriften über die Anschaffung von Bedarfsgegenständen verletzt sind.

202. Derjenige, der eine Anschaffung auf handelsrechtlicher Grundlage vornimmt, wird auf Grund vorgebrachter Zeugnisse und unzweifelhafter Beweismittel von der Haftung und Ausführung des Geschäfts in denjenigen Fällen befreit, wo in Gemäßheit des X Bandes Kodex der Zivilgesetze[1]) Unternehmer von jeder Haftung und Ausführung der Verträge befreit werden.

Zweiter Abschnitt.

Von den gesetzwidrigen Handlungen bei Aufführung von staatlichen Bauwerken, Gebäuden, Befestigungen und anderen Baulichkeiten der Militärverwaltung.

203. Ingenieure, Architekten und andere Personen, denen die Aufstellung von Entwürfen oder Kostenanschlägen für staatliche Gebäude, militärische Baulichkeiten oder Verteidigungsbauwerken, oder die Prüfung von Entwürfen, Kostenanschlägen, ebenso von Abrechnungen, die andere aufgestellt haben, verfallen für jede Abweichung von den hierfür gegebenen Vorschriften:

einer Disziplinarstrafe;

wenn jedoch hierbei irgend ein Mißbrauch zum Schaden der Staatskasse sich herausstellt, so werden die Schuldigen verurteilt:

zur Aberkennung aller besonderen, persönlich oder dem Stande nach zugeeigneten Rechte und Vorrechte und zur

---

[1]) Art. 1545ff., deutsche Ausgabe des Autors.

Überweisung an eine Korrektionsarrestantenabteilung der Zivilverwaltung nach der vierten Stufe des Artikels 31[1]) des Strafgesetzbuchs (in der Fassung von 1906).

204. Wer bei dem Bau, dem Umbau oder Ausbesserung irgendwelcher Gebäude, oder bei der Ausführung hydrotechnischer oder Wegearbeiten, oder bei der Einrichtung von Festungen, Befestigungen oder anderen Baulichkeiten von den für diese Gebäude bestätigten Entwürfen oder Kostenanschlägen eigenmächtig abweicht, verfällt hierfür, außer der Verpflichtung zum Schadensersatz für den entstandenen Schaden oder Verlust:

der Verabschiedung vom Dienste, oder der Entlassung aus dem Amte, oder der Haft auf der Hauptwache von einem bis zu drei Monaten, oder einer Disziplinarstrafe, je nach der größeren oder geringeren Bedeutung des Gebäudes und nach den andern seine Schuld mehr oder weniger erhöhenden oder mildernden Umständen.

Anmerkung. Ist die Abweichung von den bestätigten Kostenanschlägen und Entwürfen aus erheblichen Gründen zugelassen, und war nach dem Gange der Arbeiten keine Möglichkeit, die Genehmigung hierzu rechtzeitig nachzusuchen, und wird die zugelassene Abweichung als der Baukunst nicht zuwiderlaufend anerkannt, weder hinsichtlich der Festigkeit, noch hinsichtlich der Ordnungsmäßigkeit des Bauwerks, so wird dies dem Bauausführenden als Schuld nicht angerechnet.

205. Wer einen Bau, einen Umbau oder die Ausbesserung eines Gebäudes oder einer Baulichkeit ausführt, oder solche Arbeiten beaufsichtigt und die Arbeit unachtsam ausführt, oder die Verwendung von Materialien von nicht gehöriger Güte, oder deren nicht ordnungsmäßige Verwendung zuläßt, verfällt, falls er nur der mangelnden Aufsichtsführung schuldig ist, wenn eine Disziplinarstrafe seiner Schuld nicht entsprechend erscheint:

dem Ausschluß aus dem Dienste oder der Verabschiedung von demselben.

Außerdem ist der Schuldige verpflichtet, den infolge seiner Unachtsamkeit der Staatskasse entstandenen Schaden zu ersetzen.

206. Wenn ein errichtetes Gebäude oder eine andere Baulichkeit, oder ein Teil derselben einstürzt, oder eine Verzierung von derselben herunterfällt infolge der Unachtsamkeit der Bauausführung, oder der Verwendung von Materialien von schlechter Beschaffenheit und nicht gehörigen Maßen, oder infolge der schlechten Dauerhaftigkeit der Arbeit selbst und nicht infolge der Einwirkung der Zeit und anderer physischer Ursachen, so werden die Schuldigen verurteilt:

zum Ausschluß aus dem Dienste unter Aberkennung oder ohne Aberkennung der Dienstgrade, oder zur Verabschiedung vom Dienste mit dem Verbot, irgend welche Gebäude auszuführen, was auch in den Zeitungen beider Residenzstädte

[1]) Vergl. Note zu Artikel 231.

und den örtlichen des Gouvernements zu veröffentlichen ist; oder zur Haft auf der Hauptwache von drei bis zu sechs Monaten.

Außerdem sind die Schuldigen verpflichtet, allen der Staatskasse verursachten Schaden und Verlust zu ersetzen.

207. Werden bei Baulichkeiten nicht lediglich Nachlässigkeiten und Unachtsamkeit, sondern auch mehr oder weniger erhebliche Mißbräuche entdeckt, so werden die Schuldigen, außer dem in den vorstehenden Artikeln 204, 205 und 206 dieses Gesetzes bestimmten Schadensersatz, verurteilt:

zum Verlust aller besonderen, persönlich und dem Stande nach zugeeigneten Rechte und Vorrechte und zur Überweisung an eine Korrektionsarrestantenabteilung der Zivilverwaltung nach der vierten Stufe des Artikels 31[1]) des Strafgesetzbuchs (in der Fassung von 1906).

208. Diejenigen, die im Auftrage der Behörde irgend welche Baulichkeiten, oder den Bau oder Umbau eines Gebäudes ausführen, werden für die nicht feste Errichtung des Gerüstes beim Bau und für die Nichtergreifung gehöriger Vorsichtsmaßregeln bei der Ausführung von neuen, oder beim Abbruch von alten Gebäuden unterworfen:

einer Disziplinarstrafe.

In den Fällen, wo aus der Unachtsamkeit der Bauausführenden und der Nichtergreifung gehöriger Vorsichtsmaßregeln durch sie erhebliche schädliche Folgen entstanden sind, verfallen die Schuldigen:

der Verabschiedung vom Dienste, oder der Entlassung aus dem Amte, oder der Haft auf der Hauptwache von einem bis zu drei Monaten.

Außerdem sind die Schuldigen verpflichtet, für allen aus ihrer Schuld entstandenen Schaden und Verlust Ersatz zu leisten.

209. Für die Nachlässigkeiten der Ingenieure, Architekten und der besonders hierzu bestimmten Amtspersonen bei der Untersuchung von Gebäuden (Bauabnahme, d. Ü.), verfallen dieselben, wenn dies ohne böse Absicht geschehen ist:

einer Disziplinarstrafe.

Für die unrichtige Bescheinigung bei einer zweiten Untersuchung, wenn dieselbe wegen Zweifelhaftigkeit der ersten angeordnet war, werden die Schuldigen verurteilt:

zum Ausschluß aus dem Dienste, oder zur Verabschiedung aus demselben.

Wenn sie jedoch aus eigennützigen Beweggründen ihre Pflicht nicht erfüllt haben, so werden sie verurteilt:

zu den für Bestechung bestimmten Strafen.

210. Sind auf Grund einer unrichtigen Begutachtung von Ingenieuren, Architekten oder andern Amtspersonen ein Gebäude,

---

[1]) Vergl. Note zu Artikel 23[1].

oder eine andere Baulichkeit, oder Verteidigungsbauten endgiltig abgenommen, so werden alle Mängel und Unregelmäßigkeiten im Bau oder in der Baulichkeit, die nach ihrer Übergabe hervortreten, auf Kosten der Personen, welche die Untersuchung vorgenommen haben ausgebessert.

Hiervon werden jedoch diejenigen Fälle ausgenommen, wo die später hervorgetretenen Mängel im Gebäude derart sind, daß sie nur während der Aufführung des Baues bemerkt werden konnten; die Verantwortung für diese Mängel fällt dem Bauausführenden und denjenigen Personen zur Last, die den Bau während seiner Aufführung untersucht haben.

211. Für Bedrückungen bei der Untersuchung und Abnahme staatlicher Gebäude verfallen die Ingenieure, Architekten und die besonders hierzu bestimmten Offiziere und Zivilbeamten:

den im Artikel 223 dieses Gesetzes bestimmten Strafen.

Dritter Abschnitt.

Von den gesetzwidrigen Handlungen in der militärärztlichen Verwaltung.

212. Die militärärztlichen Dienstpersonen verfallen für Unachtsamkeit bei der Behandlung der Kranken und Verwundeten und überhaupt bei Verrichtung ihrer dienstlichen Obliegenheiten und für die Nichtbeobachtung der durch die Hospitalordnung gegebenen Vorschriften, je nach Erheblichkeit der daraus entstandenen Folgen, wenn eine Disziplinarstrafe nicht als ihrer Schuld entsprechend erscheint:

dem Ausschluß aus dem Dienste unter Aberkennung oder ohne Aberkennung der Dienstgrade, oder der Einschließung in eine Festung von zwei bis zu acht Monaten, oder der Verabschiedung vom Dienste, oder der Haft auf der Hauptwache von einem bis zu sechs Monaten.

Außerdem kann den Schuldigen je nach der Natur ihrer gesetzwidrigen Handlungen gleichzeitig mit ihrer Verurteilung zum Ausschluß aus dem Dienste die ärztliche Praxis verboten werden.

213. Für die Unterbringung von Militärpersonen in Krankenhäusern und Lazaretten, welche unter dem Vorwand der Krankheit sich dem Dienste entziehen, verfallen die schuldigen militärärztlichen Dienstpersonen, falls eine Disziplinarstrafe als ihrer Schuld nicht entsprechend erscheint:

der Haft auf der Hauptwache von einem bis zu drei Monaten.

Wenn sie dies aber aus eigennützigen oder andern gesetzwidrigen Gründen getan haben, so werden sie verurteilt:

zu den für Bestechung bestimmten Strafen.

214. Für die Überlassung staatlicher Medikamente oder Arzneimittel an dritte Personen, die kein Recht haben, sie vom Staate zu erhalten, unterliegen die Schuldigen, wenn dies aus irgendwelchen gesetzwidrigen Vorteilen geschehen ist:

der Verantwortung wie für die Entwendung staatlichen Eigentums.

Derselben Strafe verfallen auch diejenigen, welche schuldig sind, Arzneimittel aus eigennützigen oder andern gesetzwidrigen Gründen unentgeltlich solchen Personen verabfolgt zu haben, denen solche nur gegen Entgelt verabfolgt werden dürfen.

215. Unabhängig hiervon unterliegen militärärztliche und militärpharmazeutische Dienstpersonen wegen Verletzung der Medizinalordnung den in den Artikeln 870—900[1]) des Strafgesetzbuchs bestimmten Strafen, wobei die durch das Strafgesetzbuch bestimmten Geldstrafen und der Abzug von der Dienstzeit nach Ermessen der vorgesetzten Behörde durch Disziplinarstrafen ersetzt werden. In denjenigen Fällen, wo das Strafgesetzbuch ein zeitweiliges oder ständiges Verbot der Ausübung der ärztlichen oder pharmazeutischen Praxis oder des Haltens einer Apotheke bestimmt, werden die militärärztlichen und militärpharmazeutischen Beamten, denselben Beschränkungen unterliegend, gleichzeitig aus dem Dienste entlassen.

Anmerkung. Von den in diesem Artikel angeführten Artikeln des Strafgesetzbuchs der Ausgabe 1885 entsprechen die Artikel 880, 883, 885, 888 (Anm.), 889 und 891 denselben Artikeln des gedachten Gesetzes in der Fassung vom Jahre 1906.

Zwölftes Kapitel.

Von den Verbrechen und Vergehen in der Verwaltung und Verwahrung des dienstlich anvertrauten Vermögens.

Erster Abschnitt.

Von den Verbrechen und Vergehen bei der Übernahme staatlicher Geldbeträge und der Staatskasse zu liefernder Sachen, beim Verlangen und bei der Verabfolgung dieser Gegenstände und bei der Beaufsichtigung der Erfüllung von Verträgen.

216. Für jede unnütze Verzögerung bei der Annahme von Geldbeträgen, oder Gegenständen der Truppenverpflegung oder militärischer Einrichtungen, oder bei der Befriedigung einer Person wegen Geldbeträge, die sie von der Staatskasse zu bekommen hat, oder bei der Ausstellung von Quittungen verfallen die Schuldigen, außer ihrer Verpflichtung, den verursachten Schaden oder Verlust zu ersetzen:

einer Disziplinarstrafe,

und beim Vorliegen von die Schuld besonders erhöhenden Umständen:

---

[1]) Die Artikel 870—900 behandeln die Straffälle: der nicht erlaubteu oder nicht ordnungsmäſsigen Ausübung der ärztlichen Praxis, der Geburtshilfe (durch nicht qualifizierte Personen, Verwendung giftiger oder dgl. Mittel); der Nichtbeobachtung der den Personen der Heilkunst obliegenden Pflichten; der Verletzung der für Einrichtung von Apotheken erlassenen Vorschriften und der Bestimmungen für die innere Verwaltung von Apotheken; der Verletzung der für Anfertigung und Abgabe von Arzneimitteln bestehenden Vorschriften.

der Verabschiedung vom Dienste oder der Entlassung aus dem Amte.

Ist dies aus eigennützigen Gründen geschehen, so werden die Schuldigen verurteilt:

zu den für Erpressung bestimmten Strafen.

217. Für die unachtsame Abnahme von Proviant, Fourage, von Gegenständen und Materialien, die nicht den Mustern entsprechen, oder von nicht vertraglich festgesetzter Beschaffenheit, ebenso dafür, daß aus Unachtsamkeit bei der Abnahme irgendwelcher Gegenstände eine Minderung im Maße oder Gewichte, oder der Gebrauch unrichtiger Maße und Gewichte zugelassen ist, und für die Abnahme von Proviant und Fourage mit Fäulnis oder mit Beimischung von Kalk, Sand und dergleichen verfallen der Abnehmer, Lieferant, Kommissionär, wenn hierbei weder von der einen noch von der andern Seite ein absichtlicher Betrug oder eine andere strafbare Absicht vorlag, falls eine Disziplinarstrafe als nicht ihren Handlungen entsprechend erscheint:

der Verabschiedung vom Dienste, oder der Entlassung aus dem Amte und dem Ersatz des der Staatskasse verursachten Schadens.

218. Wenn die im vorstehenden Artikel (217) bezeichneten Handlungen nach einer voraufgegangenen Verabredung zwischen dem Abnehmer und dem Lieferanten, oder, wenn auch ohne solche, jedoch aus irgendwelchen gesetzwidrigen Beweggründen, so wird der Schuldige, außer der Verpflichtung zum Ersatz des der Staatskasse verursachten Schadens, verurteilt:

zu den für Bestechung bestimmten Strafen;

und zur Kriegszeit:

zur Aberkennung aller besonderen, persönlich oder dem Stande nach zugeeigneten Rechte und Vorrechte und zur Überweisung an eine Korrektionsarrestantenabteilung der Zivilverwaltung auf die Dauer von vier bis zu fünf Jahren.

Denselben Strafen verfallen auch der Lieferant und der Kommissionär.

219. Für die Abnahme schädlicher, oder infolge von Beimischung schädlich wirkender Lebensmittel, kranken Viehes, oder verdorbener Medikamente verfallen die Schuldigen außer der Verpflichtung zum Ersatz des verursachten Schadens:

1. wenn die gesetzwidrige Abnahme aus eigennützigen Beweggründen nach Verabredung mit dem Lieferanten erfolgt ist:

   der Aberkennung aller besonderen, persönlich und dem Stande nach zugeeigneten Rechte und Vorrechte und der Überweisung an eine Korrektionsarrestantenabteilung der Zivilverwaltung auf die Dauer von vier bis zu fünf Jahren;

2. wenn nicht bewiesen wird, daß die Abnahme aus eigennützigen Beweggründen erfolgt ist:

dem Ausschluß aus dem Dienste, oder der Verabschiedung vom Dienste, oder der Entlassung aus dem Amte, sofern die Schuldigen nach der Art dieser gesetzwidrigen Handlungen nicht einer gesetzlich bestimmten strengeren Bestrafung unterliegen.

Auf derselben Grundlage unterliegt auch der Kommissionär, der die oben bezeichneten schädlichen oder verdorbenen Gegenstände geliefert hat, der Verantwortung.

220. Für die Annahme von Geld vom Lieferanten anstatt der vertraglich der Staatskasse zustehenden Produkte, Sachen und Materialien verfallen der Annehmende und der Lieferungskommissionär neben einer Geldstrafe nicht über den doppelten Betrag der anstatt der Sachen gegebenen Geldsumme:

der Verabschiedung vom Dienste.

Außerdem wird, wenn aus diesem Geschäft der Staatskasse irgendein Schaden erwächst, dieser besonders sowohl von den Annehmenden als auch überhaupt von den Lieferanten nachgesucht.

Wenn jedoch die bezeichnete Straftat aus irgendwelchen gesetzwidrigen Gründen begangen ist, so verfallen die schuldigen Annehmenden und Lieferungskommissionär:

den für Bestechung bestimmten Strafen.

221. Wenn Abnehmer an Unternehmer oder Lieferanten Verpflegungsgegenstände, die nach dem Vertrage zur Lieferung bestimmt sind, verkaufen oder leihen, sollten auch diese Gegenstände Eigentum der Abnehmer sein, verfallen sowohl diese letzteren wie auch die Lieferanten als Kommissionäre:

der Haft auf der Hauptwache von einem bis zu drei Monaten.

222. Wenn in Abnahmequittungen und Berichten, auf Grund deren eine Zahlung an eine Person geleistet wird, angegeben ist, daß die an die Staatskasse zu liefernden Gegenstände rechtzeitig geliefert sind, während sie vom Unternehmer oder Lieferanten nach dem bestimmten Termin zugestellt, die Gelder aber voll ohne Abzug für die Fristüberschreitung gezahlt waren, oder wenn eine größere als die wirklich abgenommene Menge, oder das, was gar nicht zur Abnahme kam, angegeben ist, so werden die Abnehmer sowie auch die Lieferungskommissionäre, die an dieser Straftat vorsätzlich sich beteiligt haben, verurteilt:

zu den für Fälschung in dienstlichen Angelegenheiten bestimmten Strafen.

Außerdem wird von ihnen der Preis der fälschlich als abgenommen, übergeben oder geliefert angegebenen Gegenstände beigetrieben, und von dem Lieferungskommissionär wird dieser Preis beigetrieben unabhängig von der Rückzahlung des Betrages, den er für die fälschlich als geliefert angegebenen Gegenstände erhalten hat.

223. Für die Bedrückung von Privatpersonen bei der Abnahme von Fabrikaten oder andern Erzeugnissen für die Staatskasse, oder von Sachen, Vorräten und Materialien, die sie zu liefern haben, oder bei der Prüfung dieser Sachen, Vorräte, Materialien oder Arbeiten, wenn sie den Vertragsbedingungen und Mustern entsprechen, ebenso für die Einbehaltung der auszuhändigenden Quittungen verfallen die Schuldigen außer der Verpflichtung zum Ersatz des verursachten Schadens:

der Verabschiedung vom Dienst, oder der Entlassung aus dem Amte, oder einer Disziplinarstrafe.

Ist dies aber aus irgendwelchen eigennützigen Beweggründen geschehen, so werden die Schuldigen verurteilt:

zu den für Erpressung bestimmten Strafen.

224. Diejenigen, die schuldig sind, Geldsummen oder andere Gegenstände in zu hohem Betrage oder zu großer Menge verlangt oder angewiesen zu haben, verfallen, wenn dies absichtlich aus irgendwelchen gesetzwidrigen Beweggrüneen geschehen ist:

den im Artikel 232 dieses Gesetzes bestimmten Strafen.

Wenn jedoch die Unrichtigkeit in der Forderung der Verpflegungsgegenstände aus Irrtum oder Unachtsamkeit ohne böse Absicht vorgekommen ist, so verfallen die Schuldigen:

der Beitreibung des Wertes der zu viel geforderten Sachen und außerdem einer Disziplinarstrafe.

225. Für die Ausfolgung von Geldern und andern Gegenständen ohne besondere Genehmigung vor dem gesetzlich hierzu festgesetzten Termin verfallen die Schuldigen:

einer Geldstrafe nicht über ein halbes Prozent für den Monat von demjenigen Geldbetrage oder dem Preise des Gegenstandes, die unrechtmäßig ausgefolgt sind;

beim Vorliegen von Umständen aber, die die Schuld besonders erhöhen:

der Verabschiedung vom Dienste, oder der Entlassung aus dem Amte.

Ist dies aber aus eigennützigen Beweggründen geschehen, so verfallen die Schuldigen außer der in diesem Artikel bestimmten Geldstrafe:

den für Bestechung bestimmten Strafen.

226. Für die Verabfolgung von beschädigten oder verdorbenen Vorräten oder Sachen verfallen diejenigen, die dessen nur aus Unachtsamkeit schuldig sind, außer der Verpflichtung zum Ersatz des verursachten Schadens:

einer Disziplinarstrafe;

und unter Umständen, die die Schuld besonders erhöhen:

dem Ausschluß aus dem Dienste, oder der Verabschiedung vom Dienste.

Ist dies aber absichtlich aus irgendwelchen gesetzwidrigen Beweggründen geschehen, so werden die Schuldigen, unabhängig von ihrer Verpflichtung zum Ersatz des verursachten Schadens, verurteilt:

zur Aberkennung aller besonderen, persönlich oder dem Stande nach zugeeigneten Rechte und Vorrechte und zur

Überweisung an eine Korrektionsarrestantenabteilung der Zivilverwaltung nach der dritten oder vierten Stufe des Artikels 31[1]) des Strafgesetzbuchs (in der Fassung von 1906);

oder, wenn die Handlung mit einer Nötigung des Empfängers verbunden war:

zu einer der für Erpressung bestimmten Strafen.

227. Für eine Verzögerung, ohne gesetzlichen Grund, in der ordnungsmäßigen Absendung der dienstlich anvertrauten Geldsummen oder Sachen, oder anderer Gegenstände, ebenso auch für die Verzögerung ihrer Eintragung in Abgang, oder für die nach Beendigung des Auftrages ohne gesetzliche Gründe erfolgte Einbehaltung der Restbeträge der staatlichen Gelder und ihre nicht ordnungsmäßige Ablieferung verfällt der Schuldige:

der Verabschiedung vom Dienste, oder der Entlassung aus dem Amte, und es wird von ihm das Doppelte der staatlichen Prozente desjenigen Geldbetrages oder von dem Werte desjenigen Gegenstandes beigetrieben, der in seinen Händen sich befand, für die ganze Zeit der Zurückbehaltung vom Tage des Empfangs der Anweisung, dieselben in Abgang einzutragen.

228. Wegen Unterlassungen bei der Aufsicht über Arbeiten, die aus einem Vertrage mit der Staatskasse auszuführen sind, oder bei der Prüfung von Verpflegungsgegenständen oder Arbeiten verfällt der Schuldige:

der Verabschiedung vom Dienste, oder der Entlassung aus dem Amte, oder einer Disziplinarstrafe,

und ist außerdem verpflichtet, den der Staatskasse verursachten Schaden zu ersetzen.

Zweiter Abschnitt.

Von den Verbrechen und Vergehen bei Verwahrung dienstlich anvertrauten Vermögens.

229. Für die Achtlosigkeit bei der Verwahrung dienstlich anvertrauter staatlicher oder anderer Geldsummen, oder andern staatlichen oder privaten Vermögens verfällt der Schuldige:

einer Disziplinarstrafe;

und unter Umständen, die die Schuld besonders erhöhen:

der Verabschiedung vom Dienste, oder der Haft auf der Hauptwache von einem bis zu drei Monaten.

Wenn aber infolge einer solchen Achtlosigkeit eine Verwirrung, der Verlust, oder der Untergang der Gelder oder des andern Vermögens, dessen Aufbewahrung ihm anvertraut war, oder wenn am Aufbewahrungsorte eine Feuersbrunst oder ein anderer Unfall sich ereignet, so ist er außerdem in Gemäßheit des Artikels 62 dieses Gesetzes:

---

[1]) Vgl. Note zu Art. 231.

verpflichtet, allen daraus entstandenen Schaden zu ersetzen.

Zur Kriegszeit, wenn eine solche Achtlosigkeit die Erschwerung der Truppenverpflegung zur Folge haben wird, verfallen die Schuldigen:

dem Ausschluß aus dem Dienste unter Aberkennung oder ohne Aberkennung der Dienstgrade.

Anmerkung. Die Vorschriften dieses Artikels (229) erstrecken sich nicht auf diejenigen Fälle, wo für die Achtlosigkeit bei Aufbewahrung staatlichen Vermögens Strafen durch besondere Vorschriften irgend eines militärischen Verwaltungszweiges bestimmt sind.

230. Wer ihm dienstlich anvertraute Geldbeträge oder Vermögensgegenstände in Händen hat und von einer am Verwahrungsorte dieser Gelder oder Gegenstände vorgekommenen Feuersbrunst oder von einem Diebstahl, oder davon, daß die Schlösser oder Siegel an den Magazinen, Lagerräumen oder Kasten nicht unversehrt oder zweifelhaft sich erwiesen, der vorgesetzten Behörde nicht unverzüglich Anzeige macht, oder bei einer Beschädigung oder beim Verfall des Lagerraumes oder des Magazins nicht rechtzeitig Maßnahmen zur Sicherheit der staatlichen Beträge oder Gegenstände trifft, verfällt:

der Verabschiedung vom Dienste,

und ist verpflichtet den Betrag, oder den Wert des Gegenstandes, dessen Verlust nicht rechtzeitig wie es mußte, gemeldet war, zu ersetzen.

231. Eine Amtsperson, welche, wenn ihr auf Anordnung der vorgesetzten Behörde die Verwaltung oder Verwahrung von der Staatskasse, einem Truppenteil oder Privatpersonen gehörigen Vermögen anvertraut ist, dieses Vermögen in der Absicht, es untergehen zu lassen dem Verderben aussetzt, oder auf andere Weise, aber ebenfalls absichtlich, dessen Wert verringert, wird wegen dieses Mißbrauchs, außer der Verpflichtung den verursachten Schaden zu ersetzen, verurteilt:

zur Aberkennung aller besonderen, persönlich und dem Stande nach zugeeigneten Rechte und Vorrechte und zur Überweisung an eine Korrektionsarrestantenabteilung der Zivilverwaltung, oder zur Einschließung in ein bürgerliches Gefängnis in Gemäßheit der Artikel 31 und 33[1]) des Strafgesetzbuchs (in der Fassung von 1906), oder zum Ausschluß aus dem Dienst unter Aberkennung oder ohne Aberkennung der Dienstgrade, oder zur Verabschiedung vom Dienste

Wenn aber infolge einer solchen böswilligen Vernichtung oder Verderbens des Vermögens eine Verwirrung in der Truppenverpflegung zur Kriegszeit entsteht, so wird der Schuldige verurteilt:

zur Aberkennung aller Standesrechte und zur Verschickung zu Zwangsarbeiten auf die Dauer von vier bis zu zwölf Jahren, oder zur Aberkennung aller besonderen, persönlich und dem Stande nach zugeeigneten Rechte und Vorrechte

---

[1]) Vergl. Note zu Art. 23[1].

und zur Überweisung an eine Korrektionsarrestantenabteilung der Zivilverwaltung auf die Dauer von vier bis zu fünf Jahren.

232. Eine im Militärdienst stehende Person, die irgend welche staatliche oder private, dienstlich anvertraute Sachen, Geldbeträge, Banknoten, Obligationen und dergleichen in Händen hat, oder auf Anordnung der vorgesetzten Behörde staatliches oder privates Vermögen verwaltet, dasselbe aber benutzt, oder etwas von dem ihm anvertrauten Vermögen oder von den Einkünften verwendet, unterliegt, wenn sie vor Entdeckung dieses Mißbrauchs alles eigenmächtig Genommene, Angeeignete oder Unterschlagene selbst zurückgewährt:

einer Geldstrafe nicht über den Wert des Weggenommenen, Angeeigneten oder Unterschlagenen und der Verabschiedung vom Dienste; oder aber der Einzelhaft in einem Militärgefängnis auf die Dauer von einem Monat und zwei Wochen bis zu zwei Monaten und zwei Wochen.

Wenn sie aber, wenn auch von selbst und in voller Höhe, alles eigenmächtig Weggenommene oder Unterschlagene, aber schon nach Entdeckung des Mißbrauchs zurückgewährt, so verfällt sie außer der oben bestimmten Geldstrafe:

dem Ausschluß aus dem Dienste unter Aberkennung der Dienstgrade; oder aber der Einschließung in ein Militärgefängnis auf die Dauer von zwei Monaten und zwei Wochen bis zu vier Monaten.

Wer das Weggenommene, Angeeignete oder Unterschlagene auch nach Entdeckung des Mißbrauchs freiwillig von selbst nicht zurückgewährt, verfällt, wenn der Wert des Weggenommenen, Angeeigneten oder Unterschlagenen dreihundert Rubel nicht übersteigt:

der Aberkennung aller besonderen, persönlich uud dem Stande nach zugeeigneten Rechte und Vorrechte und der Einschließung in ein bürgerliches Gefängnis auf die Dauer von acht Monaten bis zu einem Jahre und vier Monaten, falls er besondere Standesrechte genießt; wenn er aber diese Rechte nicht genießt: dem Verluste einiger Rechte und Vorrechte im Dienste und der Überweisung an ein Disziplinarbataillon oder Kompagnie auf die Dauer von einem Jahre und sechs Monaten bis zu zwei Jahren und sechs Monaten.

wenn jedoch der Wert des Weggenommenen, Angeeigneten oder Unterschlagenen dreihundert Rubel übersteigt:

der Aberkennung aller besonderen persönlich und dem Stande nach zugeeigneten Rechte und Vorrechte und der Überweisung an eine Korrektionsarrestantenabteilung der Zivilverwaltung nach der ersten, zweiten, dritten oder vierten Stufe des Artikels 31[1]) des Strafgesetzbuchs (in der Fassung von 1906);

[1]) Vergl. Note zu Art. 23[1].

und in besonders wichtigen Fällen:

der Aberkennung aller besonderen, persönlich und dem Stande nach zugeeigneten Rechte und Vorrechte und der Überweisung an eine Korrektionsarrestantenabteilung auf die Dauer von fünf bis zu sechs Jahren, oder von vier bis zu fünf Jahren.

Das von dem Schuldigen Angeeignete oder Unterschlagene wird aus seinem Vermögen auf Grund der allgemeinen Vorschriften des Artikels 62 dieses Gesetzes beigetrieben.

233. In folgenden Fällen verfällt derjenige, welcher der Aneignung oder Unterschlagung des dienstlich ihm anvertrauten Vermögens schuldig ist, auch wenn er das Angeeignete oder Unterschlagene zurückgewährt hat, außer der im vorstehenden Artikel (232) bestimmten Geldstrafe den Strafen in Gemäßheit des dritten Teiles dieses Artikels:

1. wenn die angeeigneten oder unterschlagenen Gelder oder Sachen zum Unterhalt von Kranken oder Verwundeten bestimmt waren, und der Mißbrauch eine Verwirrung in deren Verpflegung, oder in deren Versorgung mit Kleidungsstücken oder Schuhzeug zur Folge hatte, und
2. wenn der Schuldige etwas von den Verpflegungsgegenständen sich angeeignet oder unterschlagen hat, die für die operierenden Truppen bestimmt waren.

234. Wer ihm dienstlich anvertrautes staatliches oder privates Vermögen sich aneignet oder unterschlägt und, um sich der gerichtlichen Verantwortung zu entziehen, flüchtig wird, oder gefälschte Dokumente zur Verdeckung seiner Straftat errichtet, wird, außer der Beitreibung des Wertes des ganzen Angeeigneten oder Unterschlagenen, verurteilt:

zur Aberkennung aller besonderen, persönlich und dem Stande nach zugeeigneten Rechte und Vorrechte und zur Überweisung an eine Korrektionsarrestantenabteilung der Zivilverwaltung auf die Dauer von fünf bis zu sechs Jahren oder von vier bis zu fünf Jahren.

235. Wenn Offiziere und Zivilbeamte, die staatliche Gelder oder Vermögen auf ihre Verantwortung hinter sich haben, während sie in den ihnen verliehenen Ämtern sich befinden, entgegen den Vorschriften, die das verbieten, im eigenen Namen, oder im Namen ihrer Frauen oder Kinder irgend ein Gelddarlehen gewähren, oder irgend etwas von ihrem unbeweglichen oder beweglichen Vermögen ohne Genehmigung der Behörde, der sie unterstehen, auf andere Personen übertragen, oder dies nicht in derjenigen Form und nicht durch diejenigen Akte tun, welche vom Gesetze hierfür bezeichnet sind, so verfallen sie hierfür, falls gegen diese Amtspersonen ein Fehlbetrag sich ergibt, außer der Auflösung jedes solchen Rechtsgeschäfts und der Verwendung der von ihnen übertragenen Gelder oder des Vermögens zur Deckung der staatlichen Forderung:

den im dritten Teile des Artikels 232 dieses Gesetzes bestimmten Strafen.

Militärdienstpersonen, die mit jenen ein solches Rechtsgeschäft schließen, obgleich sie wissen, daß dasselbe gesetzwidrig ist, werden verurteilt:

zum Verlust der von ihnen für den gekauften und zur Deckung der staatlichen Forderung verwendeten Vermögensgegenstand gezahlten Geldsumme, oder aber zu einer Geldstrafe nicht über den doppelten Betrag der vom Schuldigen entliehenen Summe und zur Haft auf der Hauptwache von einem bis zu drei Monaten.

236. Diejenigen, die schuldig sind, ihnen dienstlich anvertraute Gelder oder anderes Vermögen sich angeeignet, zu ihrem Bedarf gebraucht, oder auf andere Weise unterschlagen zu haben und nicht imstande sind, selbst die sie dafür treffende Geldforderung zu bezahlen, so wird diese, wenn sie nicht gemäß Art. 63 dieses Gesetzes gegen diejenigen gerichtet werden kann, welche ihnen bei dieser Aneignung oder Unterschlagung vorsätzlich Vorschub geleistet haben, gegen diejenigen Vorgesetzten oder Personen gerichtet, denen die Aufsicht über sie zustand, falls sie schuldig befunden werden, die ihnen gesetzlich besonders auferlegten Pflichten bei der Untersuchung, der Aufbewahrung und bei den Förmlichkeiten der Annahme und Absendung staatlicher Geldbeträge, Sachen oder Gegenstände der Verpflegung vernachlässigt zu haben, in jedem Falle jedoch nur in dem Maße, als zur Ersatzleistung für den durch ihre Schuld von der Staatskasse oder den Privatpersonen erlittenen Schaden notwendig ist.

Die Vorgesetzten, die solche Personen für das Amt bestimmten, unterliegen nicht der Geldbeitreibung anstelle derselben, wenn sie an deren gesetzwidrigen Handlungen nicht beteiligt und zur unmittelbaren Aufsichtsführung über sie nicht verpflichtet waren.

237. Diejenigen, die schuldig sind, zeitweilig übergebene, anderen Verwaltungszweigen gehörige Geldbeträge, Anweisungen oder Urkunden bei dem Kameralhof oder in einem staatlichen Geldkasten aufbewahrt zu haben, ohne Absonderung derselben in besondere Umschläge oder Kisten, die mit Schlössern verschlossen und dem Siegel derjenigen Behörde oder Person, von der sie übergeben sind, versiegelt sind, und ohne daß darüber in das dafür bestimmte Buch vom Übergebenden selbst eine Eintragung gemacht ist, ebenso beim Kameralhof Privatpersonen gehöriges oder eigenes Vermögen aufbewahrt zu haben, mit Ausnahme nur derjenigen Fälle, wo dies gesetzlich erlaubt ist, oder aber im Magazine ohne besondere schriftliche Genehmigung der vorgesetzten Behörde außer den staatlichen auf gesetzlicher Grundlage übernommenen irgend welche andere Sachen aufbewahrt zu haben, verfallen:

einer Disziplinarstrafe,

und unter Umständen, welche die Schuld erhöhen:

der Verabschiedung vom Dienste, oder der Entlassung aus dem Amte.

238. Ergibt sich in den dienstlich zur Verwahrung anvertrauten Geldbeträgen, oder Sachen, oder Verpflegungsgegenständen eine Verminderung oder ein Fehlbetrag, und ist kein Grund zu der Annahme irgend eines Mißbrauchs seitens desjenigen, der diese Gelder oder Sachen verwahrt, ist aber anderseits nicht hinreichend bewiesen, daß diese Verminderung nicht aus Unachtsamkeit, sondern aus natürlichen Gründen, oder ganz zufällig unter Umständen, die der Verlierende weder vorhersehen noch abwenden konnte, entstanden ist, so verfällt der Schuldige:

einer Disziplinarstrafe,

und von dem Ermessen der vorgesetzten Behörde hängt es ab, ihn im Dienste zu belassen, oder ihn aus demselben zu entlassen.

239. Für die Verwendung von für den Frontdienst bestimmten oder andern staatlichen Pferden zu nicht entsprechenden und gesetzlich verbotenen Arbeiten verfällt der Schuldige außer der Verpflichtung zum Ersatz des etwa entstandenen Schadens:

der Verabschiedung vom Dienste, oder der Entlassung aus dem Amte, oder der Haft auf der Hauptwache von einem bis zu sechs Monaten, oder einer Disziplinarstrafe;

und in den Fällen, wo die Verwendung der zum Frontdienst bestimmten und anderer staatlicher Pferde zur Erzielung irgend welcher Vorteile zugelassen wurde:

der Überweisung an eine Korrektionsarrestantenabteilung der Zivilverwaltung nach der vierten Stufe des Artikels 31[1]) des Strafgesetzbuches (in der Fassung von 1906) auf den oben, in den Artikeln 23[1] und 48 gegebenen Grundlagen, oder, nach Ermessen des Gerichts, der Einschließung in eine Festung von einem Jahre und vier Monaten bis zu vier Jahren in Gemäßheit der Artikel 24 und 26 dieses Gesetzes (vgl. auch Anm. I und II zur Beil. I — zu Art. 8 —).

Dritter Abschnitt.

Von den Verbrechen und Vergehen bei Führung der Bücher über Einnahmen und Ausgaben.

240. Wer in das Einnahmebuch für die staatlichen unter seiner Verwaltung befindlichen Einnahmen mit Absicht geringere Eintragungen macht als die tatsächlichen Eingänge, oder Eingänge überhaupt nicht einträgt, oder in das Ausgabebuch mehr als ausgegeben einträgt, verfällt hierfür:

einer Geldstrafe in Höhe des Doppelten des in die Einnahmen nicht Eingetragenen oder der Mehreintragung im Ausgabebuch,

und außerdem:

der Aberkennung aller besonderen, persönlich und dem Stande nach zugeeigneten Rechte und Vorrechte und der

---

[1]) Vgl. Note zu Art. 22[1].

Überweisung an eine Korrektionsarrestantenabteilung der Zivilverwaltung nach der vierten Stufe des Artikels 31[1]) des Strafgesetzbuchs (in der Fassung von 1906).

241. Als der Fälschung in Dienstangelegenheiten werden erachtet und verfallen den für solche bestimmten Strafen:

1. diejenigen, welche in den Einnahme- und Ausgabebüchern Blätter herausreißen oder auswechseln, oder Rasuren und Verbesserungen ohne Beobachtung der hierfür gegebenen Vorschriften in ihnen vornehmen, und
2. diejenigen, die absichtlich ihnen übergebene für Einnahme und Ausgabe bestimmte Schnurbücher oder Dokumente, oder von Privatpersonen erhaltene Quittungen über den Empfang von Geldern vernichten oder verbergen.

Dreizehntes Kapitel.

Von den Verbrechen und Vergehen im Dienste, die den Militärpersonen mit den Beamten der Zivilverwaltung gemeinsam sind.

242. Für Verbrechen und Vergehen im Dienste, die den Militärdienstpersonen mit den Beamten der Zivilverwaltung gemeinsam sind und in den vorstehenden Artikeln dieses Teiles nicht erwähnt werden, verfallen die Schuldigen den im Strafgesetzbuch bestimmten Strafen, die in den zutreffenden Fällen auf Grund des ersten Teiles dieses Gesetzes und in Gemäßheit der dem Artikel 8 desselben beigefügten Tabelle durch andere entsprechende Strafen ersetzt werden. Außerdem werden Geldstrafen, Abzug vom Gehalt, Abzug von der Dienstzeit und die Versetzung von einem höheren in ein niederes Amt für Militärpersonen, je nach dem Grade der Schuld, durch die Strafen gemäß dem Disziplinargesetz (Kodex der Militärgesetze 1869, Buch XXIII Ausg. 3) ersetzt.

Dritter Teil.

Von der Verletzung der Dienstpflichten zur Zeit kriegerischer Operationen und von den Verbrechen und Vergehen, die in Orten begangen werden, die im Kriegszustand erklärt sind.

Erstes Kapitel.

Von der Verletzung der Dienstpflichten zur Zeit kriegerischer Operationen.

243. Jede Verletzung der Dienstpflichten in der Absicht, dem Feinde in seinen kriegerischen oder andern feindlichen Handlungen

[1]) Vgl. Note zu Art. 23[1].

Vorschub zu leisten, oder ihn zu begünstigen, wird als Staatsverrat erachtet und unterwirft den Schuldigen:

der Aberkennung aller Standesrechte und der Todesstrafe.

244. Wer ohne ordnungsmäßige Genehmigung mit jemand, der sich bei dem feindlichen Heere oder in den Besitzungen des Feindes befindet, in Briefwechsel tritt, jedoch ohne jede böse Absicht und überdies ohne Mitteilungen, die irgend eine Beziehung zu den kriegerischen Operationen haben, zu machen, verfällt:

dem Ausschluß aus dem Dienste unter Aberkennung oder ohne Aberkennung der Dienstgrade, oder der Degradation zum Gemeinen.

Wenn jedoch der Schuldige, ebenfalls ohne böse Absicht, auf die Kriegsoperationen bezügliche Mitteilungen gemacht und der Feind diese Mitteilungen mit Vorteil in seinen Unternehmungen gegen unsere Truppen benutzt hat, so wird er verurteilt:

zur Todesstrafe.

245. Wer eigenmächtig seinen Posten angesichts des Feindes verläßt, verfällt:

der Todesstrafe.

Wenn jedoch das Verlassen des Postens keine schädlichen Folgen hatte, so wird der Schuldige verurteilt:

zum Ausschluß aus dem Dienste unter Aberkennung oder ohne Aberkennung der Dienstgrade, oder zur Degradation zum Gemeinen.

246. Wer während einer Schlacht angesichts des Feindes die Flucht ergreift und durch sein Beispiel Unordnung in der Front hervorruft oder andern Anlaß zur Flucht gibt, verfällt:

der Aberkennung aller Standesrechte und der Todesstrafe.

247. Für den Verlust einer Fahne oder Standarte im Kampfe, ohne daß das Kommando, dem sie zugeeignet waren, alle Mittel zu ihrer Rettung angewendet hat, werden diejenigen, denen vorzugsweise der Schutz der Fahne oder Standarte anvertraut war, verurteilt:

zur Aberkennung aller Standesrechte und zur Todesstrafe durch Erschießen;

und die andern Dienstpersonen, die zu diesem Kommando gehören, verfallen:

nach Maßgabe ihrer Schuld den auf Grund der im Artikel 75 dieses Gesetzes gegebenen Vorschriften bestimmten Strafen.

248. Ein Kommando, welches die Befehle des Befehlshabers verletzt und den ihm bestimmten Platz ohne Kampf verlassen oder die Waffen vor dem Feinde gestreckt, oder in die Gefangenschaft sich begeben hat, ohne seine Pflichten nach Eidespflicht erfüllt zu haben, wird als ein offen gegen die Befehlsbehörde aufständisches erachtet, und alle Hauptschuldige, oder Anstifter und Beteiligte, ebenso die Dienst- oder Rangältesten, welche an diesem Verbrechen beteiligt waren, werden verurteilt:

zur Aberkennung aller Standesrechte und zur Todesstrafe;

und die andern zum Bestande dieses Kommandos gehörigen Dienstpersonen verfallen:

nach Maßgabe ihrer Schuld den auf Grund der im Artikel 75 dieses Gesetzes gegebenen Vorschrift bestimmten Strafen.

249. Wer auf das Signal bei einem Alarm oder einem Appell an seinen Platz nicht kommt, verfällt, wenn eine Disziplinarstrafe nicht als seiner Schuld entsprechend erscheint:

dem Ausschluß aus dem Dienste, oder der Haft auf der Hauptwache von einem bis zu sechs Monaten; oder aber dem Verlust einiger Rechte und Vorrechte im Dienste und der Überweisung an ein Disziplinarbataillon oder Kompagnie von einem Jahre bis zu zwei Jahren, oder der Einzelhaft in einem Militärgefängnis von einem bis zu vier Monaten.

250. Wer ein Heer, ein Korps, eine Division oder eine andere Abteilung befehligt und vor dem Feinde die Waffen streckt, oder mit ihm eine Kapitulation schließt, ohne seine Obliegenheiten nach seiner Eidespflicht und gemäß den Forderungen der militärischen Ehre erfüllt zu haben, verfällt:

dem Ausschluß aus dem Dienste unter Aberkennung der Dienstgrade;

und wenn solche Handlungen ohne Kampf, oder ungeachtet der Möglichkeit sich zu verteidigen, begangen sind:

der Todesstrafe.

251. Ein Kommandant, oder ein militärischer Befehlshaber, der dem Feinde eine Festung oder einen andern befestigten Ort übergeben hat, ohne seine Obliegenheiten nach seiner Eidespflicht und gemäß den Forderungen der militärischen Ehre erfüllt, oder alle Mittel der Verteidigung angewendet zu haben, verfällt:

der Todesstrafe.

252. Wer bei der Übergabe einer Festung an den Feind, oder bei dem Abschluß von Kapitulationsbedingungen nicht möglichst vorteilhafte Bedingungen für die ihm unterstellten Truppen ausbedingt und sich nur um seine eigenen persönlichen Vorteile bemüht, verfällt:

der Aberkennung aller Standesrechte und der Verschickung zu Zwangsarbeiten auf die Dauer von vier bis zu zwölf Jahren, oder der Aberkennung aller besonderen, persönlich und dem Stande nach zugeeigneten Rechte und Vorrechte und der Überweisung an eine Korrektionsarrestantenabteilung der Zivilverwaltung auf die Dauer von vier bis zu fünf Jahren.

253. Wer bei der Übergabe einer Festung, oder beim Abschluß von Kapitulationsbedingungen nicht möglichst vorteilhafte Bedingungen zum Schutze der Ortsbewohner und des ihnen gehörigen Eigentums vor den gewalttätigen Handlungen des Feindes ausbedingt, verfällt:

a) der Überweisung an eine Korrektionsarrestantenabteilung der Zivilverwaltung auf den oben in den Artikeln 23[1] und

48 gegebenen Grundlagen und auf die im Artikel 31[1]) des Strafgesetzbuchs (in der Fassung von 1906) bestimmte Zeitdauer, oder, nach Ermessen des Gerichts, der Einschließung in eine Festung von einem Jahre und vier Monaten bis zu vier Jahren gemäß den Artikeln 24 und 26 dieses Gesetzes, oder

b) dem Ausschluß aus dem Dienste mit Aberkennung oder ohne Aberkennung der Dienstgrade.

254. Für die eigenmächtige Abweichung von dem für die kriegerischen Operationen bestätigten Plan verfällt der Schuldige:

der Verabschiedung vom Dienste, oder dem Ausschluß aus demselben mit Aberkennung oder ohne Aberkennung der Dienstgrade, oder der Einschließung in eine Festung von acht Monaten bis zu vier Jahren, oder der Degradation zum Gemeinen;

und wenn hieraus besonders schädliche Folgen entstanden sind:

der Todesstrafe.

Den in diesem Artikel bestimmten Strafen und auf derselben Grundlage verfallen Befehlshaber, die eigenmächtig irgend eine Bewegung unternommen oder die Disposition der Truppen abgeändert haben, mit Ausnahme der Fälle, wo diese ihre Handlungen durch die Notwendigkeit gerechtfertigt werden können.

255. Wer Angesichts oder in der Nähe des Feindes eigenmächtig den Befehl über einen Truppenteil übernimmt, oder den Befehl über denselben beibehält, obgleich die vorgesetzte Behörde die Übergabe dieses Teiles in die Gewalt eines andern angeordnet hat, verfällt, wenn nicht bewiesen wird, daß er hierzu im Interesse der Beseitigung der äußersten den Truppen drohenden Gefahr gezwungen war:

dem Ausschluß aus dem Dienste, oder der Degradation zum Gemeinen;

und unter Umständen, welche die Schuld besonders erhöhen:

der Todesstrafe.

256. Wer schuldig ist, aus Unachtsamkeit oder mangelnder Umsicht während der Bewegung gegen den Feind oder in der Stellung angesichts oder in der Nähe des Feindes nicht die ordnungsmäßigen, durch die militärischen Vorschriften bezeichneten Vorsichtsmaßregeln ergriffen zu haben, verfällt:

der Verabschiedung vom Dienste, oder der Haft auf der Hauptwache von drei bis zu sechs Monaten;

und wenn hieraus schädliche Folgen entstanden sind:

dem Ausschluß aus dem Dienste mit Aberkennung oder ohne Aberkennung der Dienstgrade, oder der Degradation zum Gemeinen.

257. Wer von der Bewegung des Feindes oder von etwas, was nach den Umständen der Kriegszeit eine erhebliche Bedeutung hat,

---

[1]) Vgl. Note zu Art. 23[1].

Kenntnis erhält und dies nicht an die zuständige Stelle mitteilt, verfällt:

1. wenn dies aus Unachtsamkeit oder Unaufmerksamkeit geschehen ist — der Verabschiedung vom Dienste, oder der Haft auf der Hauptwache von einem bis zu sechs Monaten;
2. wenn diese Handlung absichtlich aus irgend welchen persönlichen Beweggründen, jedoch ohne die Absicht, den Feind zu begünstigen, geschehen ist:
   a) der Überweisung an eine Korrektionsarrestantenabteilung der Zivilverwaltung auf den oben in den Artikeln 23[1] und 48 gegebenen Grundlagen und auf die im Artikel 31[1]) des Strafgesetzbuchs (in der Fassung von 1906) bestimmte Zeitdauer, oder nach Ermessen des Gerichts, der Einschließung in eine Festung von einem Jahre und vier Monaten bis zu vier Jahren gemäß den Artikeln 24 und 26 dieses Gesetzes; oder
   b) der Aberkennung aller besonderen, persönlich und dem Stande nach zugeeigneten Rechte und Vorrechte und der Einschließung in ein bürgerliches Gefängnis gemäß Art. 33[1]) des Strafgesetzbuchs (in der Fassung von 1906); oder
   c) dem Ausschluß aus dem Dienste unter Aberkennung der Dienstgrade; oder
   d) der Degradation zum Gemeinen (vgl. auch Anm. I und II zur Beil. I — zu Art. 8 —).

Im Falle einer absichtlichen Verheimlichung (Verschweigung, d. Ü.) der in diesem Artikel bezeichneten Kenntnis, wenn dadurch die Möglichkeit genommen ist, äußerst schädliche Folgen für die kriegerischen Operationen abzuwenden, wird der Schuldige verurteilt:

zur Aberkennung aller Standesrechte und zur Todesstrafe.

258. Ein militärischer Befehlshaber, der ohne gehörigen Befehl gegen einen verbündeten oder neutralen Staat irgendwie, wenn auch nicht offenbar feindselige, aber doch mit einer Verletzung des Volksrechts oder eines besonderen mit diesem Staat geschlossenen Vertrages verbundene Handlung unternimmt, verfällt, mit Ausnahme der Fälle, wo unter den besonderen Umständen der Kriegszeit solche Handlungen zu vermeiden unmöglich war:

dem Ausschluß aus dem Dienste mit Aberkennung oder ohne Aberkennung der Dienstgrade, oder der Degradation zum Gemeinen, oder der Verabschiedung vom Dienste.

Wenn aber ein militärischer Befehlshaber eigenmächtig Kriegstaten gegen einen verbündeten oder neutralen Staat durch einen Angriff auf die Truppen oder die Einwohner dieses Staates eröffnet, oder nach Empfang einer Benachrichtigung von dem Abschluß eines

---

[1]) Vgl. Note zu Art. 23[1].

Friedens oder Waffenstillstandes mit dem Feinde die Kriegshandlungen nicht einstellt, so verfällt er:

der Todesstrafe.

259. Wer den Einwohnern der von den Truppen besetzten Ortschaften eigenmächtig Kontributionen in Geld oder Vorräten (Naturalien, d. Ü.) auferlegt, oder die infolge einer ordnungsmäßig auferlegten Kontribution zu leistenden Abgaben eigenmächtig erhöht, verfällt:

dem Ausschluß aus dem Dienste, oder der Verabschiedung von demselben;

wenn aber die in diesem Artikel bezeichneten gesetzwidrigen Handlungen aus eigennützigen Beweggründen begangen sind:

einer der für Erpressung bestimmten Strafen unter Erhöhung derselben um eine oder zwei Stufen.

260. Wer eigenmächtig, jedoch ohne die Absicht den Feind zu begünstigen, Befestigungen durch Explosion oder auf andere Weise zerstört, oder Artilleriegeschütz vernagelt oder verdirbt, oder Lager von Waffen, Geschossen oder andern Kriegs- oder Verpflegungsvorräten zu vernichten oder zu verderben sich erlaubt, verfällt:

dem Ausschluß aus dem Dienste unter Aberkennung der Dienstgrade; oder aber dem Verlust einiger Rechte und Vorrechte im Dienste und der Überweisung an ein Disziplinarbataillon oder Kompagnie von zwei bis zu drei Jahren;

und wenn diese Straftaten für die Kriegsoperationen schädliche Folgen hatten:

der Todesstrafe.

261. Wer schuldig ist, dem Feinde abgenommene Trophäen oder andere Gegenstände der Kriegsbeute, die nach besonderen Anordnungen der vorgesetzten Behörde an das Kommando abzuliefern waren, sich angeeignet oder verheimlicht zu haben, verfällt:

den im Artikel 232 dieses Gesetzes für die Aneignung dienstlich anvertrauten Vermögens bestimmten Strafen, wobei in den im dritten Teile dieses Artikels angegebenen Fällen gegen die der Aneignung oder Verheimlichung von Trophäen Schuldigen ohne Rücksicht auf den Wert der Trophäen auf diejenigen Strafen erkannt wird, welche für die Aneignung des gedachten Vermögens im Werte von über dreihundert Rubel bestimmt sind.

262. Wer aus Kleinmut Gerüchte verbreitet, die schädlich auf den Geist des Heeres wirken, oder sich andere Handlungen erlaubt, die offenbaren Kleinmut oder Furcht verraten, verfällt:

dem Ausschluß aus dem Dienste unter Aberkennung der Dienstgrade; oder aber dem Verlust einiger Rechte und Vorrechte im Dienste und der Überweisung an ein Disziplinarbataillon oder Kompagnie von zwei bis zu drei Jahren.

Wenn aber die in diesem Artikel bezeichneten gesetzwidrigen Handlungen für die Kriegsoperationen schädliche Folgen hatten, so verfallen die Schuldigen:

der Aberkennung aller Standesrechte und der Todesstrafe.

263. Ein Befehlshaber, der schuldig ist, infolge Nichtausübung der Dienstgewalt angesichts oder beim Zusammentreffen mit dem Feinde die ihm zu Gebote stehenden Mittel zur Zurückhaltung der Fliehenden oder zur Veranlassung der Ungehorsamen, gegen den Feind vorzugehen, nicht angewendet zu haben, oder hinsichtlich derjenigen, die Verwirrung und Schrecken in der Front verbreiten, keine entscheidenden Maßnahmen getroffen zu haben, verfällt hierfür, je nach Erheblichkeit der daraus entstandenen Folgen:

a) der Überweisung an eine Korrektionsarrestantenabteilung der Zivilverwaltung auf den oben in den Artikeln 23[1] und 48 gegebenen Grundlagen und auf die im Artikel 31[1]) des Strafgesetzbuchs (in der Fassung von 1906) bestimmte Zeitdauer, oder aber, nach Ermessen des Gerichts, der Einschließung in eine Festung von einem Jahre und vier Monaten bis zu vier Jahren gemäß den Artikeln 24 und 26 dieses Gesetzes; oder

b) der Aberkennung aller besonderen, persönlich und dem Stande nach zugeeigneten Rechte und Vorrechte und der Einschließung in ein bürgerliches Gefängnis in Gemäßheit des Artikels 33[1]) desselben Gesetzes (in der Fassung von 1906); oder

c) dem Ausschluß aus dem Dienste unter Aberkennung oder ohne Aberkennung der Dienstgrade; oder

d) der Degradation zum Gemeinen; oder

e) der Verabschiedung vom Dienste (vgl. auch Anm. I und II zu Beil. I — zu Art. 8 —).

264. Für die Verbreitung dienstlich anvertrauter, geheim zu haltender Mitteilungen über Disposition und Zahl der Truppen, über Vorbereitungen zum Angriff oder Rückzug, über die Lage von Befestigungen, über den Truppen erteilte Parole oder Losung oder über andere ähnliche Anordnungen, wenn auch ohne jede böse Absicht, verfallen die Schuldigen:

dem Ausschluß aus dem Dienste unter Aberkennung, oder ohne Aberkennung der Dienstgrade, oder der Degradation zum Gemeinen, oder der Verabschiedung vom Dienste, oder der Entlassung aus dem Amte, oder aber dem Verlust einiger Rechte und Vorrechte im Dienste und der Überweisung an ein Disziplinarbataillon oder Kompagnie von einem Jahre bis zu drei Jahren, oder der Einzelhaft in einem Militärgefängnis von zwei Monaten und zwei Wochen bis zu vier Monaten;

---

[1]) Vgl. Note zu Art. 23[1].

und wenn von der Verletzung des dienstlich anvertrauten Geheimnisses für die Kriegsoperationen äußerst schädliche Folgen entstanden sind:

der Todesstrafe.

265. Für die Plünderung Verwundeter oder Gefangener, jedoch ohne jede gewalttätige Handlung gegen sie, verfallen die Schuldigen:

entweder dem Ausschluß aus dem Dienste unter Aberkennung oder ohne Aberkennung der Dienstgrade, oder der Einschließung in eine Festung von einem Jahre und vier Monaten bis zu vier Jahren; oder aber dem Verluste einiger Rechte und Vorrechte im Dienste und der Überweisung an ein Disziplinarbataillon oder Kompagnie von zwei bis zu drei Jahren.

Im Falle der Anwendung von Gewalt jedoch werden die Schuldigen verurteilt:

wie für Raub nach den allgemeinen Strafgesetzen.

266. Für Plünderung in der Schlacht Gefallener verfallen die Schuldigen:

dem Ausschluß aus dem Dienste, oder der Einschließung in eine Festung von zwei Monaten bis zu einem Jahre und vier Monaten; oder dem Verlust einiger Rechte und Vorrechte im Dienste und der Überweisung an ein Disziplinarbataillon oder Kompagnie von einem Jahre bis zu zwei Jahren, oder der Einzelhaft in einem Militärgefängnis von zwei Monaten und zwei Wochen bis zu vier Monaten.

267. Wegen Wegnahme von Kleidungsstücken und andern Sachen von den Bewohnern der von den Truppen nicht besetzten Gebiete, sowie wegen jeder gesetzlich nicht bestimmten Gewalttat gegen die Bewohner (Marodieren) verfallen die Schuldigen:

der Aberkennung aller besonderen, persönlich und dem Stande nach zugeeigneten Rechte und Vorrechte und der Überweisung an eine Korrektionsarrestantenabteilung der Zivilverwaltung auf die Dauer von vier bis zu fünf Jahren, oder dem Ausschluß aus dem Dienste unter Aberkennung der Dienstgrade; oder aber dem Verlust einiger Rechte und Vorrechte im Dienste und der Überweisung an ein Disziplinarbataillon oder Kompagnie von zwei bis zu drei Jahren.

Wenn aber die in diesem Artikel bezeichnete Straftat von einem ganzen Kommando oder von mehreren Personen, die sich dazu verabredet haben, begangen wurde, oder, wenngleich von einem, der Schuldige aber die Waffe oder eine Gewalttätigkeit gegen die Einwohner angewendet hat, so wird die Straftat als eine von den Arten des Raubes oder der Plünderung angesehen, und es verfallen dafür:

die Anstifter und die Hauptschuldigen:

der Aberkennung aller Standesrechte und der Todesstrafe;

und die andern:

den für den Raub durch die allgemeinen Strafgesetze bestimmten Strafen.

Zweites Kapitel.

Von den Verbrechen und Vergehen, die in Orten begangen werden, die in Kriegszustand erklärt sind und von den Straftaten gegen die Sicherheit des Heeres.

268. Die durch dieses Gesetz für die Straftaten der Militärpersonen zur Kriegszeit bestimmten Strafen finden auch auf dieselben Straftaten dieser und ebenso auf die dem Heere angehörenden Personen Anwendung, die in Orten begangen sind, welche in Kriegszustand erklärt sind (vgl. oben Artikel 91).

269. Auf derselben Grundlage unterliegen die Personen der Zivilverwaltung in den in Kriegszustand erklärten Orten der Bestrafung für die in den Bestimmungen über diese Orte bezeichneten Straftaten (Beilage zu Artikel 23[1]) Swod sakonow Band II Allgem. Gouvernementsordnung Ausg. 1892). Derselben Bestrafung unterliegen auch die Bewohner der vom Heere besetzten feindlichen Gebiete für alle im Artikel 1314[2]) der Militärstrafgerichtsordnung (Kodex der Militärgesetze vom Jahre 1869, Buch XXIV Ausgabe 3 in der Fassung

---

[1]) Die Beil. zu Art. 23 der Allgem. Gouvernementsordnung enthält die Bestimmungen für die Orte, die als im Kriegszustand befindlich erklärt sind. Es sind dies alle diejenigen Orte, die entweder zum Gebiete des Kriegsschauplatzes gehören oder für die Staatsinteressen oder die Interessen des Krieges von erheblicher Bedeutung sind. Diese Orte können entweder gleichzeitig mit dem Mobilisierungsbefehl oder später bei eintretendem Bedürfnis durch den Oberkommandierenden oder die Kommandierenden in ihrem Machtbereich als im Kriegszustand erklärt werden. Die davon betroffenen Orte müssen in dem bezüglichen Befehl genau angegeben und zur allgemeinen Kenntnis durch die zuständigen Verwaltungsbehörden gebracht werden.

Mit der Erklärung der Orte in Kriegszustand geht die Verwaltung auf die Kommandierenden der Truppen über. Diese oder ihre Bevollmächtigte können das Verbot der Entfernung solcher Personen, deren Tätigkeit für die Kriegszwecke in Anspruch genommen werden kann, sowie der Ausfuhr von Kriegsbedarfsgegenständen aller Art, auch Requisitionen und dgl., anordnen, die Abtragung von Gebäuden und sonstige außerordentliche Maßnahmen, ebenso die Verhaftung verdächtiger Personen bis zu zwei Wochen und Haussuchungen jederzeit vornehmen lassen.

In allen diesen Orten untersteht auch die Zivilbevölkerung der Militärgerichtsbarkeit wegen der im Art. 1314 der Militärstrafgerichtsordnung angegebenen Straftaten (vgl. folgende Note).

[2]) Art. 1314 der Militärstrafgerichtsordnung zählt die Straftaten auf, wegen welcher die Zivilbevölkerung der Militärgerichtsbarkeit untersteht:

a) wegen aller in Gemeinschaft mit Personen, die ohnehin der Militärgerichtsbarkeit unterstehen, begangenen Straftaten;
b) wegen Aufruhrs oder Auflehnung gegen Behörden;
c) wegen Spionage;
d) wegen jeder Art absichtlicher Vernichtung oder Beschädigung von Gegenständen und Einrichtungen des Kriegsbedarfs, der Truppenverpflegung, der Telegraphen-, Telephonleitungen u. dgl.;
e) wegen eines Angriffs auf Militärwachen, Posten und bewaffneten Widerstands gegen diese.

Es können schließlich noch andere, einzeln namhaft zu machende und bekannt zu gebende Straftaten der Zivilbevölkerung der Militärgerichtsbarkeit überwiesen werden. Vgl. auch Teil III dieser Arbeit N unten 3.

von 1907) bezeichneten Straftaten und auf den darin angegebenen Grundlagen, wenn mit der Besetzung des Gebietes kein besonderer Befehl des Oberkommandierenden des Heeres (Ziffer 9 Artikel 34 der Allerhöchst am 26. April 1890 bestätigten Verordnung, betreffend die Verwaltung des Heeres im Felde zur Kriegszeit) ergeht, der zur allgemeinen Kenntnis publiziert ist.

270. In den vor dem Feinde verteidigten Orten, oder angesichts des Feindes werden diejenigen, die der absichtlichen Brandstiftung oder einer andern Vernichtung irgend welcher Kriegsgeräte, zu den Mitteln der Verteidigung oder Verpflegung gehöriger Gegenstände und Sachen schuldig sind, bestraft:

mit der Aberkennung aller Standesrechte und der Todesstrafe.

Auf derselben Grundlage unterliegen auch diejenigen der Bestrafung, die schuldig sind, zur Kriegszeit Telegraphen, Wasserleitungen, Eisenbahnen, Brücken, Dämme, Überfahrten und andere Verkehrsmittel absichtlich vernichtet oder beschädigt zu haben.

271. Kriegsgefangene, die schuldig sind, absichtliche Handlungen gegen die Sicherheit des Heeres begangen, oder sich irgend welche Handlungen erlaubt zu haben in der Absicht, dem Feinde Vorschub zu leisten oder zu begünstigen, verfallen:

den für Staatsverrat bestimmten Strafen.

Denselben Strafen verfallen auch feindliche Spione.

Vierter Teil.

Von den Verbrechen und Vergehen, die vom Dienste unabhängig den Militärpersonen mit den Personen bürgerlichen Standes gemeinsam sind.

272. Für die Verbrechen und Vergehen, die Militärpersonen mit den Personen bürgerlichen Standes gemeinsam und von dem gegenwärtigen Gesetz nicht vorgesehen sind, unterliegen die Personen der Militärverwaltung der Bestrafung auf Grund der allgemeinen Strafgesetze (Strafgesetzbuch und Strafgesetz für Friedensrichter) unter Beobachtung der in den nachstehenden Artikeln gegebenen Vorschriften.

Anmerkung. In den in den Artikeln 1656, 1667 und 1682[1]) des Strafgesetzbuchs (Ausg. 1885 und nach der Fassung von 1906) an-

[1]) Vgl. Note zu Art. 161[1]. Art. 1656 behandelt den Diebstahl geringwertiger Gegenstände durch Adlige, Kirchendiener, Mönchspersonen und Ehrenbürger. Art. 1667 behandelt den geringfügigen Betrug durch dieselben Personen. Art. 1682 behandelt die Fälle der Veräufserung oder Verpfändung von Gegenständen, auf Ratenzahlungen unter Vorbehalt des Eigentums gekauft, vor völliger Bezahlung des Kaufpreises sowie der Veräufserung, Verpfändung oder Verheimlichung von verpfändeten aber im Besitz des Pfandschuldners belassenen Gegenstände, wenn die Verpfändung an die landschaftlichen Kreditinstitute oder an die Institute für den geringen Kredit erfolgt ist.

gegebenen Fällen unterliegen die Schuldigen dem Ausschluß aus dem Dienste unter Aberkennung der Dienstgrade, aller besonderen persönlich und dem Stande nach zugeeigneten Rechte und Vorrechte und der Einschließung in ein Gefängnis.

273. Die durch die allgemeinen Strafgesetze bestimmten Strafen werden für Militärpersonen in den zutreffenden Fällen durch andere entsprechende Strafen auf Grund des ersten Teiles dieses Gesetzes und in Gemäßheit der dem Artikel 8 desselben beigefügten Tabelle ersetzt.

273¹. Für die in den Artikeln 100, 101, 102, 103, 104, 107, 121, 125, 126, 127, 129 Ziffer 1 und 2 Teil 2, 130 Ziffer 1 und 2 Teil 2, 131, 132 (in den Grenzen des Artikels 128 und 129 Ziffer 1 und 2) und 134[1]) des (neuen) Strafgesetzbuchs vorgesehenen Fällen erhöhen sich die Strafen für Militärpersonen nach folgender Maßgabe:

1. Wenn im Gesetze die unterste Grenze der zeitlichen Freiheitsentziehung bestimmt ist, so erhöht sich dieselbe: bei Zwangsarbeiten auf zwei Jahre, Korrektionshaus auf ein Jahr, bei Festung auf sechs Monate und bei Gefängnis auf drei Monate.
2. Wenn im Gesetze die höchste Grenze der zeitlichen Freiheitsentziehung bestimmt ist, so erhöht sich dieselbe gemäß der in Ziffer 1 gegebenen Vorschrift, wobei in diesem Falle nicht erkannt werden kann: auf Zwangsarbeiten unter sechs Jahren, auf Einschließung in ein Korrektionshaus unter zwei Jahren und sechs Monaten, auf Einschließung in eine Festung unter sechs Monaten und zwei Wochen und Einschließung in ein Gefängnis unter drei Monaten und zwei Wochen.
3. Fehlt es im Gesetze an einer besonderen Bestimmung über die höchste und niedrigste Grenze der Strafe, so ist zu erkennen: auf Zwangsarbeiten von sechs Jahren, auf Einschließung in ein Korrektionshaus von zwei Jahren und sechs Monaten, auf Einschließung in eine Festung von sechs Monaten und zwei Wochen und auf Einschließung in ein Gefängnis von drei Monaten und drei Wochen.

Hierbei sind die Bestimmung der niedrigsten gesetzlichen Maße der zeitlichen Freiheitsentziehung (Artikel 16, 18, 19 und 20[1]) des (neuen) Strafgesetzbuchs und der Übergang zu andern Strafen nur zulässig in der Form einer Milderung der Strafen auf Grund des Artikels 53[2]) des (neuen) Strafgesetzbuchs.

273². 1. Wer der im Artikel 111[3]) des (neuen) Strafgesetzbuchs vorgesehenen Straftat schuldig ist, wird bestraft:

---

[1]) Die hier angeführten Artikel des neuen Strafgesetzbuchs, die jetzt in Kraft gesetzt sind, sind in der Nr. 24 der „Sammlung außerdeutscher Strafgesetze" der I. K. V. S. 39 ff. wiedergegeben.

[2]) Die Artikel 16, 18, 19, 20 und 53 des neuen Strafgesetzbuchs sind jetzt in Kraft gesetzt, sie sind in der „Sammlung außerdeutscher Strafgesetzbücher" der I. K. V. Nr. 24 S. 15 f. und S. 25 wiedergegeben.

[3]) Art. 111 des neuen Strafgesetzbuchs ist S. 42 der in vorstehender Note genannten Sammlung wiedergegeben.

a) unter den in seinem ersten Teile bezeichneten Umständen: zu Zwangsarbeiten auf die Dauer nicht unter acht Jahren;
b) unter den in seinem zweiten Teile bezeichneten Umständen: zu Zwangsarbeiten auf die Dauer nicht unter fünfzehn Jahren oder ohne Zeitbeschränkung.

Wenn aber der Schuldige nach seiner dienstlichen Stellung oder aus andern Umständen sehen mußte, daß die Mitteilung des in diesem Artikel (111) erwähnten, ihm dienstlich anvertrauten oder nach seiner dienstlichen Stellung erhaltenen Planes, der Zeichnung, der Urkunde oder einer Abschrift derselben, oder einer Auskunft an die Regierung, oder den Agenten des fremden Staates, oder die Veröffentlichung derselben besonders schädliche Folgen für die äußere Sicherheit Rußlands haben mußte oder konnte, so wird er bestraft: mit der Todesstrafe.

2. Wer der im Artikel 112[1]) des (neuen) Strafgesetzbuchs vorgesehenen Straftat schuldig ist, wird bestraft:
a) unter den in seinem ersten Teile bezeichneten Umständen: zu Korrektionshaus nicht über drei Jahre;
b) unter den in seinen nachfolgenden Teilen bezeichneten Umständen: zu Zwangsarbeiten nicht über acht Jahre.

3. Wer der im Artikel 113[2]) des (neuen) Strafgesetzbuchs vorgesehenen Straftat schuldig ist, wird bestraft: mit Korrektionshaus auf die Dauer von nicht über drei Jahren.

4. Wer der im letzten Teile des Artikels 653 und im Artikel 654[3]) des (neuen) Strafgesetzbuchs vorgesehenen Straftaten schuldig ist, wird bestraft: mit Korrektionshaus oder Festung auf die Dauer von nicht unter zwei Jahren.

273³. Wer der im Artikel 114[4]) des (neuen) Strafgesetzbuchs vorgesehenen Straftat, begangen zum Zwecke der Vorschubleistung einer fremden Macht für den Fall eines Krieges mit Rußland, schuldig ist, wird bestraft:
a) unter den im ersten Teile des erwähnten Artikels (114) bezeichneten Umständen: zu Zwangsarbeiten auf die Dauer von nicht über acht Jahren;
b) unter den im zweiten Teile dieses Artikels (114) bezeichneten Umständen: zu Zwangsarbeiten auf die Dauer von nicht unter acht Jahren.

273⁴. Eine Militärperson, die schuldig ist, ein in den Artikeln 104 und 132[5]) des (neuen) Strafgesetzbuchs bezeichnetes Werk oder eine Darstellung in Kenntnis ihres Inhalts, wenn auch ohne den in den gedachten Artikeln erklärten Zweck, in Besitz gehabt zu haben, verfällt, wenn eine Disziplinarstrafe als der Erheblichkeit der Schuld

---

1) Art. 112 des neuen Strafgesetzbuchs ist S. 42 f. a. a. O. wiedergegeben.
2) Art. 113 des neuen Strafgesetzbuchs vgl. S. 43 a. a. O.
3) Art. 653 und 656 des neuen Strafgesetzbuchs vgl. S. 176, 177 a. a. O.
4) Art. 114 des neuen Strafgesetzbuchs vgl. S. 43 a. a. O.
5) Art. 101, 132 des neuen Strafgesetzbuchs vgl. S. 40, 49 a. a. O.

nicht entsprechend erscheint: der Einschließung auf der Hauptwache nicht über drei Monate, oder der Einzelhaft in einem Militärgefängnis nicht über drei Monate.

274. Im Falle von im ersten Kapitel des ersten Teiles dieses Gesetzes nicht vorgesehenen Beleidigungen unter Militärpersonen unterliegen die Schuldigen der Bestrafung auf Grund der allgemeinen Strafgesetze; auf eine Geldstrafe ist hierbei jedoch nicht zu erkennen.

275. Bei der Bestimmung von Strafen gegen Militärpersonen für Totschlag, Verstümmelung, Beibringung von Wunden und andere gewalttätige Handlungen werden diese Strafen um eine oder zwei Stufen erhöht:

1. wenn die Straftat vorsätzlich von einem Militärmieter gegen Eigentümer der Wohnung oder gegen eine seiner Familienmitglieder verübt wurde, und
2. wenn die Straftat gegen Personen verübt wurde, die unter besonderem militärischen Schutze stehen oder von der Behörde Schutzbriefe haben.

276. Die Strafverfolgung wegen Beibringung von Wunden und Verstümmelung und wegen Gesundheitsbeschädigung erfolgt im Militärverwaltungsbereich in jedem Falle unabhängig von dem Klageantrag desjenigen, dem die Wunden oder die Verstümmlung beigebracht sind.

277. Totschlag und die Beibringung körperlicher Beschädigungen werden außer den durch die allgemeinen Strafgesetze vorgesehenen auch noch in nachstehenden Fällen als Straftat nicht angerechnet:

1. wenn ein Wachposten, eine Schildwache, eine Patrouille, eine Eskorte oder eine Wache einen sie Angreifenden verwunden oder erschlagen, indem sie Gewalt mit Gewalt abwehren, oder die ihrem Schutz anvertrauten Personen, Gebäude, Gelder oder Sachen verteidigen;
2. wenn ein Wachposten an einem gefährlichen Posten zufolge besonderen diesbezüglichen Befehls einen Vorbeigehenden zweimal anruft unter Androhung des Gebrauchs der Waffe und ohne eine Antwort zu bekommen auf ihn schießt und ihn verwundet oder tötet;
3. wenn einer, zur Verhaftung einer Person geschickt, nötigenfalls unter Anwendung der Waffe, falls er auf offenbaren Widerstand stößt, den Widerstandleistenden tötet oder verwundet, wenn kein anderes Mittel gegeben war, um den Widerstand zu beseitigen und den Befehl auszuführen;
4. wenn bei einem Aufruhr mit offener Gewalt oder bewaffneter Hand ein Befehlshaber zur Herstellung der Ordnung genötigt ist, außergewöhnliche Maßregeln der Beruhigung anzuwenden und hierbei einen Nichtgehorchenden tötet oder verwundet, oder ihn auf der Stelle zu töten befiehlt;
5. wenn ein Befehlshaber während einer Schlacht einen Untergebenen tötet oder verwundet, der ihm Widerstand leistet, oder aus Feigheit die Flucht ergreift, oder andere zur Flucht

verleitet, oder unter den Militärdienstpersonen Furcht und Unordnung verbreitet, wenn ein anderes Mittel, den Widerstand zu brechen oder die Flucht und die Unordnungen zu verhindern, nicht gegeben war;

6. wenn derjenige, der Gefangene begleitet, beim offenen Ungehorsam oder Empörung, oder bei einem Angriff derselben auf ihn oder während ihres Widerstandes, wenn er sie an der Flucht verhindert, oder beim Ergreifen der Fliehenden einen von ihnen tötet oder verwundet; oder wenn einer von der Schildwache oder der Eskorte einen Arrestanten tötet oder verwundet, der aus dem Orte der Haft, oder aus dem Wachtlokal zu fliehen sucht, oder wenn er einen Arrestanten verwundet oder tötet, der ihn angreift, wenn in jedem dieser Fälle kein anderes Mittel die Flucht und den Widerstand der Gefangenen oder Arrestanten zu verhindern gegeben war, und
7. wenn die Tötung oder körperlichen Beschädigungen eine Folge der Anwendung der Waffe durch solche Militärpersonen waren, die zur Hilfeleistung an die Zivilbehörde berufen waren, wenn sie die ihnen auferlegten Pflichten genau erfüllten und in keiner Weise von den in dieser Richtung gegebenen Vorschriften abgewichen sind.

278. Militärpersonen, die nach den in der Militärverwaltung bestehenden Bestimmungen kein Recht zur Eingehung einer Ehe haben, unterliegen in jedem Falle der vom Gesetze bestimmten Bestrafung, wenn sie eine nicht verheiratete Frauensperson durch ein feierliches Heiratsversprechen verführen.

279. Zur Kriegszeit werden diejenigen, die der vorsätzlichen Tötung, Vergewaltigung, des Raubes, der Plünderung und der vorsätzlichen Brandstiftung oder Überschwemmung fremden Eigentums schuldig sind, verurteilt:

zur Aberkennung aller Standesrechte und zur Todesstrafe.

Fünfter Teil.

Von den Strafen der bei den Disziplinarbataillonen oder Kompagnien in Haft Befindlichen.

280. Die bei den Disziplinarbataillonen oder Kompagnien in Haft befindlichen Personen der unteren Dienstgrade, die solcher Verbrechen und Vergehen schuldig sind, die eine Bestrafung nach gerichtlichem Urteil nach sich ziehen, werden dem Militärgericht überwiesen und werden zu den durch die Militärstrafgesetze bestimmten Strafen unter Beobachtung folgender Bestimmungen verurteilt:

a) für Straftaten, die Einzelhaft in einem Militärgefängnis nach sich ziehen, verfallen die Schuldigen:

der Fortdauer ihrer Haftzeit in dem Bataillon oder der Kompagnie von drei bis zu sechs Monaten und außerdem einer Karzerhaft von einem Monate bis zu einem Monate und zwei Wochen;

b) für Straftaten, welche die Überweisung an ein Disziplinarbataillon oder Kompagnie nach sich ziehen, werden die Schuldigen verurteilt:

zur Fortdauer ihrer Haftzeit in dem Bataillon oder der Kompagnie von einem Jahre bis zu drei Jahren und außerdem zur Karzerhaft auf die Dauer von einem Monat und zwei Wochen bis zu vier Monaten.

281 ist aufgehoben.

282. Den Eingesperrten kann während ihrer Karzerhaft mehrmals das Licht entzogen werden, sofern nur diese Entziehung nicht über acht Tage ununterbrochen dauert und mit zeitlichen Zwischenräumen von einer Woche.

Beilage I (zu Artikel 18).

Tabelle zur Bestimmung der Gleichwertigkeit einiger korrektioneller Strafen nach dem Militärstrafgesetzbuch mit den korrektionellen Strafen des Strafgesetzbuchs und ebenso der Gleichwertigkeit der korrektionellen Strafen, denen Offiziere und Zivilbeamte der Militärverwaltung unterliegen, mit den für die Militärpersonen der unteren Dienstgrade bestimmten korrektionellen Strafen.

Korrektionelle Strafen nach dem Strafgesetzbuch	Korrektionelle Strafen nach dem Militärstrafgesetzbuch	
	für Offiziere und Militärbeamte	für Militärpersonen der unteren Dienstgrade
I. Zeitliche Einschließung in ein Gefängnis: 1. Stufe: auf die Dauer von acht Monaten bis zu einem Jahre und vier Monaten. 2. Stufe: auf die Dauer von vier bis zu acht Monaten. 3. Stufe: auf die Dauer von zwei bis zu vier Monaten.	I. Haft auf der Hauptwache mit Beschränkung einiger Rechte und Vorrechte im Dienste: 1. Stufe: auf die Dauer von vier bis zu sechs Monaten. 2. Stufe: auf die Dauer von drei bis zu vier Monaten.	I. Einzelhaft in einem Militärgefängnis: 1. Stufe: auf die Dauer von drei bis zu vier Monaten. 2. Stufe: auf die Dauer von zwei Monaten und zwei Wochen bis zu drei Monaten. 3. Stufe: auf die Dauer von zwei Monaten bis zu zwei Monaten und zwei Wochen. 4. Stufe: auf die Dauer von einem Monat und zwei Wochen bis zu zwei Monaten. 5. Stufe: auf die Dauer von einem Monat bis zu einem Monat und zwei Wochen. Der mit der Einzelhaft verbundene Verlust der Rechte und Vorrechte bestimmt sich auf der im Artikel 52 dieses Gesetzes gegebenen Grundlage.
II. Kurzfristiger Arrest: 1. Stufe: auf die Dauer von drei Wochen bis zu drei Monaten.	II. Haft auf der Hauptwache ohne alle Beschränkung der Rechte und Vorrechte im Dienste auf die Dauer von einem bis zu drei Monaten. Anmerkung. Wenn der Beschuldigte einer strafbaren Handlung schuldig erscheint, für welche nach den allgemeinen Strafgesetzen Einschließung in ein Gefängnis bestimmt ist, und das Gericht gleichzeitig seine Entlassung aus dem Dienste für notwendig hält, so wird er auf gleicher Grundlage wie die Zivilpersonen zur Einschließung in ein Gefängnis verurteilt.	
2 Stufe: auf die Dauer von sieben Tagen bis zu drei Wochen. 3. Stufe: auf die Dauer von drei bis zu sieben Tagen. 4. Stufe: auf die Dauer von einem bis zu drei Tagen. III. Verweise in Gegenwart des Gerichts, gelinde Verweise und Erinnerungen.	III. Disziplinarstrafen nach dem Disziplinargesetz (Kodex der Militärgesetze 1869, Buch XXIII, Ausg. 3).	II. Disziplinarstrafen nach dem Disziplinargesetz (Kodex der Militärgesetze 1869, Buch XXIII, Ausg. 3).
IV. Geldstrafen.	IV. Geldstrafen.	III. Geldstrafen.

Ergänzung. Bei Festsetzung der für Straftaten in Gemäßheit des Strafgesetzbuches zu bestimmenden Festungs- und Gefängnishaft gegen Militärpersonen sind folgende Vorschriften zu beobachten:

1. Die Verurteilung von Offizieren, Militärbeamten, Anwärtern für das Klassenamt und von Personen, die den letzteren nach der dienstlichen Stellung gleichgestellt sind, zur Einschließung in eine Festung auf eine Zeitdauer über ein Jahr wird von der Entlassung aus dem aktiven Dienste begleitet.

2. Für Offiziere, Militärbeamte und Anwärter für das Klassenamt wird auf die nach dem Strafgesetzbuch zu bestimmende, mit der Aberkennung der Standesrechte nicht verbundene Einschließung in ein Gefängnis auf eine Zeitdauer nicht über neun Monate nur in dem Falle erkannt, wenn das Gericht nach den Tatumständen die Entlassung des Verurteilten aus dem Dienste für notwendig erachtet.

3. Die Verurteilung von Militärpersonen der unteren Dienstgrade, die über die Militärdienstzeit hinaus dienen, zur Einschließung in eine Festung auf eine Zeitdauer über einen Monat, oder in ein Gefängnis auf eine Zeitdauer über drei Wochen, oder zur Arreststrafe auf eine Zeitdauer über zwei Monate wird von der Dienstentlassung begleitet.

4. Für die im aktiven Militärdienst stehenden Offiziere, Militärbeamte und Anwärter für das Klassenamt werden die nach dem Strafgesetzbuch zu bestimmende Einschließung in eine Festung auf die Zeitdauer nicht über ein Jahr und die mit der Aberkennung der Standesrechte nicht verbundene Einschließung in ein Gefängnis auf die Zeitdauer nicht über neun Monate ersetzt: die Einschließung in eine Festung auf die Zeitdauer nicht über einen Monat durch Arrest auf der Hauptwache auf die gleiche Zeitdauer; die Einschließung in eine Festung auf die Zeitdauer von einem bis zu sechs Monaten durch Haft auf der Hauptwache auf die gleiche Zeitdauer; die Einschließung in eine Festung auf die Zeitdauer von sechs Monaten bis zu einem Jahre durch zeitliche Einschließung in eine Festung (Artikel 25 dieses Gesetzes) auf die gleiche Zeitdauer; die Einschließung in ein Gefängnis auf die Zeitdauer bis zu einem Monat durch Arrest auf der Hauptwache unter Erhöhung der Zeitdauer um ein Drittel; die Einschließung in ein Gefängnis auf die Zeitdauer von einem bis zu fünf Monaten durch Haft auf der Hauptwache unter Erhöhung der Zeitdauer um ein Drittel; die Einschließung in ein Gefängnis auf die Zeitdauer über fünf bis zu neun Monaten durch Einschließung in eine Festung unter Erhöhung der Zeitdauer um ein Drittel.

5. Für die Personen der unteren Dienstgrade, die über die Militärdienstzeit hinaus dienen, werden die nach dem Strafgesetzbuch zu bestimmende Einschließung in eine Festung nicht über einen Monat und die mit der Aberkennung der Standesrechte nicht verbundene Einschließung in ein Gefängnis auf die Zeitdauer nicht über drei Wochen ersetzt: die Einschließung in eine Festung durch Arrest

auf der Hauptwache auf die gleiche Zeitdauer; die Einschließung in ein Gefängnis durch Arrest auf der Hauptwache unter Erhöhung der Zeitdauer um ein Drittel.

6. Für die übrigen im aktiven Dienst stehenden Personen der unteren Dienstgrade werden die nach dem Strafgesetzbuch zu bestimmende Einschließung in eine Festung und die mit der Aberkennung der Standesrechte nicht verbundene Einschließung in ein Gefängnis ersetzt: die Einschließung in eine Festung auf die Zeitdauer nicht über einen Monat durch einfachen Arrest auf die gleiche Zeitdauer; die Einschließung in eine Festung auf die Zeitdauer über einen Monat bis zu fünf Monaten durch Einschließung in ein Militärgefängnis und Herabsetzung der Zeitdauer um ein Viertel; die Einschließung in eine Festung auf die Zeitdauer über fünf Monate durch Einschließung in eine Disziplinarabteilung auf die gleiche Zeitdauer unter Beobachtung der unten in Ziffer 9 gegebenen Vorschriften; die Einschließung in ein Gefängnis auf die Zeitdauer nicht über drei Wochen durch einfachen Arrest unter Erhöhung der Zeitdauer um ein Drittel; die Einschließung in ein Gefängnis auf die Zeitdauer von einem bis zu vier Monaten durch Einschließung in ein Militärgefängnis auf die gleiche Zeitdauer; die Einschließung in ein Gefängnis auf die Zeitdauer über vier Monate durch Einschließung in eine Disziplinarabteilung unter Erhöhung der Zeitdauer um ein Drittel.

7. In allen Fällen der Ersetzung der nach dem Strafgesetzbuch zu bestimmenden Festungs- und Gefängnishaft durch Militärstrafen ziehen diese letzteren die für diese Strafen im Militärstrafgesetzbuch festgesetzten Folgen nach sich.

8. Die Einschließung in eine Festung von sechs Monaten bis zu einem Jahre wird im Falle großer Entfernung der Festungen oder des Mangels an freien Räumen in denselben durch Haft auf der Hauptwache auf die gleiche Zeitdauer ersetzt.

9. Die Personen der unteren Dienstgrade, welche eine Strafe in einer Disziplinarabteilung verbüßen, werden an Stelle der gegen sie gerichtlich erkannten allgemeinen Kriminalstrafen nach Beendigung ihres aktiven Dienstes an die Zivilbehörden zur Verbüßung der noch verbleibenden Strafzeit in den zuständigen allgemeinen Haftlokalitäten überwiesen.

Anmerkungen.

I. Die durch das Strafgesetzbuch für einige Verbrechen und Vergehen bestimmte zeitige Einschließung in eine Festung und ein bürgerliches Gefängnis unter Aberkennung einiger besonderer Rechte und Vorrechte oder ohne Aberkennung derselben entspricht — für Offiziere und Militärbeamte — denselben Strafen und in derselben Stufenfolge, wie sie durch das (neue) Strafgesetzbuch (vom 22. März 1903) bestimmt sind. Für die Personen jedoch der unteren Dienstgrade entsprechen die erwähnten Strafen: die zeitige Einschließung in eine Festung und Gefängnis unter Aberkennung einiger Rechte und Vorrechte: der Überweisung an ein Disziplinarbataillon oder Kompagnie unter Verlust einiger besonderen, dem Verurteilten persönlich und seinem Stande oder Amte nach zugeeigneten oder durch den Dienst erworbenen Rechte und Vorrechte gemäß Artikel 50[1] dieses Gesetzes, und die zeitige Einschließung in eine Festung und Gefängnis ohne Aberkennung der Rechte und Vorrechte: der Einzelhaft in einem Militärgefängnis in nachstehender Stufenfolge:

1. Einschließung in eine Festung unter Aberkennung einiger besonderer Rechte und Vorrechte:

1. Stufe: auf die Dauer von zwei Jahren und acht Monaten bis zu vier Jahren: der Überweisung an ein Disziplinarbataillon oder Kompagnie nach der ersten Stufe dieser Strafe, d. h. auf die Dauer von zwei Jahren und sechs Monaten bis zu drei Jahren.

2. Stufe: auf die Dauer von einem Jahre und vier Monaten bis zu zwei Jahren und acht Monaten: der Überweisung an ein Disziplinarbataillon oder Kompagnie nach der zweiten Stufe dieser Strafe, d. h. auf die Dauer von zwei Jahren bis zu zwei Jahren und sechs Monaten.

2. Einschließung in ein bürgerliches Gefängnis unter Aberkennung einiger besonderer Rechte und Vorrechte:

1. Stufe: auf die Dauer von einem Jahre und vier Monaten bis zu zwei Jahren: der Überweisung an ein Disziplinarbataillon oder Kompagnie nach der dritten Stufe dieser Strafe, d. h. auf die Dauer von einem Jahre und sechs Monaten bis zu zwei Jahren.

2. Stufe: auf die Dauer von acht Monaten bis zu einem Jahre und vier Monaten: der Überweisung an ein Disziplinarbataillon oder Kompagnie nach der vierten Stufe dieser Strafe, d. h. auf die Dauer von einem Jahre bis zu einem Jahre und sechs Monaten.

3. Einschließung in eine Festung ohne alle Beschränkung der Rechte und Vorrechte:

1. Stufe: auf die Dauer von acht Monaten bis zu einem Jahre und vier Monaten: der Einzelhaft in einem Militärgefängnis nach der ersten Stufe dieser Strafe, d. h. auf die Dauer von drei bis zu vier Monaten.

2. Stufe: auf die Dauer von vier bis zu acht Monaten: der Einzelhaft in einem Militärgefängnis nach der zweiten Stufe dieser Strafe, d. h. auf die Dauer von zwei Monaten und zwei Wochen bis zu drei Monaten.

3. Stufe: auf die Dauer von einem bis zu vier Monaten: der Einzelhaft in einem Militärgefängnis nach der dritten Stufe dieser Strafe, d. h. auf die Dauer von zwei Monaten bis zu zwei Monaten und zwei Wochen.

II. Wenn für Verbrechen und Vergehen, die den Ausschluß aus dem Dienste, Degradation zum Gemeinen, Verabschiedung vom Dienste, Entlassung aus dem Amte und Einschließung in eine Festung nach sich ziehen, eine besondere Strafe für Personen der unteren Dienstgrade nicht bestimmt ist, so werden sie verurteilt:

1. anstatt des Ausschlusses aus dem Dienste unter Aberkennung der Dienstgrade und der Degradation zum Gemeinen: zur Überweisung an ein Disziplinarbataillon oder Kompagnie nach der ersten und zweiten Stufe dieser Strafe;
2. anstatt des Ausschlusses aus dem Dienste ohne Aberkennung der Dienstgrade: zur Überweisung an ein Disziplinarbataillon oder Kompagnie nach der dritten und vierten Stufe dieser Strafe;
3. anstatt der Verabschiedung vom Dienste: zur Einzelhaft in einem Militärgefängnis nach der ersten und zweiten Stufe dieser Strafe;
4. anstatt der Entlassung aus dem Amte: zur Einzelhaft in einem Militärgefängnis nach der fünften Stufe dieser Strafe;
5. anstatt der Einschließung in eine Festung auf die Zeitdauer von zwei Monaten bis zu vier Jahren (Artikel 24 und 25 dieses Gesetzes) werden Personen der unteren Dienstgrade verurteilt: zur Überweisung an ein Disziplinarbataillon oder Kompagnie oder zur Einzelhaft in einem Militärgefängnis in der durch Anmerkung I bestimmten Stufenfolge. Auf die Einschließung jedoch in eine Festung auf die Zeitdauer von vier bis zu sechs Jahren, die in den Artikeln 106, 111, 116, 148 und 175 dieses Gesetzes bestimmt ist, ebenso beim Übergang von der Zwangsarbeit zu dieser Strafe bei Milderung der Strafe für die in den Artikeln 98, 101 (Buchst. c.), 106, 107, 111, 157 und 159 dieses Gesetzes vorgesehenen Straftaten ist auch gegen Personen der unteren Dienstgrade zu erkennen (vgl. Art. 53[1]).

III ist gestrichen.

IV. Von den durch das Strafgesetzbuch bestimmten besonderen Strafarten und Strafen für Verbrechen und Vergehen im Dienste entsprechen der Ausschluß aus dem Dienste und die Entlassung aus dem Amte nach dem Militärstrafgesetzbuch:

a) der Ausschluß aus dem Dienste: dem Ausschluß aus dem Dienste ohne Aberkennung der Dienstgrade;

b) die Entlassung aus dem Amte: der Verabschiedung vom Dienste.

Alle andern durch das Strafgesetzbuch für Verbrechen und Vergehen im Dienste bestimmten (Geld-) Strafen werden den Militärpersonen auf Grund des Disziplinargesetzes (Kodex der Militärgesetze 1869 XXIII Ausg. 3) auferlegt.

V. Für die im Strafgesetz für Friedensrichter bezeichneten Straftaten verfallen Militärpersonen:

1. anstatt Gefängnis auf die Dauer über zwei Monate und des Arrestes auf die Dauer über drei Wochen: der Haft auf der Hauptwache oder der Einzelhaft in einem Militärgefängnis auf derselben Grundlage, wie in der oben angeführten Tabelle für die Ersetzung der bezeichneten Strafen nach dem Strafgesetzbuch dargelegt ist;
2. anstatt Gefängnis auf die Dauer nicht über zwei Monate, des Arrestes auf die Dauer nicht über drei Wochen, der Verweise, Ermahnungen und Vorhaltungen: den Disziplinarstrafen auf Grund des Disziplinargesetzes (Kodex der Militärgesetze 1869, XXIII Ausg. 3);
3. den durch das Strafgesetz für Friedensrichter bestimmten Geldstrafen unter Beobachtung der in den Artikeln 35—37 und 53 dieses Gesetzes gegebenen Vorschriften.

VI. Die den Personen der Landwehr für das nicht rechtzeitige Erscheinen zu den Unterrichtsappellen oder für die während der Zeit, wo sie sich bei diesen Appellen befinden, begangenen, mit einer Verletzung der Disziplinarvorschriften und der Pflichten des Militärdienstes verbundenen, Straftaten nach dem Militärstrafgesetzbuch aufzuerlegenden Strafen werden durch die Strafen des Strafgesetzbuchs nach folgenden Grundsätzen ersetzt: 1. anstatt der Einzelhaft in einem Militärgefängnis auf die gerichtlich nach den Militärgesetzen bestimmte Zeitdauer unterliegen die Landwehrleute der Einschließung in ein bürgerliches Gefängnis auf eine doppelt lange Zeitdauer ohne Beschränkung der Rechte und 2. anstatt der Überweisung an ein Disziplinarbataillon auf die gerichtlich nach den Militärgesetzen bestimmte Zeitdauer unterliegen die Landwehrleute der Einschließung in ein bürgerliches Gefängnis auf eine um ein Drittel verkürzte Zeitdauer ohne Beschränkung der Rechte (Art. 400 Band IV Swod sakonow, Militärpflichtgesetz Ausg. 1897).

VII. Die den Personen der unteren Dienstgrade der Reserve nach dem Militärstrafgesetzbuch aufzuerlegenden Strafen werden durch die Strafen des Strafgesetzbuchs nach folgenden Grundsätzen ersetzt: 1. die Disziplinarstrafen: durch kurzfristigen Arrest nicht über drei Wochen; dieser Ersatz ist nur in den Fällen zulässig, wo die Vollstreckung der Disziplinarstrafe während der aktiven Dienstleistung der Reservisten oder während seiner Anwesenheit bei den Lehrappellen unmöglich ist; 2. die Einzelhaft in einem Militärgefängnis: durch Einschließung in ein bürgerliches Gefängnis unter Verdoppelung der im Artikel 51 dieses Gesetzes bestimmten Zeitdauer ohne Beschränkung der Rechte; 3. die Überweisung an ein Disziplinarbataillon oder Kompagnie: durch Einschließung in ein bürgerliches Gefängnis auf die im Artikel 49 dieses Gesetzes bestimmten Zeitdauer, gleichfalls ohne Beschränkung der Rechte; 4. die Verurteilung zu den Strafen, welche die Einzelhaft in einem Militärgefängnis und die Überweisung an ein Disziplinarbataillon oder Kompagnie ersetzen, ist für die Personen der unteren Dienstgrade der Reserve vom Unteroffiziers- und Gefreitenstande mit der Aberkennung dieses Standes verbunden.

Beilage II (zu Artikel 59).

Zeitweilige Vorschriften über die Ersetzung der Einzelhaft in einem Militärgefängnis.

In den Orten, wo Militärgefängnisse noch nicht eingerichtet sind, ist die Einzelhaft in einem Militärgefängnis für die Personen der unteren Dienstgrade durch Arresthaft bei Wasser und Brot unter Versetzung in die Bestraftenklasse zu ersetzen:

in erster Stufe: auf die Dauer von 7 bis 8 Wochen;
in zweiter Stufe: auf die Dauer von 6 bis 7 Wochen;
in dritter Stufe: auf die Dauer von 5 bis 6 Wochen;
in vierter Stufe: auf die Dauer von 4 bis 5 Wochen;
in fünfter Stufe: auf die Dauer von 3 bis 4 Wochen.

Anmerkung 1. Bei der Arresthaft in Gemäßheit dieser Bestimmungen ist das in Ziffer 2 des Artikels 74 des Disziplinargesetzes (Kodex der Militärgesetze 1869, XXIII Ausg. 3) vorgeschriebene Verfahren für strengen Arrest zu beobachten.

Anmerkung 2. Die den Personen der unteren Dienstgrade der in den Gouvernements Olonetzk und Archangelsk belegenen Truppen auferlegte Einzelhaft in einem Militärgefängnis wird in Gemäßheit der in dieser Beilage gegebenen Bestimmungen ersetzt.

II. Anhang zum Militärstrafgesetzbuch.

Das Disziplinargesetz.

Kodex der Militärges. 1869, Buch XXIII, Ausg. 3, eine kurze Skizze der hauptsächlichsten Bestimmungen.

Das russische Disziplinargesetz für Militärpersonen ergänzt in wesentlichen Teilen das Militärstrafgesetzbuch, weil dieses für eine Anzahl von leichteren Straftaten nur eine Disziplinarstrafe vorsieht, bei andern wieder eine solche und eine kriminelle Strafe wahlweise zuläßt. Zu den ersteren gehören die Straftaten aus den Artikeln des Mil. St. G. B.: 101 Buchst. a, 108 Abs. 1, 129 Abs. 1, 140 Abs. 2, 151 Abs. 1, 171 Abs. 1, 174 Abs. 1, 188 Abs. 1, 190, 203 Abs. 1, 208 Abs. 1, 209 Abs. 1, 215, 216 Abs. 1, 224 Abs. 2, 226 Abs. 1, 229 Abs. 1, 237 Abs. 1, 238.

Eine kriminelle und eine Disziplinarstrafe wahlweise zugelassen sind bei den Straftaten aus den Artikeln des Mil. St. G. B.: 96 Abs. 1, 104 Abs. 1, 122 Abs. 1, 124, 147, 148 Abs. 1, 153, 155 Abs. 2, 159^{1}, 161, 169, 173, 177, 178, 179, 182, 183, 184^{1}, 185 Abs. 1, 186, 189 Abs. 1, 192 Abs. 1, 193, 195 Abs. 1, 196, 197 Abs. 1, 204, 205, 211, 212, 213 Abs. 1, 217, 223 Abs. 1, 228, 239 Abs. 1, 249, 273^{4}.

In einer ganzen Reihe von Fällen endlich sind in dem geltenden bürgerlichen Strafgesetzbuch und in dem Strafgesetz für Friedensrichter sowie in dem neuen Strafgesetzbuch vom 22. März 1903 Strafen bestimmt, die für Militärpersonen entweder durch Disziplinarstrafen zu ersetzen sind oder durch solche ersetzt werden können.

Es sollen daher zum besseren Verständnis des anzuwendenden Militärstrafrechts nachstehend die wichtigsten Bestimmungen des Disziplinargesetzes in ganz knappen Umrissen wiedergegeben werden.

I.

„Die militärische Disziplin besteht in strenger und genauer Beobachtung der durch die Militärgesetze gegebenen Vorschriften. Sie verpflichtet daher zur genauen und widerspruchslosen Erfüllung der Anordnungen der vorgesetzten Behörde, zur strengen Beobachtung der Achtungsbezeigung, zur Wahrung der Ordnung in dem anvertrauten Kommando, zur gewissenhaften Erfüllung der Dienstpflichten sowie dazu, die Vergehen und die Unterlassungen der Untergebenen nicht ungestraft zu lassen.“

Aus dieser im Art. 1 D. G. gegebenen Definition der Militärdisziplin werden dann weiter die Folgen in der Anwendung dieses Grundsatzes entwickelt, die aber zum Teil in das eigentliche Strafrecht hinübergreifen.

Nach Art. 7 Ges. unterstehen dem Disziplinargesetz die Militärpersonen aller Waffengattungen, die Grenzwachen wie die Gendarmeriekorps, die bürgerlichen Beamten im Militärressort wie die Schüler, Studenten und Lehrkörper der verschiedenen militärischen Lehranstalten und Institutionen, ebenso die Personen des Beurlaubtenstandes, der Reserve und der Landwehr, die letzteren soweit sie zu Übungen einberufen oder in Uniform sind, und endlich Kriegsgefangene.

Die Disziplinarstrafen werden für geringfügige, dienstliche wie außerdienstliche, Vergehen ohne gerichtliches Verfahren durch den zuständigen Vorgesetzten verhängt, der auch darüber entscheidet, ob ein Vergehen, für welches eine kriminelle und wahlweise eine Disziplinarstrafe zugelassen sind, der gerichtlichen Verfolgung oder der disziplinaren Ahndung unterliegen soll. Die Verhängung einer Disziplinarstrafe in den Fällen, wo eine kriminelle Strafe bestimmt ist, schließt die gerichtliche Verurteilung wegen desselben Vergehens nicht aus (Artikel 8—12).

II.

Die Disziplinarstrafen für die unteren Chargen (Personen der unteren Dienstgrade) sind anders als diejenigen für Offiziere und im Offiziersrange Stehende. Zu den unteren Chargen zählen die Militärpersonen vom Fahnenjunker, Fähnrich oder Feldwebel abwärts; zu den Offizieren werden gerechnet die im Range eines Unterleutnants stehenden Militärpersonen und aufwärts.

1. Für die unteren Chargen bestehen folgende Disziplinarstrafen:
   a) Vorhaltungen und Verweise;
   b) Kasernenarrest bis zu einem Monat;
   c) Haft auf der Hauptwache bis zu einem Monat;
   d) Dienstleistung außer der Reihenfolge bis zu acht Dienstpensa;
   e) einfacher Arrest bis zu einem Monat;
   f) strenger Arrest bis zu zwanzig Tagen;
   g) verschärfter Arrest bis zu acht Tagen;
   h) Versetzung in ein niedrigeres Amt mit geringeren Bezügen;
   i) Entziehung der Qualifikation zur Offiziersbeförderung;
   k) Entziehung der Charge;
   l) Entlassung aus dem Dienste.

Die einzelnen Disziplinarstrafen stufen sich nach den Chargen ab; so sind Vorhaltungen und Verweise als Strafen erst vom Unteroffizier aufwärts zulässig; dagegen kann verschärfter Arrest gegen diese Chargen und vom Feldwebel aufwärts auch strenger Arrest nicht verhängt werden, und für Kapitulanten in Feldwebelstellung fällt der Arrest überhaupt fort. Für Freiwillige und solche, die auf Grund des gesetzlichen Bildungszensus der zweijährigen Dienstzeit unterliegen, wird der einfache Arrest, wie unter IV angegeben, ersetzt. Eine Kumulation der Disziplinarstrafen ist zulässig

Die Versetzung in die Bestraftenklasse, die auch nur auf untere Chargen Anwendung findet, ist nur auf Grund eines gerichtlichen Urteils, nicht aber als Disziplinarstrafe zulässig (Art. 18[1]).

Die Disziplinarstrafgewalt stuft sich nach dem Range des Vorgesetzten ab, und zwar vom Divisionskommandeur abwärts bis zu den in der Stellung von jüngeren Unteroffizieren befindlichen besonderen Vorgesetzten (Art. 21—32).

2. Gegen Offiziere und Militärbeamte können folgende Disziplinarstrafen verhängt werden:

a) Vorhaltung und Verweis, mündlich und schriftlich;
b) Vorhaltung und Verweis vor den versammelten Offizieren;
c) Vorhaltung und Verweis durch Tagesbefehl;
d) Hausarrest und Arrest auf der Hauptwache bis zu einem Monat;
e) die Entziehung der Qualifikation zur Beförderung;
f) Entfernung aus dem Amte oder vom Kommando.

Gegen Generale, Militärbeamte der ersten vier Rangklassen und Regimentskommandeure kann Arrest nur auf Allerhöchsten Befehl verhängt werden (Art. 33—36).

Auch hier bemißt sich der Umfang der Strafgewalt nach dem Range des Vorgesetzten und seiner Stellung gegenüber dem zu bestrafenden Untergebenen, wobei der Kriegsminister die Disziplinarbefugnisse des Chefs eines Militärbezirks (die höchste Disziplinargewalt) hinsichtlich aller Personen seines Ressorts ausüben kann (Art. 37—48).

III.

Die Ausübung der Disziplinarstrafgewalt steht in der Regel nur dem direkten Vorgesetzten gegenüber dem Untergebenen zu; und nur in Ausnahmefällen können die Befehlshaber von Garnisonen, Militärgouverneure, Kommandanten, die Chefs von Feldlagern innerhalb ihres Machtbereiches und in den Grenzen ihrer Strafbefugnis auch gegen Nichtuntergebene die Arreststrafe verhängen, wenn der Fall dringend ist, oder wenn der direkte Vorgesetzte des zu Bestrafenden nicht am Platze ist, oder wenn der direkte Vorgesetzte eine geringere Disziplinargewalt hat als die genannten Befehlshaber. In allen diesen Fällen ist aber an die vorgesetzte Behörde über die Bestrafung zu berichten (Art. 54, 49).

Der höhere Vorgesetzte ist nicht berechtigt, die verhängte Disziplinarstrafe des direkten Vorgesetzten wegen zu großer Strenge abzuändern, sofern der direkte Vorgesetzte seine Disziplinarbefugnisse nicht überschritten hat. Dagegen kann der höhere Vorgesetzte die Strafe selbst bestimmen, wenn er die Verfehlung feststellt, falls ihm vom direkten Vorgesetzten die Straffestsetzung überlassen ist, oder wenn er feststellt, daß eine Verfehlung ohne Ahndung geblieben ist (Art. 57, 58).

Der Dienstentlassung im Disziplinarwege muß ein Ermittelungsverfahren und die Festsetzung einer Frist vorangehen, innerhalb welcher dem Beschuldigten anheimgegeben wird, freiwillig seine Verabschiedung nachzusuchen. Endgültig entscheidet über die Dienstentlassung: der Oberoffiziere und der ihnen gleichstehenden Militärbeamten — der Korpskommandeur, der Stabsoffiziere und der ihnen gleichstehenden Militärbeamten — der Chef des Militärbezirks. Generale, Stabsoffiziere im Range von Regimentskommandeuren und Militärbeamte der ersten fünf Rangklassen können auch wegen Verfehlungen, die an sich die Dienstentlassung nicht rechtfertigen, aber wegen ihrer vielfachen Wiederholung oder wegen ihrer Bedeutung die Entfernung des Beschuldigten aus seiner dienstlichen Stellung zweckdienlich erscheinen lassen, durch Allerhöchste Entschließung aus dem Dienste entlassen werden (Art. 59—69[1]).

Offiziere und Militärbeamte, die im Disziplinarwege aus dem Dienste entlassen sind, behalten das Recht auf Pension, nicht dagegen auf die Uniform (Art. 69).

IV.

Die Vollstreckung der Disziplinarstrafen geschieht in der Regel sofort. Eine etwa gegen die Strafverfügung erhobene Beschwerde hält die Vollstreckung nicht auf. An Personen im betrunkenen Zustande wird die Strafe nicht vollstreckt; die Vollstreckung wird vielmehr bis zu ihrer Ernüchterung ausgesetzt (Art. 71, 72, 82).

Die Arreststrafe gegen die unteren Chargen wird vollstreckt:

a) der einfache Arrest — in heller Einzelzelle bei gewöhnlicher Kost:

b) strenger Arrest — in heller Einzelzelle bei Wasser, Salz, Brot und Tee und warmer Kost an jedem dritten Tag;

c) verschärfter Arrest — in dunkler Zelle bei Wasser, Salz und Brot und warmer Kost an jedem dritten Tag. Die Lagerstätte ist in allen Fällen eine harte Pritsche (Art. 74).

Für Freiwillige und solche, die auf Grund des gesetzlichen Bildungszensus einer zweijährigen Dienstzeit unterliegen, wird der einfache Arrest durch Postenstehen unter Gewehr in voller Feldausrüstung ersetzt, und zwar für jeden Tag Arrest eine Stunde Postenstehen (Art. 20).

Die Arreststrafe an Offizieren und Militärbeamten wird vollstreckt:

a) Hausarrest — im Zimmer des zu Bestrafenden bei Verrichtung der dienstlichen Obliegenheiten oder ohne dienstliche Beschäftigung, jedenfalls unter Belassung der Waffe;

b) die Haft auf der Hauptwache — in einem besonderen Zimmer der Hauptwache unter Aufsicht des Dejouroffiziers und nötigenfalls eines besonderen Postens. Dem Häftling wird hierbei die Waffe abgenommen und dienstliche Verrichtungen werden ihm nicht gestattet (Art. 78, 79).

Geldbußen sind im Disziplinargesetz nicht vorgesehen und als Disziplinarstrafen nicht zulässig. Das Militärstrafgesetzbuch aber sieht in den Artikeln 220, 222, 225, 227, 232 Abs. 1 und 2, 235 Abs. 2, 240 Geldstrafen vor. Außerdem weisen die geltenden bürgerlichen Strafgesetze zahlreiche Fälle auf, wo für geringere Vergehen Geldstrafen bestimmt sind. Wenn nun in diesen Fällen die Verfehlung, für welche die Geldstrafe gesetzlich zulässig ist, geringfügiger Natur und nicht aus eigennützigen Beweggründen, sondern aus Unachtsamkeit bei der Verwaltung staatlichen Vermögens begangen ist, so kann die Geldstrafe im Disziplinarwege festgesetzt werden. Ist hierbei die Folge der Verfehlung ein staatlicher Schaden gewesen, so hat der Vorgesetzte neben Festsetzung der Geldstrafe auch die Höhe des Schadens festzustellen und die Maßnahmen zum Ersatz dieses Schadens gegen den Schuldigen zu treffen (Art. 116–118).

Betrifft die geringfügige Verfehlung, für welche eine Geldstrafe im Disziplinarwege zu verhängen ist, die persönliche Beteiligung oder den Schaden einer privaten Person, so kann der Vorgesetzte, welcher die Disziplinargewalt ausübt, auf Antrag des Verletzten auch den der Höhe nach nicht streitigen Geldbetrag für die Ehrenkränkung oder den Schaden festsetzen, im andern Fall ist der Verletzte mit seinem Anspruch auf den ordentlichen Prozeßweg zu verweisen. Übersteigt ein solcher Schadensbetrag nicht die Summe von 30 Rubeln, so wird er ohne Rücksicht auf die Einwendungen des Verletzten im Disziplinarwege festgesetzt (Art. 119, 120).

Die Geldentschädigung für eine zugefügte Beleidigung ist nur gegen Offiziere zulässig und wenn der Verletzte keine Militärperson ist. (Art. 121). Gegen untere Chargen ist die Festsetzung einer Geldstrafe überhaupt nur zulässig, wenn sie eigenes Vermögen besitzen; ein Abzug von ihrem Gehalt ist in keinem Falle zulässig (Art. 128). In solchen Fällen ist gegen sie die Geldstrafe nach Art. 60 MStG. u. a. zu ersetzen.

Zuständig für die Festsetzung von Geldstrafen ist der direkte Vorgesetzte vom Regimentskommandeur an (bis 100 Rubel) bis hinauf zum Kriegsminister (über 900 Rubel) (Art. 122).

Nach Art. 1124 und 1214 der StPO. sind die Zivilverwaltungsbehörden auf dem Gebiete der Staatsverwaltung, des Medizinalwesens, des Seeverkehrs u. a. m. berechtigt, ohne gerichtliches Verfahren selbständig Geldstrafen für gewisse Übertretungen festzusetzen. Diese Zuständigkeit bleibt den Administrativbehörden auch den Militärpersonen gegenüber, falls die Geldstrafen nicht mit einer persönlichen Strafe verbunden sind; nur müssen sich die Administrativbehörden wegen Beitreibung und im Falle der Nichtzahlung der Strafe mit der vorgesetzten Militärbehörde des Schuldigen ins Einvernehmen setzen (Art. 125, 126).

Gegen die Festsetzung einer Geldstrafe ist die Beschwerde innerhalb einer Frist von drei Monaten vom Tage der Mitteilung der Festsetzung gegeben (Art. 127).

V.

Bei jeder Kompagnie und außerdem bei jedem Regiment werden Listen der Bestraftenklasse geführt, in welche die Personen der unteren Dienstgrade, die eine Strafe erlitten und durch gerichtliches Urteil in die Bestraftenklasse versetzt sind, eingetragen werden. Bei guter Führung können die Bestraften innerhalb eines Jahres nach verbüßter Strafe und in Ausnahmefällen innerhalb eines halben Jahres und als Belohnung für eine löbliche Handlung noch früher auf Anordnung des Regimentskommandeurs aus der Liste gestrichen werden (Art. 83, 86).

Solange sie in der Bestraftenliste nicht gestrichen sind, unterliegen die Personen der unteren Dienstgrade erheblichen Beschränkungen: sie sind von der Beförderung und Verwendung zu Ehrenposten ausgeschlossen, erhalten keinen Urlaub und können den Kasernenhof nur mit Genehmigung des Kompagniechefs und nur bis zum Abendappell verlassen; im Falle ihrer Disziplinarbestrafung kann gegen sie Kasernenarrest (Verbot des Verlassens des Kasernenhofs) bis zu zwei Monaten verhängt werden (Art. 84).

VI.

Bei jedem Regiment werden zwei Arten Straflisten geführt: für die unteren Chargen und für Offiziere. In die Straflisten werden sowohl die gerichtlichen wie die Disziplinarstrafen eingetragen, mit Ausnahme der mündlich erteilten Verweise und Vorhaltungen, die nicht eingetragen werden. Dagegen gelangen die Disziplinarstrafen zur Eintragung in die Strafrubrik der Dienstlisten nur zufolge Allerhöchsten Befehls. Indessen werden Strafversetzungen, Amts- oder Dienstentlassungen und Entziehungen der Charge oder des Ranges, auch wenn im Disziplinarwege erfolgt, in die Strafrubrik der Dienstlisten eingetragen (Art. 89—97).

VII.

Das Beschwerderecht ist den Personen der unteren Dienstgrade gegeben: wegen ungerechter Behandlung, wegen Verhängung von Disziplinarstrafen in ungerechtfertigter Weise, jedoch nicht wegen zu großer Strenge der Strafe, wegen Vorenthaltung der ihnen zustehenden Bezüge, oder wegen Mängel der Verpflegungsgegenstände und wegen Beeinträchtigung ihrer Rechte und Vorrechte (Art. 99, 102).

Die Beschwerde kann nur der Beschwerdeführer für seine Person, nicht für einen andern und nicht kollektiv vorbringen. Auch Zusammenkünfte und Beratungen von mehreren Personen über den Gegenstand einer zu erhebenden Beschwerde ist unzulässig. Die Beschwerde kann nur gelegentlich der nächsten Inspektions- oder Revisionsbesichtigung vorgebracht werden, und nur, wenn der Beschwerdeführer bei der zunächst stattgehabten Inspektion fehlte, oder wenn er sie da aus erheblichen Gründen nicht anbringen konnte, kann die Beschwerde auch außerhalb der Inspektionsbesichtigungen, aber nie in der Front und nie bei Verrichtung des Dienstes vorgebracht werden. Letzterenfalls muß die Beschwerde vor demjenigen Vorgesetzten erhoben werden, dem derjenige, gegen den die Beschwerde sich richtet, unmittelbar untergeordnet ist, und kann die Beschwerde eine bestimmte Person nicht angeben, so ist sie im Instanzenzuge an das zuständige Kommando zu richten. Beschwerden, die eine gerichtlich verfolgbare strafbare Handlung zum Gegenstande haben, können innerhalb der für die Straftat bestimmten Verjährungsfrist jederzeit erhoben werden. Hat der Beschwerdeführer innerhalb eines Monats nach erhobener Beschwerde keinen Bescheid erhalten, kann er über diese Rechtsverweigerung instanzenmäßig weitere Beschwerde führen (Art. 103—112).

Wissentlich falsche Beschwerde, Verletzung der Vorschriften über den Instanzenweg, der Wohlanständigkeit und der Subordination, ebenso eine Belästigung der Behörde mit unbegründeten Beschwerden, haben für den Beschwerdeführer Bestrafung gemäß Art. 171, 172 MStGB. — evt. auch wegen Verleumdung — zur Folge (Art. 109).

Alle Beschwerden werden in das Beschwerdebuch der Kompagnie nebst dem Ergebnis eingetragen (Art. 113).

VIII.

Offiziersehrengerichte bestehen bei den Regimentern, bei den besonderen Bataillonen, Artilleriebrigaden und können auch bei anderen Heeresabteilungen eingerichtet werden (Art. 134).

Der Aburteilung durch die Offiziersehrengerichte unterliegen Handlungen, für die keine gerichtliche oder disziplinare Bestrafung vorgesehen ist, die aber ein tadelhaftes und mit dem Offiziersstande nicht vereinbares Verhalten des Offiziers darstellen, ebenso Streitigkeiten unter den Offizieren. Handlungen eines Offiziers, die eine Verletzung der Dienstpflichten darstellen, gehören nicht zur Zuständigkeit der Ehrengerichte. Darüber, ob eine Sache dem Ehrengericht zu unterbreiten ist, entscheidet der Regimentskommandeur. Dem Ehrengerichte unterstehen nur Oberoffiziere, nicht aber die Stabsoffiziere (Art. 130—133).

Die Offiziersehrengerichte bestehen bei den Regimentern aus 7, bei den andern Heeresabteilungen aus 5, aus der Mitte des betreffenden Offizierskorps einschließlich der Stabsoffiziere zu wählenden Mitgliedern, die mindestens im Range eines Stabskapitäns stehen müssen und nicht bestraft sein dürfen (Art. 135—137).

Der Hauptverhandlung vor dem Ehrengericht muß ein Ermittelungsverfahren vorangehen; nach Abschluß des Ermittelungsverfahrens entscheidet der Regimentskommandeur, ob die Hauptverhandlung stattzufinden hat oder nicht. Letztere findet in geheimer Sitzung ohne Zuziehung von Schreibkräften statt (Art. 140—154).

Das nach Stimmenmehrheit schriftlich darzulegende Urteil kann außer auf Freisprechung lauten auf a) Ermahnung, oder b) auf Entfernung vom Regiment (Art. 156).

Gegen das dem Regimentskommandeur vorzulegende Urteil steht nur dem Verurteilten das Rechtsmittel der Beschwerde zu. Die Beschwerde ist binnen drei Tagen nach Bekanntgabe des Urteils beim Regimentskommandeur anzubringen und kann sich nur darauf stützen, daß die Vorschriften dieses Gesetzes über das Ehrengericht nicht beobachtet sind, z. B. daß das Ehrengericht nicht auf Anordnung des Regimentskommandeurs zusammengetreten ist, daß es nicht vorschriftsmäßig besetzt war, daß der Verurteilte nicht geladen war, daß seine Beweisanträge abgelehnt wurden u. dergl. (Art. 157, 158).

Ueber die Beschwerde entscheidet der Regimentskommandeur, der auch von Amts wegen das Urteil aufheben und eine neue Verhandlung durch den Vorsitzenden des Ehrengerichts anordnen kann. Diese Entscheidung muß binnen 3 Tagen nach Zustellung des Urteils oder der Beschwerde erfolgen (Art. 159).

Lautet das endgiltige Urteil auf Entfernung des Verurteilten vom Regiment, so wird demselben eine dreitägige Frist zur Einreichung seines Abschieds gesetzt. Wird das Abschiedsgesuch in der gesetzten Frist nicht eingereicht, so hat der Regimentskommandeur den Antrag auf Ausführung des Urteils unter Beifügung der Akten an die Kommangogewalt zu richten. Die Folgen der Entfernung vom Regiment nach ehrengerichtlichem Urteil sind dieselben wie nach Disziplinarurteil (Art. 160–162).

Bei der Erledigung von Streitigkeiten unter Offizieren hat das Ehrengericht zu entscheiden, ob eine gütliche Beilegung des Streites tunlich ist, oder ob ein Zweikampf stattzufinden hat. Wird der Zweikampf innerhalb 2 Wochen nach Bekanntgabe der Entscheidung des Ehrengerichts nicht ausgeführt, und der Offizier, der den Zweikampf verweigert, reicht sein Abschiedsgesuch nicht ein, so veranlaßt der Regimentskommandeur dessen Verabschiedung durch die zuständige Kommandogewalt (Beilage zu Art. 130).

Für Stabsoffiziere bestehen keine Ehrengerichte. Ihre Entfernung vom Dienste erfolgt im Falle ihrer tadelhaften Führung auf Allerhöchste Entschließung (Art. 164).

III. Militärstrafgerichtsordnung.

(Buch XXIV des Kodex der Militärgesetze vom Jahre 1869, Ausgabe 3) in kurzer systematischer Darstellung.

A. Gerichtsverfassung.

Die Militärstrafgerichtsordnung findet Anwendung auf alle diejenigen Straffälle, die in dem Militärstrafgesetzbuch vorgesehen sind, und ihr Anwendungsgebiet umfaßt das gesamte russische Reich mit Einschluß der Militärbezirke von Finnland, Turkestan, Sibirien, Priamur und Orenburg (Art. 213, Anm. 2).

Zur Ausübung der Militärstrafgerichtsbarkeit bestehen drei Kategorien kollegialer Gerichte: Regimentsgerichte, Militärbezirksgerichte und zeitweilige Militärgerichte mit derselben Zuständigkeit wie Militärbezirksgerichte, und als Kassations- oder Revisionsinstanz der Oberste Militärgerichtshof in St. Petersburg. Die Untersuchung wird von Militäruntersuchungsrichtern geführt, und die Anklagebehörde wird von der Militärstaatsanwaltschaft gebildet: dem Oberstaatsanwalt und seinen Gehilfen beim Obersten Militärgerichtshof und den Militärstaatsanwälten und deren Gehilfen bei den andern Militärgerichten.

1. Regimentsgerichte sind bei allen Regimentern und denjenigen Truppenteilen eingerichtet, deren Kommandeure die Machtbefugnisse eines Regimentskommandeurs besitzen. Truppenteile, die nicht zum Frontdienst gehören oder deren Befehlshaber mit der Machtbefugnis eines Regimentskommandeurs nicht bekleidet sind, geben ihre Strafsachen an das nächstgelegene Militärgericht ab. Bei der Feldartillerie bestehen Brigadegerichte mit den Funktionen der Regimentsgerichte Art. 8—12, 20).

Die Regimentsgerichte bestehen aus einem Vorsitzenden und zwei Beisitzern (Mitgliedern), die von dem Befehlshaber desjenigen Heeresteiles, bei dem das Regimentsgericht besteht, ernannt werden, und zwar: der Vorsitzende für die Amtsdauer eines Jahres, die Beisitzer für die Dauer von sechs Monaten, mit der Maßgabe jedoch, daß alle drei Monate ein Mitglied der Reihenfolge nach ausscheidet und durch ein anderes ersetzt wird (a. a. O. Art. 14).

Der Vorsitzende ist in der Regel aus der Zahl der Bataillons- und Divisionskommandeure sowie der jüngeren Stabsoffiziere, die

Beisitzer aus der Zahl der Kompagnie- oder Eskadronschefs zu ernennen. Der Vorsitzende der Brigadegerichte bei der Feldartillerie ist den älteren Offizieren der Batterie, die Beisitzer den Offizieren, die mindestens vier Jahre Dienst in der Front getan haben, zu entnehmen (Art. 10–12).

Der Vorsitzende und die Beisitzer der Regimentsgerichte versehen, wenn sie vom Kommandeur nicht davon befreit sind, ihre dienstlichen Geschäfte neben den richterlichen Obliegenheiten (Art. 18).

Zur Geschäftsleitung bei den Regimentsgerichten wird vom Kommandeur ein Offizier bestimmt, der nach Bestimmung des Regimentskommandeurs in der geschäftsfreien Zeit Frontdienst zu verrichten hat (Art. 19).

2. Militärbezirksgerichte bestehen in jedem Militärbezirk. Der Militärbezirk Finnland hat kein eigenes Militärbezirksgericht, sondern untersteht dem Militärbezirksgericht von St. Petersburg (Art. 24).

Die Militärbezirksgerichte bestehen aus ständigen und zeitweiligen Mitgliedern. Der Vorsitzende des Gerichts und eine etatsmäßig bestimmte Anzahl Kriegsrichter gehören zu den ständigen Mitgliedern. Als zeitweilige Mitglieder werden zwei Stabs- und zwei Oberoffiziere und für den Fall ihrer Behinderung ein Stellvertreter auf die Dauer von vier Monaten ernannt mit der Maßgabe, daß alle zwei Monate ein Stabs- und ein Oberoffizier der Reihenfolge nach ausscheiden. Zu zeitweiligen Mitgliedern können nur solche Kompagnie- und Eskadronschefs, die mindestens vier Jahre Dienst in der Front getan haben, Kommandeure von Truppenteilen, die als solche mindestens zwei Jahre in ihrer Stellung waren, ältere Offiziere und jüngere Stabsoffiziere, die mindestens zwei Jahre eine Kompagnie befehligt haben, und Bataillons- und Divisionskommandeure ernannt werden (Art. 25—29, 35). Die zeitweiligen Mitglieder können nach der viermonatlichen Periode, für welche sie ernannt sind, von neuem zu diesem Amte nur nach Ablauf von zwei Jahren nach ihrem Ausscheiden ernannt werden (Art. 38). Für die Dauer ihrer Ernennung zu zeitweiligen Mitgliedern der Militärbezirksgerichte sind die Offiziere vom Dienst befreit; der Stellvertreter, der zwar an den Sitzungen teilnimmt, davon aber auch befreit werden kann, ist nur an den Sitzungstagen vom Dienst dispensiert (Art. 34, 36, 37).

Ist der Angeklagte ein Stabsoffizier, so werden in den ständigen Bestand der zeitweiligen Mitglieder anstatt der zwei Oberoffiziere zwei Stabsoffiziere berufen. Ist der Angeklagte ein Regimentskommandeur oder eine im gleichen Range stehende Person, so werden als die vier zeitweiligen Mitglieder des Gerichts Offiziere bestellt, die im Range von Generalen oder Regimentskommandeuren stehen. Ist der Angeklagte ein General oder ein Militärbeamter von gleichem Range, so werden bestellt: als Vorsitzender des Militärbezirksgerichts eines der ständigen militärischen Mitglieder des Obersten Militärgerichts und zu Beisitzern der Vorsitzende des Militärbezirks gerichts und vier Generale. Die Stellvertreter müssen denselben Erfordernissen genügen wie die Vertretenen (Art. 41—44).

Die Berufung der zeitweiligen Mitglieder der Militärbezirksgerichte und ihrer Stellvertreter erfolgt auf Verfügung des Chefs des Militärbezirks nach einer zu diesem Zwecke bei den Korpskommandeuren zu führenden Liste der für dieses Amt qualifizierten Offiziere. Der Vorsitzende des Gerichts, im Falle der Angeklagte eine im Generalsrange stehende Person ist, wird mit Allerhöchster Genehmigung bestellt (Art. 31, 32, 43).

3. Zur Aburteilung von Militärstrafsachen in den Orten, die von der Stadt, wo das Militärbezirksgericht sich befindet, zu weit entfernt ist, sowie in besonders wichtigen unaufschiebbaren Fällen der Verletzung der Militärdisziplin werden vom Chef des Militärbezirks zeitweilige Militärgerichte (derselben Ordnung wie die Militärbezirksgerichte,) in der Regel zweimal jährlich alle sechs Monate, zusammenberufen (Art. 45—52).

4. Als Kassations- oder Revisionsinstanz besteht in St. Petersburg der Oberste Militärgerichtshof in der Zusammensetzung von: einem Vorsitzenden, ständigen und auf Zeit berufenen (zeitweiligen) Mitgliedern. Die Zahl der ständigen Mitglieder ist etatsmäßig festgestellt; zu zeitweiligen Mitgliedern werden auf Vorschlag des Kriegsministers mit Allerhöchster Genehmigung zwei Generale und ein Stellvertreter, die in St. Petersburg oder in dessen Umgebung in Dienst sind, auf die Dauer von sechs Monaten mit der Maßgabe berufen, daß alle drei Monate einer der Reihenfolge nach ausscheidet. Eine Widerberufung nach Ablauf der sechsmonatigen Amtsdauer ist nur nach Verlauf von drei Jahren seit dem Ausscheiden zulässig.

In besonders wichtigen unaufschiebbaren Fällen der Verletzung der Militärdisziplin kann nach Ermessen des Chefs des Militärbezirks am Orte, wo das Militärbezirksgericht sich befindet, eine besondere Behörde zur Entscheidung über etwaige Proteste und Beschwerden des Staatsanwalts und der Angeklagten, betreffend das Prozeßverfahren, konstituiert werden. Dieses besondere Gericht besteht aus vier Mitglidern: zwei aus der Zahl der ständigen Mitglieder des Militärbezirksgerichts und zwei Generalen, und entscheidet über die bezeichneten Proteste und Beschwerden mit derselben Kompetenz wie der Oberste Militärgerichtshof (Art. 53—60).

5. Die Militäruntersuchungsrichter und Militärstaatsanwälte und deren Gehilfen sind Militärbeamte in ständiger Anstellung im Militärjustizdienst. Die Befähigung zur Bekleidung dieser Ämter setzt voraus: eine mindestens zweijährige Dienstzeit als Kompagnie-, Eskadronschef oder ältester Offizier der Batterie in der Feldartillerie und die nachfolgende Absolvierung des Kurses der militärjuristischen Wissenschaften und endlich eine daran sich anschließende einjährige Beschäftigung bei einem Militärbezirksgericht. Beim Mangel an geeigneten Offizieren kann von der strengen Erfüllung des einen oder des andern Erfordernisses abgesehen werden.

Die so qualifizierten Offiziere werden als „Kandidaten für den Militärjustizdienst" vom Kriegsminister angestellt und zur Beschäftigung den Militäruntersuchungsrichtern oder Militärstaatsanwälten überwiesen, welche sie nötigenfalls auch vertreten können (Art. 81—88). Auch Offizialverteidigungen haben sie zu übernehmen (Art. 737).

Je nach Eignung und Bedarf werden die Kandidaten zu Untersuchungsrichtern, bzw. Staatsanwaltsgehilfen befördert (Art. 89).

6. Bei der Berufung in die übrigen militärgerichtlichen Ämter sind folgende Bestimmungen zu beobachten (Art. 151—153):

a) Zum Vorsitzenden des Obersten Militärgerichtshofs kann nur eines der ständigen Mitglieder dieses Gerichtshofs, und zum ständigen Mitglied können nur die Vorsitzenden der Militärbezirksgerichte, der Gehilfe des Oberstaatsanwalts und die Militärstaatsanwälte ernannt werden.

b) Zu Vorsitzenden der Militärbezirksgerichte werden Militärrichter und Militärstaatsanwälte berufen.

c) Die Vorsitzenden des Obersten Militärgerichtshofs und der Militärbezirksgerichte sowie der Oberstaatsanwalt sind der Generalität, die ständigen Mitglieder des Obersten Militärgerichtshofs sowohl der Generalität als auch den Zivilbeamten des Militärgerichtsressorts von gleichem Range zu entnehmen, jedoch mit der Maßgabe, daß die Militärchargen die Zahl der Zivilchargen überwiegt.

d) Zu Militärrichtern werden Militäruntersuchungsrichter, die Gehilfen der Militärstaatsanwälte und die Militärchargen der Obersten Militärgerichtsverwaltung berufen.

e) In die Stelle der Sekretäre rücken deren Gehilfen ein.

Außer den oben unter 5 bezeichneten Personen müssen auch die Vorsitzenden der Militärbezirksgerichte und die Militärrichter eine abgeschlossene militärjuristische Vorbildung haben; die Sekretäre müssen eine allgemeinjuristische Vorbildung aufweisen, oder eine obere oder mittlere Lehranstalt beendigt haben (Art. 150).

7. Sowohl die Vertreter der Staatsanwaltschaft als auch die richterlichen Personen des Militärgerichtsressorts haben bei Ausübung ihrer amtlichen Funktionen ihrer Überzeugung zu folgen und sind lediglich an die gesetzlichen Vorschriften gebunden (Art. 66). Wegen bemerkter Pflichtverletzungen finden auf sie wie auch auf die andern Beamten des Militärgerichtsressorts die Bestimmungen des Militärstrafgesetzbuchs, des Militärdisziplinargesetzes und dieses Gesetzes Anwendung. Wegen vorgekommener Disziplinarvergehen können gegen die Beamten des Militärgerichtsressors, abgesehen von den Strafen in Gemäßheit des Disziplinargesetzes, auch auf Grund dieses Gesetzes (Art. 183—212) Disziplinarstrafen durch die vorgesetzte Behörde verhängt werden, und zwar: a) Erinnerungen und Vorhaltungen, mündlich und schriftlich, b) Vorhaltungen in Anwesenheit des Gerichts, c) Entfernung vom Amt, d) Entlassung aus dem Dienst.

Erinnerungen und Vorhaltungen an das Kriegsgericht in seiner gesamten Besetzung zu machen, ist allein der Oberste Militärgerichtshof befugt. Die Entfernung vom Amte und die Entlassung aus dem Dienst kann gegen richterliche Personen nur durch Erkenntnis dieses Obersten Gerichtshofs ausgesprochen werden. Die Vorsitzenden der Militärbezirksgerichte, Militärrichter und Militäruntersuchungsrichter können wegen solcher Dilziplinarvergehen, die nicht die richterlichen oder amtlichen Pflichten betreffen, vom Amte nur durch Bestimmung des Kriegsministers in Gemäßheit der Vorschriften des Disziplinargesetzes entfernt werden. Im übrigen stufen sich die Disziplinarbefugnisse nach dem Range des zu Bestrafenden und seiner Unterstellung unter die übergeordnete Instanz.

Bei Disziplinarvergehen tritt die Verjährung nach Ablauf eines Jahres seit Begehung der Straftat ein (Art. 198).

8. Die Regimentsgerichte treffen ihre Entscheidungen in der Besetzung von drei, die Militärbezirksgerichte, die zeitweiligen Militärgerichte und der Oberste Militärgerichtshof von fünf Richtern einschließlich des Vorsitzenden. In ihren Beschlußsitzungen, d. h. in den Sitzungen, in denen über Verwaltungsangelegenheiten, Disziplinarsachen und Angelegenheiten des inneren Dienstes beraten werden, entscheiden die Militärbezirksgerichte in der Besetzung von drei Mitgliedern; ebenso kann der Oberste Militärgerichtshof in der Ferienzeit bei einer Besetzung von drei Mitgliedern seine Entscheidungen treffen (Art. 98, 95, 90, 100).

Abgesehen von den Beschlußsitzungen, die geheim sind, und den in diesem Gesetze ausdrücklich vorgesehenen Fällen, wo die Öffentlichkeit ausgeschlossen ist, sind alle Sitzungen der Militärgerichte öffentlich. Eine Veröffentlichung der Verhandlungen, wo die Öffentlichkeit nicht ausgeschlossen war, durch den Druck ist nur in den von der Regierung hierzu bestimmten Zeitschriften zulässig. Alle andern Zeitschriften dürfen lediglich diese Berichte ohne Kürzung oder Änderung zum Abdruck bringen. Eine Kritik darf weder an die Berichte geknüpft, noch bei der Übernahme dieser Berichte in andere Zeitschriften geübt werden (Art. 96, 97, 119).

Zu den Sitzungen ist ein Protokollführer und ein Vertreter der Staatsanwaltschaft zuzuziehen; letzterer muß, wo seine Anträge erforderlich sind, gehört werden. Über jede Sitzung ist ein Protokoll aufzunehmen, wo die Entscheidung und die wesentlichen Vorgänge in der Verhandlung angegeben sind. Die Eröffnung und Schließung der Sitzung und die Sitzungspolizei steht dem Vorsitzenden zu. Derselbe hat diejenigen Maßnahmen zu treffen, die zur Aufrechterhaltung der Ordnung erforderlich sind und kann gegen Personen aus dem Zuschauerraum wegen Verletzung der Ordnung Geldstrafen von 25 Kop. bis 3 Rubel (bei den Regimentsgerichten), oder Haftstrafen bis 24 Stunden (bei den andern Militärgerichten) verhängen, nötigenfalls auch den Zuschauerraum räumen lassen. Über Personen des Militärstandes ist anstatt der Verhängung von Ordnungsstrafen über die Verfehlung gegen die Ordnung an die vorgesetzte Behörde zu berichten. Im Falle der Verletzung der Ordnung durch den Angeklagten und seinen Vertreter, oder durch den Privatkläger und seinen Vertreter kann die Entfernung des Schuldigen aus der Sitzung und die Fortsetzung der Verhandlung ohne ihn angedroht und bei Wiederholung der Störung auch ausgeführt werden. Gehört der Angeklagte zu den Militärpersonen der unteren Dienstgrade, so wird er wegen Beleidigungen, die er während der Sitzung sich gegen die Mitglieder des Gerichts zu schulden kommen läßt, entweder in derselben Verhandlung oder in einem besonderen späteren Verfahren in Gemäßheit der Strafgesetze abgeurteilt (Art. 107—112).

Das Gericht entscheidet nach Stimmenmehrheit; bei Stimmengleichheit entscheidet die dem Angeklagten günstige Meinung; im übrigen (wo ein Angeklagter nicht da ist) entscheidet bei Stimmengleichheit die Meinung des Vorsitzenden (Art. 115, 904).

B. Von der Zuständigkeit.

I. 1. Zur Zuständigkeit der Militärgerichte überhaupt gehören die strafbaren Handlungen aller Militärpersonen des Landheeres und der Grenzwache, die sie während ihrer aktiven Dienstzeit und die unteren Chargen auch während ihrer Beurlaubung begehen (Art. 244, 245 Anm.).

2. Militärpersonen der Reserve unterstehen der Militärstrafgerichtsbarkeit:

a) wegen Nichtbefolgung des Einberufungsbefehls zu den militärischen Dienstleistungen;

b) wegen solcher Straftaten, die sie während dieses Dienstes begehen, und

c) wegen Vergehen gegen die militärische Disziplin, die sie in der Uniform oder während ihrer Behandlung in militärärztlichen Anstalten begehen (Art. 245).

3. Personen der Landwehr unterstehen den Militärgerichten:

a) wegen Nichtbefolgung des Einberufungsbefehls zum Militärdienst;

b) wegen dienstlicher oder disziplinarer Vergehen während des Militärdienstes (Art. 245[1]).

4. Die dem Heeresverbande nicht angehörigen Militärpersonen — Angestellte staatlicher, kommunaler oder polizeilicher Anstalten — unterstehen den Militärgerichten nur wegen militärdienstlicher Vergehen. Diese Bestimmung findet auch Anwendung auf aus dem Dienste ausgeschiedene Militärpersonen wegen militärdienstlicher Vergehen, die sie während ihrer aktiven Dienstzeit begangen haben (Art. 247, 248).

5. Auf Zivilbeamte in der Heeresverwaltung und der Transkaspischen Eisenbahn, bei dieser auch die nicht staatlich angestellten, erstreckt sich die Zuständigkeit der Militärgerichte wegen amtlicher oder militärdisziplinarer Vergehen (Art. 249).

6. Auf Zivilpersonen erstreckt sich die Militärgerichtsbarkeit, wenn sie an militärdienstlichen Vergehen zusammen mit Militärpersonen beteiligt sind, oder in Orten, die als im Kriegszustand befindlich erklärt sind, wegen der hierbei speziell bezeichneten Straftaten (Art. 250).

7. Kriegsgefangene unterstehen den Militärgerichten, solange sie nicht den Zivilbehörden überwiesen sind (Art. 251).

II. Zur Zuständigkeit der Regimentsgerichte gehören die Straftaten der Militärpersonen der unteren Dienstgrade, welche nach dem Gesetz nur mit Korrektionsstrafen ohne Verlust aller oder besonderer Rechte und Vorrechte bedroht sind (Art. 252).

Hiervon sind ausgenommen die Straftaten:

a) aus Art. 97, 99, 101 unter c, 108, 111, 126, 127, 172, 186, 232 M. St. G. B.;

b) bei denen Zivilpersonen beteiligt sind und die nicht militärdienstlicher Natur sind — für diese Straftaten sind die bürgerlichen Gerichte zuständig —;

c) bei denen Zivilpersonen beteiligt sind und die den Militärdienst oder die Disziplin betreffen — diese gehören vor die Militärbezirksgerichte —;

d) bei denen gleichzeitig ein Schadensanspruch aus der strafbaren Handlung erhoben ist, der 150 Rubel übersteigt, oder die mit einer 150 Rubel übersteigenden Geldstrafe bedroht sind — diese gehören ebenfalls vor die Militärbezirksgerichte.

Die örtliche Zuständigkeit der Regimentsgerichte umfaßt den Bezirk des Truppenteils, für den das Regimentsgericht errichtet ist (Art. 253, 254).

III. Die Militärbezirksgerichte sind für alle anderen Militärpersonen und Straftaten, die oben unter II nicht erwähnt sind, in erster Instanz zuständig. Außerdem sind die Militärbezirksgerichte die Beschwerde- und Berufungsinstanz den Regimentsgerichten übergeordnet, wenn die Rechtsmittel nicht von dem Angeklagten eingelegt sind (Art. 260, 261).

Örtlich umfaßt die Zuständigkeit dieser Gerichte den Militärbezirk, für den sie errichtet sind. Entscheidend für die Zuständigkeit ist der Ort der begangenen Straftat (forum delicti commissi), bei Fahnenflucht der Ort der Ergreifung des Flüchtigen. Bei einer Mehrheit von Straftaten oder Beschuldigten mit verschiedener sachlicher oder örtlicher Zuständigkeit ist die höhere Strafe und das höhere Gericht entscheidend (Art. 262—270). Im übrigen erfolgt die Bestimmung des zuständigen Gerichts, wenn die Zuständigkeit streitig ist, nach den näheren Vorschriften der Artikel 273—279 durch die im Instanzenzuge höhere Militärbehörde, gegebenenfalls durch den Kriegsminister, der auch bei Aburteilung von im Auslande begangenen Straftaten das zuständige Militärbezirksgericht bestimmt (Art. 271). Kommt im letzteren Fall gleichzeitig eine im Inlande begangene Straftat zur Aburteilung, so ist jedenfalls das Militärbezirksgericht zuständig, in dessen Bezirk letztere begangen ist (Art. 272).

C. Allgemeine strafprozessuale Grundsätze.

1. Die Strafverfolgung und Bestrafung von Militärpersonen oder von in der Militärverwaltung angestellten Personen ist nur nach Maßgabe dieser Prozeßordnung zulässig. Hiervon unberührt bleiben jedoch Polizei-, Disziplinar- und Strafen im Administrativverfahren (Art. 213, 223).

2. Die Einleitung des Strafverfahrens liegt den Vorgesetzten der Beschuldigten ob, an welche bei Antragsdelikten der Antragsberechtigte sich zu wenden hat. In den zur Zuständigkeit der Regimentsgerichte gehörenden Straftaten liegt die Überführung des Beschuldigten dem Gericht ob; an diesem Verfahren können sich der Verletzte und diejenigen Behörden oder Amtspersonen beteiligen, welche die Straftat zur Anzeige brachten. Die Überführung des Beschuldigten in den zur Zuständigkeit der Militärbezirksgerichte gehörigen Strafsachen steht der Militärstaatsanwaltschaft zu. In den Strafsachen, die durch Vergleich erledigt werden können, können sich hier an dem Überführungsverfahren auch die Privatkläger beteiligen. Der Verletzte kann als Privatkläger nur dann zugelassen werden, wenn er einen Entschädigungsanspruch vor der Hauptverhandlung erhoben hat. Hat der Verletzte diesen Anspruch vor der Hauptverhandlung nicht erhoben, so behält er das Recht, seinen Anspruch nach rechtskräftiger Erledigung des Militärstrafverfahrens vor dem zuständigen Zivilgericht zu verfolgen (Art. 214—218).

3. Jeder ist nur für seine eigenen strafbaren Handlungen verantwortlich, mit Ausnahme derjenigen Fälle, in denen das Gesetz den Vorgesetzten für die Handlungen seines Untergebenen oder die eine Person für den Schaden, den eine andere Person (Beauftragter und dgl.) verursacht hat, verantwortlich macht (Art. 224).

4. Die Strafverfolgung ist ausgeschlossen oder einzustellen:
   a) infolge des Todes des Beschuldigten;
   b) wegen Ablaufs der Verjährungszeit;
   c) infolge Vergleichs zwischen dem Beschuldigten und Verletzten, wo der Vergleich gesetzlich zulässig ist;
   d) auf Allerhöchsten Befehl oder infolge allgemeiner Amnestie, oder, in den gesetzlich bezeichneten Fällen, auf Befehl des Oberstkommandierenden.

Die aus der Straftat hergeleiteten Schadensansprüche gegen den Beschuldigten oder seine Erben werden durch die Einstellung des Verfahrens aus den angegebenen Gründen nicht berührt.

Durch einen Verzicht des Verletzten auf den Schadensanspruch wird die strafrechtliche Verfolgung nicht berührt. Dagegen beseitigt der Vergleich des Verletzten mit dem Beschuldigten, da wo ein Vergleich gesetzlich zulässig ist, auch der Schadensanspruch, falls dieser nicht ausdrücklich vorbehalten ist (Art. 225—229).

5. Hängt die Strafbarkeit einer Handlung von der Feststellung der Standesrechte, oder des Charakters der Zahlungsunfähigkeit (ob

böswilliger, fahrlässiger oder unverschuldeter Bankerott) des Beschuldigten, oder von dem Eigentum an einem Grundstück ab, so wird die Strafverfolgung bis zur Entscheidung des Zivilgerichts über diese Fragen ausgesetzt (Art. 236).

Die Feststellung einer strafbaren Handlung in einem Verfahren vor einem bürgerlichen Gericht ist für die Militärbehörde kein Anlaß, die Strafverfolgung ihrerseits zu unterlassen. Das rechtskräftige Urteil des bürgerlichen Gerichts ist hierbei für das Militärgericht nur hinsichtlich der Tatsächlichkeit und der Eigenschaft der zu beurteilenden Handlung, nicht aber hinsichtlich der Schuld des Beschuldigten maßgebend. Hingegen ist die rechtskräftige Entscheidung des Militärgerichts darüber: ob die Straftat begangen, ob sie vom Beschuldigten begangen und wie diese zu charakterisieren ist, auch für das bürgerliche Gericht, welches die Folgen dieser Tat zu prüfen hat, maßgebend. Die Verneinung der Strafbarkeit einer Handlung oder der strafrechtlichen Verantwortung des Beschuldigten berührt nicht den aus dieser Handlung hergeleiteten Schadensanspruch (Art. 237-239).

6. Der rechtskräftig freigesprochene Angeklagte kann nicht wegen derselben Straftat erneut verfolgt werden, sollten auch neue Tatsachen zu seiner Überführung ermittelt worden sein. Dasselbe gilt von dem rechtskräftig Verurteilten, wenn sich nachträglich seine Schuld erhöhende Tatumstände herausstellen. Dieser Grundsatz (ne bis in idem) findet jedoch keine Anwendung, wenn das erste zugunsten des Angeklagten ergangene Urteil durch eine strafbare Handlung zustande gekommen ist (Art. 230—232).

Ist das Verfahren ohne gerichtliches Urteil eingestellt, so kann es wegen neuer Tatsachen oder infolge Stellung des früher fehlenden Antrags oder beim Eintritt der früher fehlenden gesetzlichen Voraussetzung wieder aufgenommen werden (Art. 570). Die Wiederaufnahme erfolgt auf Beschluß des Vorgesetzten, oder des Obersten Militärgerichtshofs, wenn durch dessen Beschluß das Verfahren eingestellt war (Art. 233, 571).

Zugunsten des Angeklagten ist wegen neuer Beweismittel stets die Wiederaufnahme des rechtskräftig erledigten Verfahrens, auch nach seinem Tode zulässig (Art. 234, 235, 1056—1064).

7. Der rechtskräftig Freigesprochene kann gemäß den Bestimmungen der Art. 779—783 der St. P. O. von denjenigen Privatpersonen, die durch ungesetzliche Mittel — wie Meineid, Verleitung zur falschen Aussage u. dgl. seine Strafverfolgung herbeiführten, und gegen diejenigen Amtspersonen — Richter, Staatsanwalt u. dgl — gegen die er den Nachweis der Erpressung, Rechtsbeugung und überhaupt einer nichtgutgläubigen Handlung in dieser Sache erbringen kann, Schadensersatz verlangen. Letzterenfalls ist von dem Freigesprochenen die Beschwerde an den instanzenmäßig Vorgesetzten des beschuldigten Beamten zu richten. Wird die Beschwerde für begründet erachtet, so wird gegen den Beschuldigten ein militärgerichtliches Strafver-

fahren eingeleitet, und das erkennende Militärgericht in diesem Verfahren hat zugleich auch über den Schadensanspruch zu befinden (Art. 241—243).

D. Einleitung des Strafverfahrens.

I. Die Einleitung des Strafverfahrens geschieht: von Amts wegen, auf Anzeige, auf Antrag bei Antragsdelikten und infolge Selbstbezichtigung. Zur Einleitung des Strafverfahrens von Amts wegen ist nur der vorgesetzte Regimentskommandeur des Bezichtigten berechtigt, alle anderen Vorgesetzten können nur ihre Anzeige an den Kommandeur richten. Der Antragsteller oder der Anzeigende ist nach Eingang einer Anzeige oder eines Strafantrags zu vernehmen und auf die Folgen einer falschen Anschuldigung hinzuweisen. Auch ohne Angabe von Beweismitteln ist der Anzeige stattzugeben, wenn sie von einem Augenzeugen der strafbaren Handlung herrührt. Ist der Anzeigende nicht Augenzeuge, so kann die Strafverfolgung ohne weiteres abgelehnt werden, wenn der Anzeigende keine Beweismittel angibt. Beantragt der Anzeigende die Einleitung eines Ermittelungsverfahrens, so muß dieses Verfahren in den zur Zuständigkeit der Regimentsgerichte gehörigen Strafsachen vom Regimentskommandeur angeordnet werden. In den zur Zuständigkeit der Militärbezirksgerichte gehörenden Sachen ist in diesem Falle das Ermittelungsverfahren nur dann anzuordnen, wenn es nach der Wichtigkeit der Beschuldigung für notwendig erachtet wird (Art. 280—300). Ist der Anzeigende zugleich auch der Antragsberechtigte, so kann auch in diesem Falle das Ermittelungs- oder Untersuchungsverfahren nicht abgelehnt werden (Art. 309).

Bei den Antragsdelikten, die durch Vergleich beendigt werden können, wird sofort ein Sühnetermin anberaumt, der selbst auf Antrag beider Parteien nicht über eine Woche hinauszuschieben ist. Kommt ein Vergleich zustande, so wird darüber ein von den Parteien au unterschreibendes Protokoll aufgenommen. Die Wiederaufnahme des Strafverfahrens ist in diesem Falle ausgeschlossen. Kommt ein Vergleich nicht zustande, so beschließt der militärische Vorgesetzte des Beschuldigten, ob dem Antrag stattzugeben, ob in diesem Falle ein Disziplinarverfahren oder ein gerichtliches Verfahren und letzterenfalls, ob ein Ermittelungs- oder Untersuchungsverfahren einzuleiten ist (Art. 303—308).

Der Antragsteller und der Anzeigende sind von dem Ergebnis der Anzeige oder des Antrags, der Ermittelung oder der Voruntersuchung durch Bescheid in Kenntnis zu setzen, und es steht ihnen, falls sie mit dem Bescheide nicht zufrieden sind, die Beschwerde an den im Instanzenzuge höheren Vorgesetzten des Beschuldigten zu (Art. 301, 302, 310).

E. Ermittelungsverfahren.

1. In denjenigen Fällen, wo die Straftat zur Zuständigkeit der Regimentsgerichte gehört (oben BI) und die Tat in der Anzeige oder in dem Strafantrag genügend aufgeklärt ist, kann der Regimentskommandeur, falls er eine Disziplinarstrafe nicht für ausreichend hält, die Sache ohne Ermittelungsverfahren ohne weiteres dem Gericht übergeben. In allen anderen Fällen hat der Regimentskommandeur ein Ermittelungsverfahren anzuordnen, und zwar: a) wenn Militärpersonen, auch bei Teilnahme von Zivilpersonen, die Vorschriften der Disziplin oder des Militärdienstes verletzt haben, oder wenn eine Straftat an einem Orte begangen ist, die ausschließlich in der Militärverwaltung steht; b) wenn eine Straftat von Militärpersonen während der Verrichtung des Militärdienstes verübt ist und c) wenn eine Straftat, wenn auch von Zivilpersonen, aber in einem unter der Militärverwaltung stehenden Orte verübt ist (Art. 313, 314).

2. Das Ermittelungsverfahren wird auf Anordnung desjenigen militärischen Befehlshabers, in dessen Bezirk die Straftat begangen ist, oder, wenn sie in einem unter Zivilverwaltung stehenden Orte begangen ist, unter dessen Befehl der Täter steht, von einem Offizier geführt, der nach dem Range oder Dienstalter höher ist als der Beschuldigte. In Ermangelung von geeigneten, der Ablehnung nicht unterliegenden Offizieren können die Ermittelungen auch Militärbeamten oder, falls eine Militärperson der unteren Dienstgrade als Täter in Betracht kommt, den höheren Chargen des Unteroffiziersstandes übertragen werden. Ist die Tat kein Militärvergehen und nicht in einem unter Militärverwaltung stehenden Orte verübt, so werden die Ermittelungen von der Polizeibehörde vorgenommen (Art. 316-324).

3. Der mit den Ermittelungen betraute Offizier oder Militärbeamte hat sich auf die reinen Ermittelungshandlungen und Vernehmungen zu beschränken; wegen etwaiger Haussuchungen, Beschlagnahmen oder Verhaftungen dagegen hat er unverzüglich sich an den Vorgesetzten zu wenden, welcher das Ermittelungsverfahren angeordnet hat (oben unter 2). Letzterer allein hat alle Maßnahmen zu treffen, um dem Beschuldigten die Möglichkeit zu nehmen, sich dem Verfahren zu entziehen. Hinsichtlich verdächtiger Zivilpersonen kann er diese Maßnahmen nur dann treffen, wenn sie auf frischer Tat ertappt, wenn sie von dem Verletzten oder Augenzeugen direkt als die Täter bezeichnet sind, wenn bei dem Verdächtigen oder in seiner Wohnung die Spuren der strafbaren Handlung entdeckt sind, wenn er keine ständige Wohnung hat und bei Fluchtgefahr (Art. 325—329). Die Festnahme oder Vorführung einer verdächtigen Militärperson der unteren Dienstgrade ist auch schon auf die bloße Anzeige zulässig, wenn diese von einem Friedensrichter oder der Polizeibehörde erfolgt ist, und Fluchtgefahr, Kollusionsgefahr vorliegt,

oder der Verdächtige auf frischer Tat oder gleich nach derselben ertappt ist (Art. 289).

4. Nach Beendigung des Ermittelungsverfahrens sind die Akten an denjenigen militärischen Befehlshaber zu übersenden, der das Verfahren angeordnet hat. Dieser hat darüber zu befinden, ob das Verfahren einzustellen ist, ob die Ermittelungen zu ergänzen sind, ob die Sache, falls das Militärgericht nicht zuständig ist, dem Zivilgericht zu übergeben ist, ob eine Disziplinarstrafe zu verhängen oder ob Anklage zu erheben ist. Ist der militärische Befehlshaber, der das Ermittelungsverfahren angeordnet hat, für die Erhebung der Anklage nicht zuständig, und ist durch das Ermittelungsverfahren die Straftat festgestellt, so daß eine Voruntersuchung nicht erforderlich erscheint, so werden die Ermittelungsakten an den für die Erhebung der Anklage zuständigen Befehlshaber übersandt. Ergibt sich die Notwendigkeit einer Voruntersuchung (unter F.), so sind die Ermittelungsakten an den zuständigen Untersuchungsrichter zu senden, und ist ein Täter oder der Tatbestand einer strafbaren Handlung überhaupt nicht ermittelt, so wird das Verfahren eingestellt und davon derjenige militärische Befehlshaber in Kenntnis gesetzt, dem seiner Zeit die Strafanzeige erstattet ist. Ist der Beschuldigte inzwischen in den Zivildienst übergetreten, so ist dessen Vorgesetzter von dem Ergebnis des Ermittelungsverfahrens zur weiteren Veranlassung in Kenntnis zu setzen (Art. 333, 334, 317).

F. Voruntersuchung.

1. Eine Voruntersuchung findet statt in den zur Zuständigkeit der Militärbezirksgerichte oder der zeitweiligen Militärgerichte gehörigen Strafsachen. Die Anordnung der Voruntersuchung erfolgt durch den Befehlshaber, der das Ermittelungsverfahren anordnet (Regimentskommandeur) und wird von dem militärischen oder bürgerlichen Untersuchungsrichter unter Beteiligung der Militärbehörde und der Staatsanwaltschaft geführt. Zur Führung der Voruntersuchung in besonders wichtigen oder besonders verwickelten Strafsachen, welche militärdienstliche in Orten, die in ausschließlicher Verwaltung der Militärbehörden stehen, verübte Straftaten betreffen, können auf Anordnung des Kriegsministers oder der obersten Befehlshaber der Militärbezirke besondere Untersuchungskommissionen eingerichtet werden (Art. 335, 336, 339).

2. Der Militäruntersuchungsrichter beginnt seine Tätigkeit lediglich auf Ansuchen des militärischen Befehlshabers, welcher in eiligen Sachen bis zum Eingreifen des Untersuchungsrichters den Beamten, der das Ermittelungsverfahren führte, mit der Feststellung der Spuren der Straftat betrauen kann (Art 346, 342). Ergeben sich bei der Untersuchung Tatbestandsmerkmale einer neuen Straftat oder gegen einen neuen Täter, so hat der Untersuchungsrichter alle Maßnahmen zur Feststellung des Tatbestandes und zur Verhinderung der

Flucht des Täters zu treffen und hiervon sofort den Befehlshaber und den Militärstaatsanwalt in Kenntnis zu setzen. Die Ausdehnung der Voruntersuchung auf die neu ermittelte Straftat oder den Täter darf jedoch nur auf Antrag des Befehlshabers erfolgen (Art. 348).

Der Untersuchungsrichter kann alle durch die Führung der Voruntersuchung gebotenen Handlungen aus eigener Machtbefugnis vornehmen oder darum die zuständigen Behörden ersuchen. Ist jedoch zur Sicherung eines geltend gemachten Schadensanspruchs eine Arrestlegung oder Vermögensbeschlagnahme erforderlich, so hat er sich dieserhalb an das nächste Bezirksgericht zu wenden (Art. 350 bis 353, 380).

Der Untersuchungsrichter kann aus denselben Gründen wie die Mitglieder des erkennenden Gerichts vom Beschuldigten wie vom Privat- oder Zivilkläger abgelehnt werden. Über den Ablehnungsantrag, der indessen die Weiterführung der Voruntersuchung nicht aufhält, entscheidet das zuständige Militärbezirksgericht. Hat jedoch der Untersuchungsrichter von Amtswegen sich für befangen erklärt, so hat er bis zur Entscheidung hierüber sich nur auf die unaufschiebbaren Untersuchungshandlungen zu beschränken (Art. 358—361).

Ist der Untersuchungsrichter der Meinung, daß die Voruntersuchung einzustellen ist, so übersendet er die Akten an den Militärstaatsanwalt, der sie mit seinem Beschluß an den Befehlshaber, der die Voruntersuchung angeordnet hat, übersendet. Tritt letzterer dem Beschlusse des Staatsanwalts bei, so wird das Verfahren eingestellt und hiervon der im Instanzenzuge höhere Vorgesetzte benachrichtigt. Ist der Staatsanwalt oder der Befehlshaber mit der Einstellung des Verfahrens nicht einverstanden, so entscheidet der höhere Vorgesetzte endgültig (Art. 363).

In denjenigen Fällen, wo die Voruntersuchung von dem bürgerlichen Untersuchungsrichter geführt wird, kann dieser — wenn es sich um einen Offizier handelt — die Voruntersuchung nur mit Zustimmung der von dem Falle zu benachrichtigenden militärischen Vorgesetzten des Offiziers eröffnen. Tritt dieser Vorgesetzte der Ansicht des Untersuchungsrichters auf Eröffnung der Voruntersuchung bei, so veranlaßt er, daß der ihm untergebene Offizier der Vorladung Folge leistet; im andern Fall benachrichtigt er den Staatsanwalt beim Bezirksgericht; tritt letzterer dem militärischen Befehlshaber bei, so benachrichtigt er den Untersuchungsrichter von der Einstellung des Verfahrens; tritt er seiner Meinung nicht bei, so verfügt er die Eröffnung der Voruntersuchung unter Benachrichtigung des Befehlshabers, der den Beschuldigten der Vorladung Folge zu leisten zu veranlassen hat. Beharrt der militärische Befehlshaber bei seiner Ansicht entgegen dem Beschlusse des Staatsanwalts auf Eröffnung der Voruntersuchung, so hat er hierüber an seinen Vorgesetzten zu berichten, der die Sache an den Kriegsminister zur endgültigen Entscheidung im Einvernehmen mit dem Justizminister abgibt (Art. 364, 365).

3. Der Militärstaatsanwalt kontrolliert die Führung der Voruntersuchung; er hat deshalb das Recht, bei allen Untersuchungshandlungen zugegen zu sein und Anweisungen nach dieser Richtung zu geben. Wird der Beschuldigte in Haft genommen, so ist der Staatsanwalt hiervon zu benachrichtigen, der weniger strenge Maßnahmen verlangen kann, wenn es sich um eine Straftat handelt, die nicht den Verlust aller Standes- oder der besonderen Rechte und Vorrechte nach sich zieht, und die Verdachtsmomente gegen den Beschuldigten nicht ausreichend sind. Auch von den Gründen der Verhaftung oder der Haftentlassung bei Delikten der eben erwähnten Art hat der Militäruntersuchungsrichter den Militärstaatsanwalt in Kenntnis zu setzen. Der Staatsanwalt kann auch die Verhaftung oder Wiederverhaftung des Beschuldigten beantragen. Hält der Untersuchungsrichter den Antrag für nicht begründet, so hat er die Sache an das Militärbezirksgericht zur Entscheidung abzugeben. Die hier angeführten Bestimmungen hinsichtlich der Haftentlassung beziehen sich indessen nur auf Zivilpersonen, gegen welche die Voruntersuchung von dem Militäruntersuchungsrichter geführt wird. Der Staatsanwalt kann endlich auch eine Ergänzung der Voruntersuchung verlangen (Art. 381, 366—373).

Der Ablehnung unterliegt der Staatsanwalt nicht; er ist aber verpflichtet, wenn bei ihm Ablehnungsgründe vorliegen, sich selbst für befangen zu erklären. Über Beschwerden darüber entscheidet die übergeordnete Instanz der Staatsanwaltschaft (Art. 374).

Ermittelt der Staatsanwalt während der Voruntersuchung die Merkmale einer neuen zu dieser Sache gehörigen Straftat, so berichtet er darüber zur Beschlußfassung an den zuständigen Befehlshaber und, wenn hier erfolglos, dem höheren Vorgesetzten und dem Oberstaatsanwalt (Art. 375).

4. Diejenigen Personen, auf deren Antrag die Voruntersuchung geführt wird (Antragsteller, Verletzte), haben während der Voruntersuchung das Recht: Beweismittel beizubringen und ihre Zeugen zu stellen, bei allen Untersuchungshandlungen zugegen zu sein und mit Genehmigung des Untersuchungsrichters Fragen an den Beschuldigten und die Zeugen zu stellen, die Sicherung des geltend gemachten Schadensanspruchs zu beantragen (vgl. oben 2 Abs. 2) und auf ihre Rechnung Abschriften der Protokolle und Beschlüsse zu verlangen (Art. 376, 377).

5. Die Untersuchungshandlungen.

a) Zu Besichtigungen an Ort und Stelle, Leichenöffnungen und zu Leibesvisitationen mit oder ohne Sachverständige sind mindestens zwei Urkundspersonen aus der Nachbarschaft oder aus sonst vertrauenswürdigen Personen zuzuziehen. Sachverständige und Urkundspersonen, die unentschuldigt ausbleiben, können in Geldstrafe bis zu 25 Rubel genommen werden. Ergeben sich Bedenken gegen die Richtigkeit eines sachverständigen Gutachtens, oder bei Meinungsverschiedenheiten unter mehreren Sachverständigen, wird ein weiteres Gutachten oder ein Obergutachten erfordert. Ergeben sich Zweifel an der geistigen Gesundheit des Beschuldigten, so ist hierüber eine irrenärztliche Untersuchung anzustellen und das Strafverfahren auf Antrag des Staatsanwalts bei Zustimmung des Befehlshabers, auf dessen Antrag die Voruntersuchung eingeleitet ist, ganz einzustellen, falls die Geisteskrankheit schon bei Begehung der Straftat vorhanden war. Ist die Geisteskrankheit erst nach begangener Straftat hervorgetreten und ist eine Besserung des Geisteszustandes zu erwarten, so wird die Voruntersuchung nur bis zum Eintritt der Besserung auszusetzen, wobei Maßnahmen zu treffen sind, die verhindern, daß der Beschuldigte sich der Strafverfolgung entzieht (Art. 382—424).

b) Haussuchungen und Beschlagnahmen können nur bei begründetem Verdacht, daß an den betreffenden Orten der Beschuldigte, der Gegenstand der Straftat oder Überführungsstücke zum Beweise der Straftat verborgen sind, unter Zuziehung von Urkundspersonen und des Eigentümers des Hauses oder der Wohnung, wo die Haussuchung stattfindet, oder eines Hausgenossen vorgenommen werden. Bei den Vertretern auswärtiger Staaten dürfen Beschlagnahmen und Haussuchungen nur nach voraufgegangenem Einvernehmen mit dem Minister des Auswärtigen, in amtlichen und kaiserlichen Gebäuden nur unter Zuziehung bzw. Genehmigung der zuständigen Stellen stattfinden. Diese Handlungen müssen am Tage und nur im äußersten Notfalle in der Nacht vorgenommen werden. Die Beschlagnahme von Schriftstücken der verdächtigen Personen darf sich nur auf die zur Sache gehörigen Stücke erstrecken, und auch hier ohne daß die auf die Sache sich nicht beziehenden Stellen verlautbart werden. Behörden, Amtspersonen, auch Rechtsanwälte dürfen die Herausgabe der Beweisstücke nicht verweigern. Die Durchsicht und Beschlagnahme von Post- und telegraphischen Sendungen erfolgt nach vorgängiger Benachrichtigung der in Betracht kommenden Post- oder Telegraphenbehörde auf Beschluß des Militärbezirksgerichts. Auskünfte über Korrespondenzen von und an die in die Strafsache verwickelten Personen haben die Post- und Telegraphenbehörden dem Untersuchungsrichter auch ohne Beschluß des Gerichts zu erteilen (Art. 425—444). Gegenstände, welche anderen widerrechtlich weggenommen sind, werden, wenn sie zur Sache nicht nötig sind, dem rechtmäßigen Eigentümer ausgehändigt (Art. 449).

c) Die Vernehmung des Beschuldigten durch den Untersuchungsrichter muß sofort oder spätestens binnen 24 Stunden nach seiner Meldung oder Vorführung erfolgen. Ist die Vernehmung nicht innerhalb der ersten 12 Stunden nach Meldung oder Vorführung erfolgt, so sind die Gründe dafür im Protokoll anzugeben (Art. 455, 456). Die Vorladung des auf freiem Fuß befindlichen Beschuldigten erfolgt durch Vermittelung seiner vorgesetzten Militärbehörde. Das Nichterscheinen des Beschuldigten auf die Vorladung kann durch die folgenden gesetzlichen Hinderungsgründe entschuldigt werden: seine Freiheitsentziehung, Unterbrechung der Verkehrswege infolge von Epidemie, eines feindlichen Einfalls, einer außergewöhnlichen Überschwemmung oder dergleichen unüberwindlicher Hindernisse; ein plötzlicher Zusammenbruch des Beschuldigten infolge eines unglücklichen Zufalls; eine erhebliche Erkrankung des Beschuldigten; der Tod oder eine lebensgefährliche Erkrankung der Eltern, der Ehefrau oder der Kinder des Beschuldigten (Art. 451, 452). Die Beschuldigten in einer Strafsache sind einzeln zu vernehmen. Ihre Aussagen dürfen nicht durch Überlistung, durch Versprechungen, Drohungen oder dergleichen Mittel erlangt werden. Die Aussagen müssen in erster Person und genau in denselben Ausdrücken, wie sie vom Beschuldigten gebraucht sind, wiedergegeben werden. Volkstümliche Ausdrücke, Provinzialismen oder unverständliche Redewendungen sind in Klammern zu erklären. Der Beschuldigte ist berechtigt, seine Antworten auf vorgelegte Fragen selbst ins Protokoll einzutragen. Zur Vernehmung eines Beschuldigten, der eine dem Untersuchungsrichter fremde Sprache spricht, oder der stumm ist, werden Dolmetscher zugezogen (Art. 461, 459, 463, 462, 464, 465).

d) Der Beschuldigte darf während der Voruntersuchung ohne Genehmigung des Untersuchungsrichters sich nicht aus dem Orte entfernen, wo diese geführt wird. Um den Beschuldigten daran zu verhindern, daß er sich der Strafverfolgung entziehe, kann er unter Aufsicht seiner Behörde gestellt oder in Haft genommen werden; gegen Offiziere und Militärbeamte kann Hausarrest verhängt werden. Handelt es sich um eine Straftat, die mit der Aberkennung aller Standesrechte oder aller besonderen Rechte und Vorrechte bedroht ist, so können auch Offiziere und Militärbeamte in Untersuchungshaft genommen werden, in allen anderen Fällen werden sie unter Aufsicht ihrer vorgesetzten Behörde gestellt. Hält der Befehlshaber, auf dessen Anordnung die Voruntersuchung geführt wird, die vom Untersuchungsrichter beschlossenen Maßnahmen zur Verhinderung des Beschuldigten sich der Strafverfolgung zu entziehen, für nicht ausreichend, so kann er strengere Maßnahmen treffen, wovon er den Untersuchungsrichter in Kenntnis zu setzen hat; hält er dagegen diese Maßnahmen für zu streng, so hat er die Beschlußfassung darüber dem Militärbezirksgericht durch Vermittlung des Staatsanwalts zu überlassen, inzwischen aber die angeordneten Maßnahmen auszuführen. Ausgeführt werden alle diese Maßnahmen von der Militärbehörde. Gegen in die Voruntersuchung verwickelte Zivilpersonen werden ähnliche Maßnahmen in Gemäßheit der Art. 416—431 der bürgerlichen Strafprozeßordnung getroffen (Wegnahme des Passes oder Aufenthaltsausweises, schriftliche Verpflichtung, den Aufenthaltsort nicht zu verlassen, Polizeiaufsicht, Bürgschaft, Sicherheitsleistung, Hausarrest, Untersuchungshaft (Art. 469 bis 477).

6. Die Vernehmung von Zeugen erfolgt am Orte, wo die Voruntersuchung geführt wird, in Krankheitsfällen in der Wohnung des Zeugen. Zivilbeamte der ersten zwei Rangklassen und Militärpersonen vom Regimentskommandeur aufwärts können binnen drei Tagen nach Empfang der Vorladung ihre Vernehmung am Orte ihres Wohnsitzes beantragen (Art. 478). Unentschuldigt ausgebliebene Zeugen werden in eine Geldstrafe bis zu 50 Rubel genommen und zu einem neuen Termin geladen. Erscheinen sie auch auf die erneute Ladung ohne Entschuldigungsgrund nicht, so werden sie vorgeführt (Art. 486). Das unentschuldigte Ausbleiben von Zeugen aus dem Militärstande wird lediglich der vorgesetzten Behörde des Zeugen angezeigt, durch deren Vermittlung auch die Ladung und die Abkommandierung zum Termin erfolgt (Art. 481, 485).

In der Voruntersuchung werden die Zeugen uneidlich vernommen; eidlich sind sie nur dann zu vernehmen, wenn sie eine weite Reise antreten und ihr Erscheinen zur Hauptverhandlung ungewiß ist; wenn sie lebensgefährlich krank sind oder in großer Entfernung vom Orte der Hauptverhandlung wohnen (Art. 489).

Die Vereidigung und Ablehnung von Zeugen erfolgt nach denselben Bestimmungen wie in der Hauptverhandlung. Die Zeugen werden einzeln und in Abwesenheit der andern sowie erforderlichenfalls auch des Angeschuldigten und des Privatklägers, nötigenfalls unter Gegenüberstellung der sich widersprechenden Zeugen, vernommen. Eine Gegenüberstellung von Militärpersonen, die zueinander im Untergebenenverhältnis stehen, findet nicht statt. Der Angeschuldigte, dem die in seiner Abwesenheit aufgenommenen Zeugenaussagen vorzulesen ist, ist berechtigt, Einwendungen vorzubringen und überhaupt Fragen an den Zeugen zu stellen (Art. 491, 493, 495).

Über die Zeugenvernehmung ist ein Protokoll aufzunehmen, welches alle wesentlichen Vorgänge bei der Vernehmung, die Einwendungen des Angeschuldigten, etwaige Ablehnungen u. dgl. enthalten muß, keine Rasuren und Streichungen aufweisen darf — Verbesserungen müssen vor Abschließung des Protokolls hervorgehoben werden — und von allen Beteiligten nach Verlesung zu unterschreiben ist. Für Analphabeten unterschreiben diejenigen, die sie mit der Unterschrift betrauen. Verweigert ein Beteiligter die Unterschrift, so ist der Grund im Protokoll anzugeben. Abschriften des Protokolls erhält der Angeschuldigte unentgeltlich, der Zivil- oder Privatkläger gegen die festgesetzten Gebühren (Art. 505–513).

7. Nach Schließung der Voruntersuchung ist dem Angeschuldigten das ganze Ergebnis derselben vorzulegen und er ist zu befragen, ob er zu seiner Verteidigung noch etwas vorbringen wolle. Etwaiges neues Vorbringen ist, soweit erheblich, zu berücksichtigen. Sodann sind alle Beteiligten von der Schließung der Voruntersuchung zu benachrichtigen und die Akten an die Staatsanwaltschaft zu übersenden (Art. 514–517).

Der Staatsanwalt kann, wenn nötig, eine Ergänzung der Voruntersuchung verlangen, im übrigen aber hat er auf Grund der Akten, ohne selbst irgendwelche Maßnahmen zu treffen, sich lediglich auf die gutachtliche Äußerung darüber zu beschränken: a) ob Anklage vor dem Regiments- oder dem Militärbezirksgericht zu erheben, b) ob nur ein Disziplinarverfahren einzuleiten, c) ob das Verfahren einzustellen oder auszusetzen ist, d) ob die Sache zur Zuständigkeit der Militärgerichte nicht gehört (Art. 546, 553). Die Akten hat sodann der Staatsanwalt mit seiner Meinungsäußerung binnen einer Woche nach Empfang derselben vom Untersuchungsrichter an denjenigen Befehlshaber, dem die Erhebung der Anklage obliegt, oder, wenn ein Angeschuldigter nicht ermittelt ist, an denjenigen, der die Voruntersuchung beantragt hat, zu übersenden. In Angelegenheiten betreffend einen Zweikampf unter Offizieren, werden die Akten von dem Befehlshaber durch Vermittelung der Kommandogewalt an den Kriegsminister zur Berichterstattung an den Kaiser übermittelt, wo ein gerichtliches Verfahren untunlich erscheint. In dem oben unter a) erwähnten Falle hat der Staatsanwalt in seiner Meinungsäußerung die Tatumstände, die Überführungsmomente und die Merkmale der Straftat nach dem Gesetze anzugeben (Art. 553, 554).

Der Befehlshaber hat, wenn er der Meinung des Staatsanwalts beitritt, binnen einer Woche die Erhebung der Anklage vor dem sachlich zuständigen Militärgericht zu verfügen, oder die Disziplinarbestrafung innerhalb der Grenzen seiner Machtbefugnis herbeizuführen, oder den Angeschuldigten außer Verfolgung zu setzen, das Verfahren einzustellen, auszusetzen oder endlich die Sache gegebenenfalls an die zuständige Staatsanwaltschaft des bürgerlichen Gerichts abzugeben. Von diesen Maßnahmen ist der Staatsanwalt und diejenige Behörde zu benachrichtigen, bei der die Strafanzeige angebracht war (Art. 556, 557).

Tritt der Befehlshaber der Meinung des Staatsanwalts nicht bei, so hat letzterer, wenn im Gegensatz zu ihm der Befehlshaber das Militärbezirksgericht für zuständig hält — was dieser zu begründen hat — vor diesem Gericht die Anklage zu erheben. Hält dagegen der Befehlshaber, im Gegensatz zum Staatsanwalt, das Regimentsgericht für zuständig, so hat letzterer die Sache dem Divisionskommandeur zur Entscheidung vorzulegen. Stimmt auch der Divisionskommandeur dem Staatsanwalt nicht bei, so ist die Entscheidung des Korpskommandeurs anzurufen. Stimmt auch dieser dem Staatsanwalt nicht zu, so wird die Sache an den Chef des Militärbezirks und bei Nichtzustimmung auch dieses letzteren an den Oberstaatsanwalt übersandt, der die Entscheidung des Obersten Militärgerichtshofs herbeiführt (Art. 558).

Der militärische Befehlshaber kann zu der Meinungsäußerung des Staatsanwalts Ergänzungen machen und die Personen bezeichnen, die als Zeugen zu laden sind (Art. 559).

In den Fällen, wo: a) die Voruntersuchung auf Verfügung des Kriegsministers geführt, oder b) die Erhebung der Anklage auf kaiserliche Entschließung, oder c) die Voruntersuchung auf Beschluß des Obersten Militärgerichtshofs zu eröffnen ist, gelangen die Akten nach Schließung der Voruntersuchung nicht an den Staatsanwalt, sondern an den Oberstaatsanwalt, welcher in den Fällen zu a und b an den Kriegsminister über die weitere Führung der Sache berichtet. Im Falle zu c ist die Entscheidung des Obersten Militärgerichtshofs herbeizuführen (Art. 560).

In den Strafsachen aus Art. 98, 110, 117, 118, 119 des Militärstrafgesetzbuchs sowie in den Fällen der Anklage unter Anwendung der Strafen für Kriegszeiten (Art. 91 das.) wird die oben angegebene einwöchige Frist durch die für Kriegszeiten bestimmte kürzere Frist ersetzt (Art. 561).

8. Beschwerden in der Voruntersuchung können alle Beteiligte über diejenigen Voruntersuchungshandlungen erheben, durch welche sie ihre Rechte für beeinträchtigt erachten. Die Beschwerden sind bei derjenigen Amtsperson schriftlich oder mündlich zu Protokoll anzubringen, gegen welche die Beschwerde sich richtet, und an das Militärbezirksgericht zu adressieren. Nur Beschwerden über Verhaftung werden innerhalb 24 Stunden und solche über Verzögerung des Verfahrens und wegen Sicherstellung einer Zivilforderung innerhalb dreier Tage mit einer Gegenerklärung dem Beschwerdegericht überreicht. Alle andern Beschwerden dagegen werden den Untersuchungsakten beigefügt und von dem für die Entscheidung in der Hauptsache zuständigen Gericht nach Beendigung der Voruntersuchung erledigt. Der Fortgang der Voruntersuchung wird in keinem Falle durch die Beschwerde aufgehalten. Vor Entscheidung über die Beschwerde ist die Staatsanwaltschaft stets und der Beschwerdeführer, wenn er zugegen ist, zu hören (Art. 531—544).

G. Erhebung der Anklage (Übergabe an das Gericht).

Die Versetzung in den Anklagezustand steht dem militärischen Befehlshaber zu, und zwar: a) der Personen der unteren Dienstgrade dem Regimentskommandeur, b) der Oberoffiziere dem Divisionskommandeur, c) der Stabsoffiziere, mit Ausnahme der Regimentskommandeure, dem Korpskommandeur, d) der Regimentskommandeure dem Chef des Militärbezirks, e) der Generäle und der Militärbeamten der ersten vier Rangklassen der kaiserlichen Entschließung und der Generäle wegen nichtdienstlicher Delikte dem Obersten Militärgerichtshof. In den Fällen b—e ist an den Kaiser, den Kriegsminister und an die Kommandobehörde zu berichten; über Erhebung der Anklage gegen Militärbeamte ist nur an den Kriegsminister zu berichten (Art. 562). Die Versetzung in den Anklagezustand der unteren Chargen der Grenzwache erfolgt durch die Brigadekommandeure, der Ober- und Stabsoffiziere durch den Kommandeur des besonderen Korps der Grenzwache, der Brigadekommandeure durch den Chef der Grenzwache und bei den Generälen bleibt es bei der Vorschrift oben unter e) (Art. 563).

Der Vorsitzende, der Oberstaatsanwalt und dessen Gehilfe und die Militärrichter des Obersten Militärgerichtshofs werden auf Beschluß des Obersten Marinegerichtshofs und dieselben Beamten des letzteren auf Beschluß des Obersten Militärgerichtshofs unter Anklage gestellt (Art. 564).

Der Kriegsminister, die Oberkommandeure und die Truppenkommandeure in den Militärbezirken sowie die im gleichen Range stehenden Militärpersonen werden wegen dienstlicher Vergehen einem besonderen Gerichtshof übergeben, der durch Beschluß des Staatsrates eingesetzt und vom Kaiser bestätigt wird (Art. 566).

Gehören die Angeklagten verschiedenen Kommandos an, so erfolgt die Anklageerhebung durch den gemeinschaftlichen höheren Befehlshaber (Art. 569).

H. Verfahren vor den Regimentsgerichten.

1. Die Erhebung der Anklage erfolgt durch Befehl des Befehlshabers, demzufolge die Akten mit einer Abschrift des Anklagebefehls und einem den Angeklagten betreffenden Auszug aus der Dienstliste und aus dem Strafjournal dem Regimentsgericht zu übersenden sind. Der Vorsitzende des Gerichts stellt eine Liste der zu ladenden Zeugen auf und legt sie dem Angeklagten mit dem Anklagebefehl vor und befragt ihn, ob und über welche Tatsachen er weitere Zeugen zu laden beantrage. Soweit der Vorsitzende die so benannten Zeugen für erheblich hält, beschließt er deren Ladung. Zeugen, die vom Orte des Gerichts weit entfernt wohnen, und höhere Beamte und Militärpersonen werden auf Verfügung des Vorsitzenden, soweit diese Zeugen noch nicht vernommen sind, am Orte ihres Wohnsitzes nach einer aufzustellenden Frageliste zu vernehmen, und zwar die letztere Zeugenkategorie durch ihre vorgesetzte Militärbehörde, im übrigen durch die Ortspolizeibehörde. Bei Antragsdelikten, wo eine Beilegung durch Vergleich zulässig ist, sind nur die vom Angeklagten und dem Verletzten in seinem Strafantrag und im Ermittelungsverfahren benannten Zeugen zu laden (Art. 572—577).

Nach Erledigung der vorstehenden und der sonstigen vorbereitenden Maßnahmen hat der Vorsitzende den Hauptverhandlungstermin anzuberaumen und ihn dem Regimentskommandeur mitzuteilen, der den Zusammentritt des Gerichtshofs zu dem bestimmten Termin veranlaßt. Der Termin ist auch dem Verletzten, der auch Antragsteller ist, sowie den Amtspersonen mitzuteilen, auf deren Anzeige die Strafverfolgung eingeleitet ist. Diese Personen können zum Termin selbst erscheinen oder Bevollmächtigte schicken, auch Zeugen stellen. Im übrigen werden die Zeugen, Sachverständige und Dolmetscher auf Verfügung des Vorsitzenden geladen. Die Zustellung der Ladungen erfolgt durch die Ortspolizeibehörde; Militärpersonen als Zeugen werden durch ihre vorgesetzte Behörde geladen, durch letztere wird auch der Angeklagte zum Termin vorgeführt. Als Sachverständige und Dolmetscher sind solche Personen nicht zu laden, die an der Aufklärung der Sache beteiligt waren oder als Zeugen und Richter in dieser Sache fungieren, die Angestellte des Angeklagten oder Verletzten sind oder überhaupt der Ablehnung unterliegen (Art. 578—585).

2. Die Hauptverhandlung vor dem Regimentsgericht ist mündlich und öffentlich. Die Öffentlichkeit ist auszuschließen:

a) in den Strafsachen betreffend die militärische Disziplin;
b) in den die Familie betreffenden Strafsachen;
c) in Strafsachen wegen Vergehen gegen die weibliche Ehre, wegen Notzucht und dergleichen Sittlichkeitsdelikte;
d) in den Antragsdelikten, wenn der Angeklagte und der Antragsteller den Ausschluß der Öffentlichkeit beantragen;
e) in allen andern Fällen, wo der Befehlshaber, der die Anklageerhebung beschlossen hat, den Ausschluß der Öffentlichkeit für notwendig erachtet.

In den Fällen unter a) und e) können Offiziere und Militärbeamte, in den Antragsdelikten die Verwandten und Freunde des Angeklagten und Verletzten auf deren Wunsch, je drei von jeder Partei, und im übrigen die Personen der Militärverwaltung zur Hauptverhandlung vom Vorsitzenden zugelassen werden (Art. 593, 594).

Eine Ablehnung der Richter durch den Angeklagten oder den Verletzten ist aus folgenden Gründen zulässig:

a) wenn ein Richter, dessen Ehefrau oder dessen Verwandte an der Sache beteiligt sind;
b) wenn ein Richter an dem Beschluß über Erhebung der Anklage, als Untersuchungsrichter, Staatsanwalt, Bevollmächtigter einer der Parteien in der Sache beteiligt war, oder Zeuge in der Sache ist;
c) wenn ein Richter Vormund eines an der Sache Beteiligten ist, oder ein Beteiligter Verwalter des Vermögens des Richters ist;
d) wenn ein Richter oder dessen Ehefrau gesetzliche Erben eines der Beteiligten sind oder mit diesen im Rechtsstreite sich befinden.

Die Ablehnung eines Richters kann auch aus andern vom Gericht für erheblich erachteten Gründen erfolgen (Art. 590, 771). Ist dem Richter ein Ablehnungsgrund bekannt, so hat er sich, ohne einen Ablehnungsantrag abzuwarten, jeder Tätigkeit in der Sache zu enthalten. Der Angeklagte und der Antragsteller in Antragsdelikten haben ihre Ablehnungsanträge unter Angabe der Gründe spätestens bei ihrem ersten Erscheinen vor Gericht vorzubringen. Über die Berechtigung der Ablehnung beschließt das Gericht; der Beschluß unterliegt der Bestätigung durch den Regimentskommandeur, der anstelle des abgelehnten Richters einen andern bestimmt (Art. 591, 592).

3. Die Verhandlung beginnt mit der Vernehmung des Angeklagten, der seine Verteidigung einem andern nicht übertragen darf (Art. 598, 595). Erklärt er sich für nichtschuldig, oder erregt sein Geständnis Bedenken, so ist zur Vernehmung der Zeugen, Sachverständigen und Urkundspersonen zu schreiten. Unentschuldigt ausgebliebene Zeugen usw. können in eine Geldstrafe bis 25 Rubel genommen werden. Die gesetzlichen Gründe, welche das Ausbleiben eines geladenen Zeugen usw. entschuldigen, sind dieselben wie beim Angeschuldigten (vgl. oben F. 5 c). Erscheinen die selbst unentbehrlichen Zeugen usw. auch zu dem nötigenfalls neu anzuberaumenden Termin nicht, so wird die Verhandlung trotzdem zu Ende geführt (Art. 613). Ebenso hält das Nichterscheinen des Nebenklägers die Verhandlung nicht auf; seine geltend gemachte Zivilforderung jedoch wird von der Verhandlung ausgeschlossen (Art. 608).

Die Zeugen und Sachverständigen sind über ihre persönlichen Verhältnisse, ihre Beziehungen zum Angeklagten und zum Nebenkläger zu befragen. Als Zeugen sind nicht zu vernehmen: Geisteskranke sowie Geistliche hinsichtlich dessen, was ihnen in der Beichte anvertraut ist. Die Ehefrau des Angeklagten, dessen Verwandte in auf- und absteigender Linie und seine leiblichen Geschwister können ihr Zeugnis verweigern, wenn sie das nicht tun, werden sie uneidlich vernommen (Art. 617—619).

Als Zeugen sind eidlich nicht zu vernehmen: die aus der Kirche durch Urteil des geistlichen Gerichts Ausgeschlossenen, Minderjährige unter 14 Jahren und Schwachsinnige, welche die Bedeutung des Eides nicht verstehen (Art. 20). Infolge Widerspruchs des Angeklagten oder eines andern am Verfahren Beteiligten sind eidlich nicht zu vernehmen:

a) Personen, denen alle Standesrechte oder alle besonderen Vorrechte aberkannt sind;

b) der Ehegatte des Verletzten, seine Verwandten in gerader Linie, seine Geschwister sowie auch die andern Seitenverwandten desselben und des Angeklagten in der dritten und vierten Stufe und die Verschwägerten beider Parteien in den ersten zwei Stufen;

c) Juden in Strafsachen ihrer zum Christentum übergetretenen Glaubensgenossen und Sektierer in Strafsachen von Sektierern, die zum rechtgläubigen Christentum zurückgekehrt sind;

d) Personen, welche zu einem der an der Sache Beteiligten durch Adoption oder Vormundschaft in besonderen Beziehungen stehen, oder wenn einer Vermögensverwalter des andern ist, oder wenn sie einen Rechtsstreit mit einander haben (Art. 621).

Von der Eidesleistung befreit sind: Geistliche und Personen des Mönchstandes aller christlichen Bekenntnisse und Personen, welche Glaubensbekenntnissen und Sekten angehören, die einen Eid nicht zulassen; letztere versichern anstatt des Eides, die Aussage nach Wahrheit und Gewissen zu machen (Art. 622).

Abgesehen von den vorstehenden Fällen sind die Zeugen und Sachverständigen, falls sie durch Vereinbarung des Angeklagten und des Nebenklägers von der Eidesleistung nicht befreit sind, eidlich zu vernehmen. Die Beeidigung aller Zeugen und Sachverständigen erfolgt zusammen nach einer bestimmten Formel durch einen Geistlichen von der Konfession des zu Beeidigenden. Zeugen und Sachverständige nicht rechtgläubigen Bekenntnisses können in Ermangelung eines Geistlichen ihres Bekenntnisses auch durch den Vorsitzenden beeidigt werden, nachdem sie unterschriftlich sich bereit erklärt haben, ihre Aussage auf Erfordern des Angeklagten oder des Nebenklägers eidlich zu bekräftigen (Art. 624—627).

Nach ihrer Beeidigung entfernen sich die Zeugen und Sachverständigen aus dem Sitzungszimmer, um später einzeln vernommen zu werden. Nach Vernehmung jedes Zeugen oder Sachverständigen hat der Vorsitzende die Prozeßbeteiligten zu befragen, ob und was sie gegen die Aussage einzuwenden haben und ihnen die Stellung von Fragen zu gestatten. An Zeugen und Sachverständige im Offiziersrange sind die Fragen der Beteiligten durch den Vorsitzenden zu stellen (Art. 629, 635, 636). Seine Aussage kann der Zeuge nur über Fragen verweigern, deren Beantwortung ihm eine strafrechtliche Verfolgung zuziehen könnte (Art. 638). Die Verlesung der Aussagen von Zeugen, die zur Hauptverhandlung nicht geladen, oder nicht erschienen, oder verstorben sind, ebenso die Verlesung von zur Sache überreichten Schriftstücken kann zugelassen werden (Art. 641, 642).

Hält das Gericht eine Vertagung und eine weitere Vernehmung von Zeugen oder Sachverständigen, oder eine Haussuchung, oder eine Beschlagnahme für erforderlich, so werden diese Maßnahmen nach den für die Voruntersuchung geltenden Vorschriften (oben unter F. 5) auf Beschluß des Gerichts ausgeführt. Der Angeklagte kann bei Ausführung dieser Handlungen nur dann zugegen sein, wenn sie am Orte, wo das Regimentsgericht sich befindet, vorgenommen werden. Der Nebenkläger und die andern bei der Sache beteiligten Personen können zwar bei Ausführung dieser Handlungen zugegen sein, geladen werden sie aber hierzu nicht (Art. 644, 647).

In dem nach Erledigung dieser Handlungen anberaumten neuen Hauptverhandlungstermin kann das Gericht, wenn es in seiner Besetzung sich nicht geändert und eine andere Strafsache in der

Zwischenzeit nicht verhandelt hat, die Fortsetzung der Verhandlung da beginnen, wo sie unterbrochen wurde; es kann aber auch die ganze Verhandlung oder einzelne Teile derselben erneuern (Art. 660).

Nach Erledigung aller Beweismittel sind der Angeklagte und die andern Prozeßbeteiligten zu hören; der Angeklagte hat das letzte Wort. Bei Antragsdelikten, die durch Vergleich erledigt werden können, sucht das Gericht nach Schluß der Beweisaufnahme die Parteien zu einigen. Erachtet das Gericht sich nicht für zuständig, so hat es die Akten mit dem diesbezüglichen Beschluß an den Regimentskommandeur zu übermitteln, der die Sache an den Staatsanwalt zur weiteren Veranlassung übersendet. Das weitere Verfahren ist oben unter F. 7 angegeben (Art. 661—663).

4. Das Urteil nach Schluß der Verhandlung ist in geheimer Beratung nach Stimmenmehrheit zu fällen. Bei Stimmengleichheit entscheidet die Stimme des Vorsitzenden. In dem Urteil ist auch über den Entschädigungsanspruch des Nebenklägers dem Grunde nach zu befinden. Ist die Höhe des Schadensanspruchs festgestellt, so hat das Urteil auch darüber zu befinden, im andern Falle ist der Betrag des dem Grunde nach anerkannten Schadensanspruchs vor dem zuständigen Zivilgericht geltend zu machen (Art. 664, 669).

Die Verkündung des Urteils ist öffentlich; bei der Urteilsverkündung ist der Angeklagte zu belehren, daß er gegen dasselbe mündlich oder schriftlich Beschwerde an den Regimentskommandeur einlegen kann (Art. 673). Das Urteil mit den Gründen muß spätestens in drei Tagen und in Strafsachen betreffend Entfernung vom Truppenteil, Fahnenflucht und leichtere Disziplinarvergehen der unteren Chargen im Wiederholungsfall (Art. 191 MStGB.) spätestens am folgenden Tag nach Erlaß schriftlich zu den Akten gelangen (Art. 675). Das Urteil enthält außer dem Datum und Bezeichnung des Angeklagten auch diejenige der andern Prozesbeteiligten und besteht aus Tatbestand und Gründen unter Angabe der Gesetzesbestimmung, auf welche das Urteil sich stützt (Art. 676). Für eine nicht beizutreibende Geldstrafe ist die dafür zu substituierende Freiheitsstrafe anzugeben (Art. 670). Auch über die Gerichtskosten ist zu entscheiden.

5. Die Urteile der Regimentsgerichte unterliegen der Bestätigung durch den Regimentskommandeur, und der Nebenkläger oder Privatkläger hat, soweit seine Rechte verletzt sind, gegen das bestätigte wie nicht bestätigte Urteil das Rechtsmittel des Einspruchs an das Militärbezirksgericht. Beträgt der Schadensanspruch des Nebenklägers oder Privatklägers nicht mehr als 30 Rubel, so ist der Einspruch unzulässig. Dem Angeklagten steht gegen das durch den Regimentskommandeur bestätigte Urteil ein Rechtsmittel überhaupt nicht zu. Dagegen ist gegen das rechtskräftige Urteil zugunsten des Verurteilten auf Beschluß des Obersten Militärgerichtshof die Wiederaufnahme des Verfahrens dann zulässig, wenn nachträglich Tatsachen oder Beweise für die Unschuld des Verurteilten oder dafür ermittelt sind, daß die Strafe, auf die

erkannt ist, zu hoch war, oder wenn Urkunden oder Aussagen, auf welche das Urteil sich stützt, sich später als falsch herausstellen, oder endlich, wenn das Regimentsgericht in der Sache nicht zuständig war. Ist auf eine Strafe erkannt, die gesetzlich überhaupt oder im gegebenen Fall nicht zulässig ist, so erfolgt eine Aufhebung des Urteils durch den Obersten Militärgerichtshof auf Antrag der vorgesetzten Behörde, welcher derjenige, der das Urteil bestätigt hat, untergeordnet ist (Art. 679, 683, 687, 688, 697, 700—702).

Das Regimentsgericht hat das Urteil mit den Akten und der etwaigen Beschwerde des Angeklagten (vgl. oben 4) unter Hervorhebung der Gründe, welche eine Milderung der erkannten Strafe als empfehlenswert erscheinen lassen, sofort dem Regimentskommandeur zur Bestätigung zu übersenden. Der Regimentskommandeur kann die Strafe um eine oder zwei Stufen herabsetzen. Im übrigen aber hat er, wenn er dem Urteil des Regimentsgerichts zustimmt, die Sache mit seiner Meinungsäußerung ungesäumt an das Militärbezirksgericht zur anderweiten Entscheidung zu übersenden und das Regimentsgericht unter Beifügung einer Abschrift seiner Meinungsäußerung hiervon zu benachrichtigen. Das von ihm bestätigte Urteil übersendet der Regimentskommandeur mit den Akten dem Regimentsgericht. Der Vorsitzende des letzteren ladet dann den Nebenkläger oder Privatkläger vor und teilt ihm das Urteil sowie die Meinungsäußerung des Regimentskommandeurs mit der Belehrung mit, daß er innerhalb 24 Stunden zu erklären hat, ob er gegen das Urteil oder die Meinungsäußerung des Regimentskommandeurs Einspruch einlegen will. Hat er erklärt, Einspruch einlegen zu wollen, so ist das Rechtsmittel binnen weiterer sieben Tage schriftlich oder mündlich mit Begründung beim Regimentsgericht anzubringen. Der Einspruch gegen die Meinungsäußerung des Regimentskommandeurs kann auch unmittelbar beim Militärbezirksgericht, hier aber selbst bis zum Verhandlungstermin, erhoben werden. Das Regimentsgericht hat sodann die Akten mit dem Einspruch an das Militärbezirksgericht ungesäumt zu übersenden. Wegen Zurückweisung des Einspruchs ist die Beschwerde innerhalb sieben Tage an das Militärbezirksgericht zulässig Sonst ist nur die Beschwerde wegen Langsamkeit des Verfahrens an den Regimentskommandeur gegeben (Art. 679, 680, 684, 687, 692—695).

6. Die Vollstreckung des rechtskräftig gewordenen Urteils erfolgt sofort auf Anordnung des Befehlshabers, der das Urteil bestätigt hat. Der Einspruch, der die Strafe selbst nicht berührt, hält die Vollstreckung des Urteils nicht auf. Das rechtskräftige Urteil wird durch Regimentsbefehl bekannt gegeben (Art. 698, 699).

Die Kosten des Verfahrens treffen im Falle der Verurteilung den Verurteilten; mehrere Verurteilte haften solidarisch. Gesuche, Erklärungen und Beschwerden aller Art sowie das Verfahren selbst vor den Regimentsgerichten ist gebühren- und stempelfrei. Für Abschriften von Urteilen, Beschlüssen u. dergl. werden die vorgeschriebenen Schreibgebühren von dem Antragsteller erhoben (Art. 710, 711).

J. Verfahren vor den Militärbezirksgerichten und den zeitweiligen Militärgerichten.

In allen zur Zuständigkeit der Militärbezirksgerichte gehörigen Sachen hat der Militärstaatsanwalt nach Beendigung der Voruntersuchung, und zwar binnen 8 Tagen nach Empfang der Akten eine Anklageschrift anzufertigen. In den Fällen, wo die Anklageerhebung ohne Voruntersuchung erfolgt (vergl. F. 7 vorletzten Absatz) hat der Oberstaatsanwalt die diesbezügliche Verfügung so zu fassen, daß sie vollständig die Anklageschrift ersetzt. Wird die Anklage entgegen dem Antrag des Staatsanwalts von der Militärbehörde erhoben, so kann der Staatsanwalt beantragen, daß die Anfertigung der Anklageschrift und die Vertretung der Sache einem anderen Vertreter der Staatsanwaltschaft übertragen wird (Art. 712, 715, 717).

Die Anklageschrift wird auf Verfügung des Befehlshabers gefertigt und muß außer Datum, genauer Bezeichnung des Angeklagten und seines Truppenteils, Angabe der die Straftat enthaltenden Tatsachen, das Ergebnis der Voruntersuchung und die Bezeichnung des Gesetzes, unter welches die Straftat fällt, enthalten. Ein Verzeichnis der zu ladenden Zeugen und Sachverständigen ist beizufügen (Art. 713, 718). Gleichzeitig mit der Anklage hat der Staatsanwalt auch Anträge darüber zu stellen, welche Mittel zu ergreifen sind, den Angeklagten zu verhindern, daß er sich der Strafverfolgung entziehe, falls die bisher getroffenen Maßnahmen nicht ausreichend erscheinen (Art. 719).

2. Über die Maßnahmen zur Vorbereitung der Hauptverhandlung hat das Gericht binnen einer Woche nach Empfang der Anklage im Beschlußverfahren nach Anhörung der Staatsanwaltschaft zu befinden. Beschließt das Gericht die Eröffnung des Hauptverfahrens, so ist dem Angeklagten eine Abschrift der Anklage und der Zeugenliste mit der Eröffnung zuzustellen, daß er innerhalb sieben Tage zu erklären habe, ob er einen Verteidiger gewählt und ob und über welche Tatsachen er die Ladung weiterer Zeugen beantrage. Dem Nebenkläger wird nur der Eingang der Anklageschrift bei Gericht mitgeteilt, und ihm anheimgestellt, eine Abschrift der Anklageschrift auf seine Kosten zu nehmen. Auch er kann binnen sieben Tagen nach Empfang der Mitteilung die Ladung weiterer Zeugen beantragen. Die Ladung von Zeugen, die schon in der Voruntersuchung vernommen worden sind, kann in der Regel, wenn sie von den Beteiligten beantragt wird, nicht abgelehnt werden. Die Ladung anderer Zeugen kann der Beteiligte, wenn das Gericht die Ladung ablehnt, auf seine Kosten bewirken oder durch das Gericht bewirken lassen, falls er dies dem Gericht binnen drei Tagen nach Empfang des ablehnenden Bescheides mitteilt. Nach Ablauf dieser Fristen kann die Ladung neuer Zeugen nur erfolgen, wenn neu hervorgetretene Tatumstände dies erheischen, und die Vernehmung ist auch dann nur zulässig, wenn die Ladung der Gegen-

partei spätestens ein Tag vor der Vernehmung mitgeteilt ist, oder die Gegenpartei der Vernehmung zustimmt. In allen diesen Fällen ist die Zeugenladung unstatthaft, wenn der Zeuge über 300 Werst Eisenbahnfahrt oder über 100 Werst anderen Weges vom Gerichtsorte entfernt wohnt, es sei denn, daß das Gericht die Vernehmung an Gerichtsstelle für durchaus notwendig erachtet. In den Sachen wegen Vergehen gegen die Disziplin oder wegen Achtungsverletzung werden die Vorgesetzten, gegen welche die Straftat begangen ist, nur auf besonderen Gerichtsbeschluß als Zeugen geladen, im anderen Fall wird ihre schriftliche Aussage verlesen (Art. 723—731, 745—752).

Die Wahl des Verteidigers erfolgt durch den Angeklagten oder auf seinen Antrag durch das Gericht aus der Zahl der vereideten Rechtsanwälte oder der Kandidaten für den Militärjustizdienst (vergl. A. 5). Es können aber auch andere Personen des Militär- oder bürgerlichen Standes, die hierzu qualifiziert sind, als Verteidiger gewählt werden. Offiziere und Beamte bedürfen zur Übernahme der Verteidigung der Genehmigung ihrer Vorgesetzten. In den Strafsachen aus Art. 96—196 des Militärstrafgesetzbuches sind als Verteidiger nur Kandidaten für den Militärjustizdienst, in Ermangelung solcher Personen Offiziere mit militärjuristischer Vorbildung zuzulassen. Für jeden von mehreren Angeklagten ist in der Regel je ein Verteidiger zu bestellen. Gleichzeitig mit seiner Zulassung erhält der Verteidiger die Erlaubnis zum freien unbeobachteten Verkehr mit dem Angeklagten. Der Angeklagte und sein Verteidiger sowie der Privat- oder Nebenkläger und ihre Bevollmächtigte haben das Recht der Akteneinsicht und der Anfertigung von Auszügen aus den Akten unter Aufsicht eines Kanzleibeamten. Zur Hauptverhandlung hat der auf freiem Fuße befindliche Angeklagte neben seinem Verteidiger stets persönlich zu erscheinen bei Vermeidung der Vorführung. Die Erkrankung des Verteidigers hat die Vertagung der Hauptverhandlung zur Folge, falls der neubestellte Verteidiger wegen Kürze der Zeit sich nicht ausreichend informieren kann. Der Privat- oder der Nebenkläger können sich in der Hauptverhandlung durch Bevollmächtigte vertreten lassen; wenn sie weder selbst erscheinen, noch einen Vertreter schicken, so hält das die Verhandlung nicht auf, ihr geltend gemachter Zivilanspruch aber scheidet aus der Verhandlung aus (Art. 736—743, 756—758, 762-764).

Die Besetzung des Gerichtes bei der Hauptverhandlung muß aus fünf Richtern einschließlich des Vorsitzenden, einem Vertreter der Staatsanwaltschaft und einem Sekretär als Protokollführer bestehen (Art. 766). Dem Angeklagten sind drei Tage vor der Hauptverhandlung die Namen der Richter und des Staatsanwalts bekannt zu geben (Art. 760). Ablehnungsanträge müssen spätestens einen Tag vor der Hauptverhandlung gestellt werden (Art. 772). Im übrigen gelten hinsichtlich der Ablehnung von Richtern dieselben Vorschriften wie im Verfahren vor den Regimentsgerichten (vergl. G. 2). Auch der Staatsanwalt und der Sekretär haben sich der Teilnahme an der

Hauptverhandlung aus denselben Gründen zu enthalten, welche die Ablehnung eines Richters begründen würden. Ein Ablehnungsrecht aber steht den Beteiligten hinsichtlich dieser Personen nicht zu, auch wird die Rechtsgiltigkeit der Prozeßhandlungen nicht berührt, wenn diese Personen trotz vorhandener Ablehnungsgründe an der Hauptverhandlung mitgewirkt haben. Gegen die Beschlüsse betreffend die Ablehnung oder Nichtteilnahme von Richtern an der Hauptverhandlung steht den Beteiligten das Rechtsmittel der Beschwerde, jedoch nur in Verbindung mit dem Rechtsmittel gegen das Urteil selbst, zu (Art. 779—781, 776).

4. Die Verhandlung, die in Abwesenheit des Angeklagten nicht geführt werden kann (Art. 953), wird vom Vorsitzenden geleitet, dem die Sitzungspolizei obliegt. Über den Ausschluß der Öffentlichkeit hat der Vorsitzende einen Gerichtsbeschluß herbeizuführen. Die Öffentlichkeit kann in den oben H. 2 unter a bis c angeführten Fällen und in den Strafsachen wegen Gotteslästerung ausgeschlossen werden. Zum Ausschluß der Öffentlichkeit wegen Gefährdung der Disziplin ist eine Verfügung des Chefs des Militärbezirks erforderlich. Überhaupt kann die Öffentlichkeit nur ausgeschlossen werden, wenn für diese Maßregel eine offensichtliche Notwendigkeit vorliegt. Die Gründe für den Ausschluß der Öffentlichkeit und die Prozeßhandlungen, bei welchen die Öffentlichkeit auszuschließen ist, sind in dem diesbezüglichen Gerichtsbeschluß und in der Verfügung des Chefs des Militärbezirks genau zu bezeichnen. Zu den Prozeßhandlungen, bei denen die Öffentlichkeit ausgeschlossen ist, können außer den oben H. 2 bezeichneten Personen auch Rechtsanwälte zugelassen werden, falls der Ausschluß der Öffentlichkeit nicht wegen Gefährdung der Disziplin erfolgt ist. Bei der Verhandlung über angeklagte Offiziere dürfen Militärpersonen der unteren Dienstgrade (Personen des Unteroffizierstandes und Mannschaften) nicht zugegen sein (Art. 788—794).

Im übrigen gelten für die Verhandlung vor den Militärbezirksgerichten und den zeitweiligen Militärgerichten die gleichen Bestimmungen wie vor den Regimentsgerichten (vergl. oben H. 3). Nur in einigen unwesentlichen Punkten gelten abweichende Vorschriften. Geladene aber unentschuldigt ausgebliebene Zeugen können in eine Geldstrafe bis zu 100 Rubel genommen werden, und haben außerdem die Kosten der infolge ihres Ausbleibens etwa notwendig gewordenen Vertagung und Anberaumung eines neuen Hauptverhandlungstermins zu tragen (Art. 813). Die Verhandlung beginnt mit der Verlesung der Anklageschrift oder, bei Antragsdelikten, die durch Vergleich beigelegt werden können, des Strafantrags (Art. 818). Auf Verlangen des Staatsanwalts, eines beisitzenden Richters oder eines anderen Beteiligten ist trotz des Eingeständnisses des Angeklagten die ganze Verhandlung durchzuführen (Art. 822). Zu den Personen, deren Vernehmung als Zeugen nicht zulässig ist, gehören hier auch Rechtsanwälte und Verteidiger hinsichtlich eines ihnen in der Sache gemachten Geständnisses des Angeklagten (Art. 845 Ziffer 3). Infolge Widerspruchs eines Beteiligten ist als Zeuge nicht zu vernehmen außer den oben H. 3 a bis d bezeichneten Personen auch der Verletzte, selbst wenn er nicht am Verfahren beteiligt ist (Art. 848). Ebenso dürfen die Erben des Angeklagten gegen seinen Widerspruch als Zeugen nicht vernommen werden, wenn das Strafverfahren gegen ihn eine Straftat betrifft, welche die Aufhebung aller Standesrechte zur Folge hat (Art. 849). Bestehen über die Berechtigung der Ablehnungsgründe Zweifel, so ist der Zeuge uneidlich zu vernehmen (Art. 851). Hinsichtlich der Sachverständigen gelten dieselben Vorschriften wie hinsichtlich der Zeugen (Art. 872).

In den Strafsachen wegen Verletzung der militärischen Disziplin und wegen Achtungsverletzung gegen Personen im Offiziersrang und Ältere sind die Verletzten nur nach Entfernung des Angeklagten und aller Unbeteiligten, mit Ausnahme der direkten Vorgesetzten des Verletzten, aus dem Sitzungssaal zu vernehmen. Fragen an diese Zeugen können die Angeklagten und deren Verteidiger nur durch den Vorsitzenden stellen. Diese Bestimmung findet überhaupt auf alle Fragen Anwendung, welche der Angeklagte selbst an Zeugen stellt, die seine Vorgesetzte im Offiziersrange oder Ältere sind, auch wenn sie nicht in der Eigenschaft als Verletzte vernommen werden (Art. 842, 865).

Nach der Beweisaufnahme finden die Schlußvorträge und Erklärungen des Staatsanwalts, des Privatklägers oder Nebenklägers, des Angeklagten und der andern Beteiligten statt. Weder der Staatsanwalt, noch der Angeklagte oder sein Verteidiger oder die andern Beteiligten dürfen auf die auf den Richtern ruhende Verantwortung oder auf ihre Pflicht der Aufrechterhaltung einer strengen Disziplin hinweisen. Ebensowenig darf an der durch die Militärgesetze bestimmten Ordnung oder an der dienstlichen Tätigkeit der nicht angeklagten Militärbeamten Kritik geübt werden; vielmehr sind lediglich die Tatsachen und die daraus entstandenen Folgen anzuführen (Art. 887).

5. Nach Beendigung der Schlußvorträge findet die Beratung in geheimer Sitzung statt, wobei vor der Urteilsfällung alle dem Urteile zugrunde liegenden Fragen, wie: ob die Straftat überhaupt begangen ist, ob der Angeklagte sie begangen hat, ob sie dem Angeklagten zuzurechnen ist, und wenn nicht, aus welchem Grunde, ob der unter 17 Jahren alte Angeklagte die Strafbarkeit der Handlung erkannt hat — besonders zu beantworten sind. Diese Fragen werden, und zwar für jeden Angeklagten besonders, von dem Vorsitzenden entworfen und auf einen Fragebogen gesetzt, den er und die Beisitzer zu unterschreiben haben (Art. 894, 896, 897, 899—901). Ergibt sich bei der Beratung, daß die zur Aburteilung stehende Handlung die Merkmale einer in der Anklageschrift nicht vorgesehenen Straftat aufweist, welche eine höhere Strafe begründet, so ist die Sache in das Voruntersuchungsstadium zurückzuversetzen,

worauf der Staatsanwalt an den militärischen Befehlshaber zur weiteren ordnungsmäßigen Veranlassung berichtet (Art. 895).

Über die Fragen des Fragebogens ist einzeln abzustimmen, und bei jeder einzelnen Frage ist das Abstimmungsergebnis zu vermerken. Das Gericht entscheidet bei Würdigung aller Tatumstände nach freier Überzeugung; bei der Abstimmung gibt der jüngste Richter seine Stimme zuerst, der Vorsitzende die seine zuletzt ab. Die Entscheidung erfolgt nach Stimmenmehrheit, bei Stimmengleichheit ist die dem Angeklagten günstigere Meinung maßgebend (Art. 902—904).

Nach Beantwortung der im Fragebogen enthaltenen Fragen ist das Urteil zu fällen und die Strafe zu bestimmen. Auch hier entscheidet die Stimmenmehrheit und bei geteilten Meinungen diejenige, welche in sich die meisten Stimmen vereinigt. Bei Stimmengleichheit aber gebührt hier der Stimme des Vorsitzenden das Übergewicht, und erst, wenn auf diese Weise ein Mehrheitsergebnis nicht zu erlangen ist, entscheidet die dem Angeklagten günstigere Meinung (Art. 907). Diejenigen Gerichtsmitglieder, welche dem Endurteil nicht zustimmen, können bis zur Unterzeichnung des Urteils ihre abweichende Meinung schriftlich erklären, was beim Urteil zu vermerken ist (Art. 909).

6. Das Urteil kann außer auf Freisprechung oder Verurteilung auch auf Außerverfolgungsetzung des Angeklagten wegen Verjährung, Begnadigung u. dgl. lauten. In dem letzteren Falle kann der Außerverfolgunggesetzte bis zur Verlesung des Urteils beantragen, daß das Gericht Schuld und Strafe für den Fall festsetze, wenn Verjährung, Begnadigung u. dgl. nicht eingetreten wäre (Art. 910—912). Das Gericht kann auch beschließen, die Allerhöchste Begnadigung zu empfehlen, in welchem Falle es die Gründe für eine Begnadigung und die Grenzen im Urteil anzugeben hat, innerhalb welcher die Begnadigung empfohlen wird. Die Akten gehen dann an den Chef des Militärbezirks, der sie mit seiner Meinungsäußerung an den Kriegsminister oder, wenn eine Kassationsbeschwerde eingereicht ist, an den Obersten Militärgerichtshof zur weiteren Veranlassung übermittelt (Art. 913, 914, 932).

Das Urteil hat auch über die aus der Straftat herrührenden Gegenstände und den geltend gemachten Schadens- oder Zivilanspruch zu befinden. Über letzteren ist das oben unter H. 4 am Anfang Angeführte zu vergleichen. Die aus der Straftat herrührenden Gegenstände werden kurzer Hand sofort und, soweit sie als Überführungsstücke zu den Akten gebraucht werden, nach Rechtskraft des Urteils dem rechtmäßigen Eigentümer ausgehändigt (Art. 916). Ergeben sich in der Verhandlung die Merkmale einer andern nicht zur Aburteilung gestellten strafbaren oder rechtswidrigen Handlung, so hat das Gericht einen besonderen Beschluß darüber zu fassen und an den Chef des Militärbezirks oder die zuständige Zivilbehörde zu berichten (Art. 919).

Die Verkündung des Urteilstenors erfolgt sofort nach der Beratung in öffentlicher Sitzung. Die Verkündung der Urteilsgründe wegen des anzuwendenden Gesetzes uud der Strafe kann auf den nächstfolgenden Tag vertagt werden. Lautet das Urteil auf Freisprechung, so ist der in Haft befindliche Angeklagte sofort aus der Haft zu entlassen (Art. 924, 925).

Bei der Urteilsverkündung hat der Vorsitzende einen Termin zur Verlesung des Urteils mit den Gründen anzuberaumen und zu demselben die an dem Verfahren Beteiligten zu laden. Das Urteil mit den Gründen muß spätestens in einer Woche zu den Akten gebracht werden. Über den Inhalt des Urteils ist das oben unter H. 4 Gesagte zu vergleichen (Art. 926, 927). Bei der Verlesung des Urteils mit den Gründen, die öffentlich durch den Vorsitzenden oder ein Gerichtsmitglied erfolgt, ist den Beteiligten zu erklären, in welcher Form und Frist sie gegen das Urteil das zulässige Rechtsmittel einlegen können. Die Rechtsmittelfrist läuft von dieser Urteilsverlesung (Art. 997—939).

Über die Hauptverhandlung und die Verlesung des Urteils ist ein von dem Vorsitzenden und den Beisitzern zu unterzeichnendes Protokoll aufzunehmen, welches alle Vorgänge der Verhandlung angeben und den Beteiligten zur Durchsicht vorgelegt, den Analphabeten vorgelesen werden muß. Einwendungen gegen das Protokoll sind darin von dem Sekretär zu vermerken. Diejenigen Formalien, deren Beobachtung das Protokoll nicht ausdrücklich vermerkt, gelten als nicht beobachtet (Art. 941—950).

7. a) In den Verhandlungen vor den Militärbezirksgerichten und zeitweiligen Militärgerichten als Berufungsinstanz — auf die Berufung (Meinungsäußerung) des Regimentskommandeurs oder den Einspruch des Privatklägers oder Nebenklägers (vgl. oben H. 5) — findet eine Wiederholung der ganzen Verhandlung wie in erster Instanz vor dem Regimentsgericht nicht statt. Vielmehr erstattet der Vorsitzende einen Bericht nach dem Inhalt der Akten unter Verlesung der wesentlichen Urkunden und Aktenstücke, insbesondere der Berufungsschrift (Meinungsäußerung) des Regimentskommandeurs und der Erklärung des Verletzten, wenn er zur Verhandlung nicht erschienen ist. Eine nochmalige Vernehmung der Zeugen und Sachverständigen findet nur dann statt, wenn das Gericht dies für notwendig erachtet, oder der Regimentskommandeur oder derjenige, der den Einspruch eingelegt hat, dies beantragt haben, und Hindernisse dem nicht entgegenstehen. Nach dem Bericht des Vorsitzenden werden der Angeklagte und die andern Beteiligten zu Erklärungen verstattet. Der Staatsanwalt ist hier wie vor jeder Entscheidung zu hören. Das Nichterscheinen des Einspruchserhebenden zum Verhandlungstermin hält ebensowenig die Verhandlung auf wie der Umstand, daß er auf die Meinungsäußerung des Regimentskommandeurs eine Erklärung nicht abgegeben hat. Das Berufungsgericht kann auf die Berufung des Regimentskommandeurs auf eine Erhöhung der in erster Instanz erkannten Strafe oder auf Strafe überhaupt, wenn in

erster Instanz Freisprechung erfolgt ist, nur dann erkennen, wenn der Antrag in der Berufungsschrift dahin geht (Art. 962—974).

b) Die beim Militärbezirksgericht als Beschwerdeinstanz eingereichten Beschwerden über Zurückweisung des Einspruchs des Verletzten wird dem Regimentsgericht zur Erklärung übersandt, und dieses hat die Beschwerde mit seiner Erklärung binnen drei Tagen an das Militärbezirksgericht zurückzuschicken, welches über die Beschwerde dann in öffentlicher Sitzung nach Anhörung des Staatsanwalts entscheidet. In dem Beschluß über die ungerechtfertigte Zurückweisung des Einspruchs ist eine Frist von einer bis zu zwei Wochen für die erneute Einreichung des Einspruchs zu bestimmen. Der zurückgewiesene Einspruch (der zurückgeschickt wird) kann originaliter wieder eingereicht werden (Art. 975—980).

8. Gegen die Urteile der Militärbezirksgerichte und der zeitweiligen Militärgerichte ist das Rechtsmittel der Kassationsbeschwerde sowohl der Staatsanwaltschaft wie des Angeklagten und der andern Beteiligten zulässig (Art. 982).

Gesondert von der Kassation sind noch Beschwerden und Proteste gegen die Entscheidungen der bezeichneten Gerichte in folgenden Fällen zulässig:

a) wegen der Maßnahmen, die den Angeklagten daran verhindern sollen, daß er sich der Strafverfolgung und der Verhandlung entziehe;
b) wegen der Maßnahmen zur Sicherung des vom Verletzten geltend gemachten Schadensanspruchs;
c) wegen Festsetzung einer Strafe für das Nichterscheinen geladener Zeugen und Sachverständigen;
d) wegen Zurückweisung der eingereichten Kassationsbeschwerde;
e) über den Gerichtsbeschluß betreffend Beschwerden wegen Untersuchungshandlungen;
f) wegen Verzögerungen im Verfahren;
g) über unrichtige Vollstreckung des Urteils.

Alle andern Beschwerden können nur zusammen mit dem Rechtsmittel der Kassation angebracht werden (Art. 984—986).

Die Kassationsbeschwerden und Proteste gegen Urteile und Beschlüsse des Gerichts sind mündlich oder schriftlich binnen einer siebentägigen Frist von der Verkündung der Entscheidung, und wenn die Entscheidung nicht verkündet ist, von ihrer Ausführung bei dem Gericht, dessen Entscheidung angefochten wird, einzureichen. Beschwerden wegen Verzögerung im Prozeßverfahren und über die Verhaftung des Angeklagten sind an eine Frist nicht gebunden. Die Einreichung der Beschwerde oder des Protestes hält die Ausführung der Entscheidung, gegen die sie sich richten, nicht auf, es sei denn, daß das Gericht die Aussetzung der Ausführung bis zur Entscheidung für notwendig hält. Der Gegner des Beschwerdeführers kann bis zu dem Tage der mündlichen Verhandlung eine Gegenerklärung einreichen (Art. 988—993, 1014, 1017).

Der Beginn der oben bezeichneten Frist für die Kassationsbeschwerden wird von dem auf den Tag der Verkündung der Entscheidung folgenden Tag gerechnet. Fällt der letzte Tag der Frist auf einen Tag, an dem die Behörden geschlossen sind, so läuft die Frist an dem nächstfolgenden Tag ab. Die Absendung der Rechtsmittelschrift mit der Post innerhalb der Frist wahrt dieselbe. Gegen Versäumung der Frist aus erheblichen Gründen kann bei dem Gericht, gegen dessen Entscheidung die einzureichende Beschwerde sich richtet, Wiedereinsetzung in den vorigen Stand beantragt werden. Abschriften der Kassationsbeschwerde oder des Protestes werden dem Angeklagten, dem die Einlegung derselben mitzuteilen ist, unentgeltlich, den andern Beteiligten gegen die vorgeschriebenen Kanzleigebühren, erteilt (Art. 996—1001).

Die Kassationsbeschwerden können sich nur stützen auf eine Verletzung des Gesetzes des materiellen Rechts, oder einer wesentichen Formalvorschrift, oder endlich auf Verletzung der Vorschriften über die Zuständigkeit. Eine Strafsache aber, die an das Militärbezirksgericht gelangt ist, kann an das Regimentsgericht nicht verwiesen werden, selbst wenn dessen Zuständigkeit begründet ist (Art. 1002, 268).

Die irrtümliche Bezeichnung des Gesetzes kann die Kassation nicht begründen, wenn nur das richtige Gesetz angewendet ist. Ebenso kann bei einer Mehrheit von Straftaten die nicht richtige Anwendung des Gesetzes auf eine unerhebliche Straftat die Kassation nicht rechtfertigen, wenn dieser Fehler auf die Gesamtstrafe keinen Einfluß hat. (Art. 1003, 1004).

Jeder Beteiligte kann die Kassationsbeschwerde nur auf eine Verletzung einer solchen Vorschrift stützen, die zu seinen Gunsten lautet, nicht aber auf die Verletzung einer Rechtsnorm zugunsten der Gegenpartei (Art. 1013). Dem Staatsanwalt steht das Kassationsrechtsmittel nur dann zu, wenn die gerichtliche Entscheidung mit seinen Anträgen nicht übereinstimmt, oder sie nicht berücksichtigt. Die Stellung des Staatsanwalts hat auch der Privatkläger bei Antragsdelikten, die durch Vergleich beigelegt werden können. Dem Zivilkläger oder demjenigen, der für den aus der Straftat entstandenen Schaden haftet, steht das Recht der Kassationsbeschwerde nur insoweit zu, als sein geltend gemachter Schadensanspruch von der anzufechtenden Entscheidung betroffen wird. Hat der Verletzte gegen das Urteil des Regimentsgerichts oder gegen die Meinungsäußerung des Regimentskommandeurs Einspruch nicht erhoben, so steht ihm auch kein Rechtsmittel gegen das Urteil des Militärbezirksgerichts bezw. des zeitweiligen Militärgerichts zu, wenn durch dieses Urteil dasjenige des Regimentsgerichts oder die Meinungsäußerung des Regimentskommandeurs bestätigt wird. Wird aber durch das Urteil des Berufungsgerichts die vorinstanzliche Entscheidung oder die

Meinungsäußerung des Regimentskommandeurs abgeändert, so steht dagegen dem Verletzten die Kassationsbeschwerde zu (Art. 1006—1013).

Die Kassationsbeschwerden und Proteste in Strafsachen gegen den Vorsitzenden und die Mitglieder des Obersten Militärgerichtshofs, des Marinegerichtshofs und gegen den Oberstaatsanwalt und dessen Gehilfen sind, falls es sich nicht um Amtsdelikte handelt, an denjenigen Obersten Militär- oder Marinegerichtshof zu richten, durch dessen Beschluß die Erhebung der Anklage erfolgt ist (Art. 1016).

Die Einreichung der Kassationsbeschwerde und des Protestes, welche die (strafbare) Verantwortung des Angeklagten zum Gegenstande haben, hemmt die Vollstreckung des ganzen Urteils; beziehen sich aber diese Rechtsmittel auf den geltend gemachten Schadensanspruch, so wird nur die Vollstreckung des Urteils hinsichtlich dieses Anspruchs gehemmt (Art. 1019). Die durch das Urteil beschlossene Haftentlassung des Angeklagten wird durch Einlegung von Rechtsmitteln nicht gehemmt (Art. 1020).

In den Strafsachen aus den Artikeln 98, 110, 117—119 des Militärstrafgesetzbuchs und in den Sachen, wo das Kriegsrecht anzuwenden ist (Art. 91 MStGB.) werden die Rechtsmittelfristen wie auch die andern Fristen für Anbringung der Ablehnungsanträge usw. durch diejenigen ersetzt, welche für das Prozeßverfahren in Kriegszeiten bestimmt sind (Art. 1022), worüber weiter unten zu vergleichen ist.

9. In den Strafsachen gegen Amtspersonen wegen Amtsdelikte, die infolge einer Amnestie eingestellt sind, bevor ein Urteil über die Schuld oder Nichtschuld der Täter ergangen ist, können die Betroffenen bei ihrer zuständigen Behörde um Wiederaufnahme des eingestellten Verfahrens nachsuchen und zwar innerhalb der Frist von 4 Monaten und, wenn sie sich im Auslande befinden, von einem Jahre von dem Tage der Mitteilung des Urteils. Ist der Antragsberechtigte vor Ablauf dieser Frist gestorben, so steht das Recht des Wiederaufnahmeantrags den Familienmitgliedern des Verstorbenen zu. Ist der Antragsteller in dem so wieder aufgenommenen Verfahren nicht freigesprochen, so erstreckt sich die Wirkung der Amnestie nicht mehr auf ihn (Art. 955—959).

Auch sonst ist die Familie einer angeklagten Amtsperson, die vor der Urteilsfällung gestorben ist, in den angegebenen vom Todestage zu rechnenden Fristen berechtigt, die Wiederaufnahme des zufolge des Todes des Angeklagten eingestellten Verfahrens zu beantragen (Art .966).

K. Zuständigkeit des Obersten Militärgerichtshofs und Verfahren vor demselben.

Der Oberste Militärgerichtshof entscheidet als Kassations- oder Revisionsinstanz über:

a) Kassationsbeschwerden und Proteste sowie über einfache Beschwerden, wo das Gesetz solche zuläßt (vgl. oben J. 8 und 9);

b) Anträge auf Wiederaufnahme eines durch rechtskräftiges Urteil abgeschlossenen Verfahren wegen neuer Tatsachen (vgl. unten 2);
c) die Anklageerhebung in den im Gesetze angegebenen Fällen (vgl. oben G. unter e);
d) gesetzgeberische Fragen auf dem Gebiete des Militärstrafrechts;
e) Disziplinarsachen in den im Disziplinargesetz angegebenen Fällen.

Zu dem Verhandlungstermin werden die Beteiligten nicht geladen, sie können aber dabei zugegen sein und werden in diesem Falle zu Erklärungen verstattet (Art. 1023—1026).

1. Der Oberstaatsanwalt hat vor der Verhandlung schriftlich sich über die Sache zu äußern unter Darlegung des Sachverhalts und der einschlägigen Gesetzesbestimmungen. In der mündlichen und öffentlichen Verhandlung hat sodann ein Mitglied des Gerichts über die Sache Bericht zu erstatten unter Verlesung der wesentlichen Urkunden und Schriftstücke. Nach der Berichterstattung ist der Oberstaatsanwalt mit seinen Anträgen zu hören, worauf die anwesenden Beteiligten zu Erklärungen verstattet werden. Darnach hat der Berichterstatter einen Fragebogen über die dem Urteil zugrunde zu legenden Fragen aufzustellen, über den der Oberstaatsanwalt und die anwesenden andern Beteiligten sich äußern und Änderungen beantragen können. Über die endgültige Feststellung der Fragen des Fragebogens entscheidet das Gericht. Wegen der Abstimmung und Beratung über das Endurteil gilt das oben J. 5 a. E. Gesagte (Art. 1027—1039).

Ist das angefochtene Urteil lediglich hinsichtlich des Strafmaßes aufgehoben, so kann das Revisionsgericht selbst die Strafe festsetzen. Im andern Falle wird die Sache an die Vorinstanz zur anderweiten Entscheidung zurückverwiesen, und zwar entweder an dasselbe Gericht aber in anderer Besetzung, oder an ein anderes Gericht gleicher Ordnung. Die Vorinstanz ist an die Entscheidung des Revisionsgerichts hinsichtlich der darin entschiedenen Frage gebunden. Die erneute Entscheidung der Vorinstanz kann mit der Kassation oder Revision nur insoweit angefochten werden, als neue Rechtsverletzungen vorgekommen sind, oder wenn diese Entscheidung die in dem Revisionsurteil gegebene Rechtsauslegung nicht oder nicht richtig angewendet hat (Art. 1041—1046).

Die Entscheidungen des Obersten Militärgerichtshofs, — und das gilt auch von dem Obersten Marinegerichtshof und von dem Kassationshof in allen bürgerlichen Sachen — werden amtlich veröffentlicht und sind dann als allgemein geltende Rechtsnormen für alle Gerichte bindend (Art. 1048).

2. Die Wiederaufnahme des durch rechtskräftiges Urteil geschlossenen Verfahrens ist in folgenden Fällen zulässig:

a) wenn mehrere Personen wegen derselben Straftat durch verschiedene Urteile verurteilt sind, während die Begehung der Straftat durch die eine Person die Möglichkeit der Begehung derselben Straftat durch eine andere Person ausschließt;

b) wenn jemand wegen einer Straftat verurteilt ist, die hinterher als nicht begangen sich erweist, oder wenn überhaupt nachträglich Beweise für die Unschuld des Verurteilten oder dafür, daß er zu einer Strafe irrtümlich oder über das gesetzliche Maß hinaus verurteilt ist, ermittelt sind;

c) wenn Urkunden, oder Zeugen-, oder Sachverständigenaussagen, auf welche das Urteil sich gründet, hinterher als falsch sich erweisen;

d) wenn gerichtlich festgestellt ist, daß ein Richter, der am Urteil mitgewirkt hat, aus Eigennutz oder aus andern persönlichen Motiven hierbei gehandelt hat.

Der Wiederaufnahmeantrag ist von der Staatsanwaltschaft, der vorgesetzten Behörde des Verurteilten, von diesem selbst oder seinen Verwandten oder Verschwägerten zu stellen und an den Obersten Militärgerichtshof zu richten. Der Antrag ist an keine Frist gebunden und ist auch nach dem Tode des Verurteilten zulässig (Art. 1056—1059).

Der Oberste Militärgerichtshof hat zuerst die für die Wiederaufnahme des Verfahrens angeführten Gründe auf ihre Richtigkeit und Tatsächlichkeit zu prüfen und die Sache dann, wenn der Antrag begründet erscheint, an dasselbe Gericht, dessen Urteil angefochten wird, oder an ein Gericht gleicher Ordnung zur erneuten Verhandlung und Entscheidung zu überweisen. Ist das Urteil, gegen welches der Wiederaufnahmeantrag sich richtet, noch nicht oder nicht ganz vollstreckt, so ist die weitere Vollstreckung bis zur endgültigen Entscheidung über den Antrag auszusetzen (Art. 1060—1062).

3. Die Erhebung der Anklage durch den Obersten Militärgerichtshof (vgl. oben G. unter e) erfolgt auf Antrag des Oberstaatsanwalts. Die Prüfung der Voruntersuchung geschieht vor dem Obersten Militärgerichtshof in nicht öffentlicher Sitzung nach Berichterstattung durch ein Mitglied des Gerichtshofs. Nach der Berichterstattung ist der Oberstaatsanwalt mit seinen Anträgen zu hören, worauf das Gericht in geheimer Beratung entweder die Erhebung der Anklage oder die Einstellung des Verfahrens beschließt. Hierbei hat das Gericht sich lediglich auf die zur Beurteilung gestellten Tatsachen und Personen zu beschränken. Der Beschluß über Erhebung der Anklage hat allen Erfordernissen einer Anklageschrift zu genügen (Art. 1065—1074).

Alle Entscheidungen des Obersten Militärgerichtshofs sind endgültig, Rechtsmittel gegen dieselben sind nicht gegeben (Art. 1090).

4. Über legislatorische Fragen auf dem Gebiete des Militärstrafrechts hat der Oberste Militärgerichtshof auf den schriftlich eingebrachten Antrag des Oberstaatsanwalts zu beraten. Der letztere handelt auf Verfügung des Kriegsministers, dem allein das Recht zusteht, die Meinungsäußerung des Obersten Gerichtshofs über der-

artige Fragen herbeizuführen. An der Beratung über diese Fragen nehmen sämtliche Mitglieder des Gerichtshofs bei Anwesenheit des Oberstaatsanwalts teil. Greifen die zur Beratung gestellten Fragen auch auf das Gebiet des Marinestrafrechts über, so beteiligt sich an der Beratung auch der Oberste Marinegerichtshof in seinem gesamten Bestande unter Anwesenheit des Marineoberstaatsanwalts. Jedes Mitglied des Gerichtshofs gibt seine Meinung in schriftlicher Form noch vor dem Termin zur gemeinschaftlichen Beratung an den Vorsitzenden ab. Über die Beratung wird ein Protokoll aufgenommen, in dem sowohl der Mehrheitsbeschluß wie auch das Votum der Minderheit darzulegen ist. Auf Grund der Beratung wird ein Bericht an den Kaiser abgefaßt, der durch den Oberstaatsanwalt an den Kriegsminister übermittelt wird. Letzterer legt den Bericht dem Kaiser zur Genehmigung vor.

L. Vollstreckung der Urteile der Militärbezirksgerichte und der zeitweiligen Militärgerichte.

1. Urteile, welche die Rechtskraft beschritten haben, d. h. gegen welche Rechtsmittel in der gesetzlichen Frist nicht eingelegt, oder wenn die eingelegten Rechtsmittel zurückgewiesen sind, unterliegen der Vollstreckung (Art. 1093).

2. Die rechtskräftigen Urteile werden durch den Kriegsminister dem Kaiser zur Bestätigung vorgelegt:

a) wenn Offiziere, Militärbeamte, Adlige und Kirchendiener aller Grade zu einer mit der Aberkennung aller Standesrechte oder aller besonderen Rechte und Vorrechte verbundenen Strafe, oder wenn Offiziere und Militärbeamte zur Degradation zum Gemeinen verurteilt sind;

b) wenn jemand zum Verlust eines Ordens oder einer Auszeichnung verurteilt ist, die vom Kaiser verliehen sind, oder zu deren Anlegung kaiserliche Genehmigung erfolgt ist;

c) wenn das Gericht eine Milderung der Strafe oder die Begnadigung empfiehlt.

In den Strafsachen, in denen Urteile auf Grund des Art. 91 des Militärstrafgesetzbuches unter Anwendung der für Kriegszeiten bestimmten Strafen ergangen sind, werden dieselben nach ihrer Rechtskraft dem Chef des Militärbezirks zur Bestätigung vorgelegt (Art. 1097, 1098[1]).

3. Die Anordnung der Urteilsvollstreckung gehört zu den Obliegenheiten des militärischen Befehlshabers, der die Erhebung der Anklage angeordnet hat, bzw. des Chefs des Militärbezirks (vgl. oben G.). Die Vollstreckung selbst wird von der Staatsanwaltschaft durchgeführt unter Mitwirkung gegebenenfalls der Polizei- oder sonstiger zuständiger Behörden. Urteile auf Verweise, Vorhaltungen u. dergl. werden von dem Vorsitzenden des erkennenden Gerichts vollstreckt (Art. 1099—1102, 1113).

Die rechtskräftigen und — wo erforderlich — bestätigten Urteile unterliegen der sofortigen Vollstreckung. Die Vollstreckung ist jedoch auszusetzen:

a) wenn der Verurteilte derart erkrankt ist, daß die Krankheit die Vollstreckung hindert — bis zur Erlangung der Gesundheit;
b) wenn die erkannte Strafe in eine andere umgewandelt werden soll — bis zur erfolgten Umwandlung;
c) wenn der Verurteilte noch wegen einer andern mit einer schwereren Strafe bedrohten Straftat angeklagt ist — bis zur Aburteilung der letzteren.

Der Verlust aller Standesrechte oder aller besonderen Rechte und Vorrechte hat auch den Verlust aller Orden, Auszeichnungen, Diplome und Atteste ohne weiteres zur Folge. Dieselbe Folge tritt auch ein bei den zur Überweisung an die Disziplinarbataillone und zur Degradation zum Gemeinen Verurteilten. Diesen werden jedoch die Medaillen und Kreuze für die Teilnahme an Kriegen und Feldzügen belassen (Art. 1112, 1114, 1115).

Die Vollstreckung der Todesstrafe durch Erschießen oder durch den Strang erfolgt vor der Front. Im Falle der Begnadigung zu politischem Tod (Verlust aller Standesrechte) werden alle Formalitäten der Hinrichtung erfüllt, und die Begnadigung wird dem Verurteilten erst wenn er unter dem Galgen usw. steht, mitgeteilt (Art. 1117).

Offiziere und Militärbeamte, die zur Degradation verurteilt sind, werden zu andern Truppenteilen versetzt (Art. 1121).

M. Ausnahmen von dem ordentlichen Prozeßverfahren.

In folgenden Fällen finden Abweichungen von dem ordentlichen Strafgerichtsverfahren statt:

1. Die Strafsachen betreffend Vergehen gegen die Kirche und Religion werden, falls sie mit einer Kirchenstrafe bedroht sind, vor dem zuständigen geistlichen Gericht verhandelt. Kommt hierbei auch eine kriminelle Strafe in Betracht, so bleibt das Militärgericht zuständig; das Urteil des Militärgerichts wird aber wegen der etwa noch zu verhängenden Kirchenbuße an das geistliche Gericht zur weiteren Veranlassung mitgeteilt. In Sachen betreffend Vergehen gegen die rechtgläubige (orthodoxe) Kirche nehmen die Mitglieder des Militärgerichts, die nicht orthodoxen Glaubens sind, an der Verhandlung nicht teil (Art. 1158, 1159, 1162).

In Ehesachen, wegen Bigamie, wegen blutschänderischer Ehe tritt eine Mitwirkung der geistlichen Gerichte, vor oder nach Beendigung des Verfahrens vor dem Militärgericht, insoweit ein, als Fragen zur Entscheidung stehen, die zur Zuständigkeit dieser Gerichte gehören, so das Bestehen oder Nichtbestehen einer Ehe, das Bestehen eines als Ehehindernis geltenden Verwandtschaftsverhältnisses u. dergl. (Art. 1164—1167).

Wird wegen Ehebruchs Strafantrag gestellt, so ist das Militärgericht zuständig. Wird dagegen die Ehescheidung wegen Ehebruchs nachgesucht, so ist die Zuständigkeit des geistlichen Gerichts begründet (Art. 1168).

2. Die Zuständigkeit der Militärgerichte erstreckt sich auf Personen des geistlichen Standes nur soweit, als Zivilpersonen der Militärgerichtsbarkeit unterstehen (vgl. B. 6). Im übrigen aber unterstehen geistliche Personen, auch Militärgeistliche, den geistlichen Gerichten oder der Gerichtsbarkeit der sonst zuständigen Gerichte nach den allgemeinen strafprozessualen Vorschriften (Art. 1169).

Die Untersuchungshaft ist gegen Geistliche nur in den Strafsachen wegen schwerer Verbrechen, die mit Aberkennung aller Standesrechte oder aller besonderen Rechte und Vorrechte bedroht sind, und auch da nur im Falle der äußersten Notwendigkeit zulässig; sie werden auch gesondert von andern Inhaftierten in Haft gehalten (Art. 1172, 1173).

Die Untersuchungsakten in den Strafsachen gegen Personen des geistlichen Standes werden vor Erhebung der Anklage der geistlichen vorgesetzten Behörde des Angeschuldigten zur Meinungsäußerung übersandt. Diese Meinungsäußerung ist auf Antrag der Beteiligten in der Hauptverhandlung zu verlesen (Art. 1175, 1178).

3. In den Strafsachen wegen Staatsdelikte, zu denen die Vergehen gegen die Bestimmungen über verbotene Verbindungen und Vereine gehören, finden wegen des Ermittelungsverfahrens die allgemeinen Bestimmungen der Strafprozeßordnung Anwendung, falls die Täter nicht Personen des Militärstandes sind. Sind dagegen die Täter Militärpersonen und ist die Tat an Orten begangen, die ausschließlich unter der Militärverwaltung stehen, so finden auf das Strafverfahren die Bestimmungen der Strafgerichtsordnung mit einigen Abweichungen Anwendung, von denen die wesentlichsten die folgenden sind (Art. 1181[1], 1181[2]).

a) Durch kaiserlichen Befehl wird bestimmt, ob zur Aburteilung der Staatsdelikte die ordentlichen Militärgerichte, besonders zu diesem Zwecke eingesetzte Gerichtshöfe oder der Oberste Gerichtshof berufen sind (Art. 1182).

b) Die Voruntersuchung bei Staatsdelikten wird, je nach Erheblichkeit der Straftat, entweder von einem ständigen Mitglied des Militärbezirksgerichts bei Anwesenheit des Staatsanwalts, oder von einer besonderen aus einem General, zwei Stabsoffizieren und dem Militäruntersuchungsrichter als Geschäftsleiter bestehenden Untersuchungskommission geführt. Die wegen Staatsdelikte in Untersuchungshaft befindlichen Personen sind in besonderen Räumen unterzubringen. Die Akten über die geschlossene Untersuchung sind dem Kriegsminister zu übermitteln, um eine kaiserliche Entschließung über Außerverfolgungsetzung, Anklageerhebung vor einem ordentlichen Gericht oder vor dem Militärgericht, letzterenfalls in besonders wichtigen Fällen über Einsetzung eines besonderen Gerichtshofs herbeizuführen (Art. 1184—1194).

c) Der besondere Gerichtshof besteht aus einem vom Kaiser zu genehmigenden Vorsitzenden, den ständigen Mitgliedern des Obersten Militärgerichtshofs und vier vom Kriegsminister dazu bestimmten Generälen. Der Staatsanwalt ist vom Kriegsminister zu bestimmen. Die Verhandlungen in den Strafsachen wegen Beleidigungen des Kaisers oder der Mitglieder der kaiserlichen Familie sind stets nicht öffentlich. In andern Staatsdelikten bleibt es dem Ermessen des Gerichts überlassen, die Öffentlichkeit auszuschließen. Beim Vorliegen mildernder Umstände hat das Gericht nicht selbst die Strafe zu mildern, sondern es kann nur die Milderung der Strafe durch den Kaiser empfehlen (Art. 1197, 1198, 1202, 1203).

Ein Ablehnungsrecht gegen Richter steht nur dem Angeklagten zu. Urteile in Strafsachen wegen Staatsdelikte können durch Kassation seitens des Angeklagten und der Staatsanwaltschaft angefochten werden. Über dieses Rechtsmittel entscheidet der Oberste Gerichtshof, der ebenfalls durch kaiserlichen Befehl eingesetzt wird. Alle in Strafsachen wegen Staatsdelikte ergangene Urteile werden nach Rechtskraft vor ihrer Vollstreckung zur kaiserlichen Entschließung vorgelegt (Art. 1201, 1204, 1207, 1205).

4. In Strafsachen wegen begangener Amtsdelikte kann die Erhebung der Anklage auch ohne vorgängige Voruntersuchung erfolgen, mit Ausnahme folgender Fälle, wo eine Voruntersuchung stattfinden muß: a) wenn Zivilpersonen bei der Straftat beteiligt sind; b) wenn gegen den Beschuldigten ein Schadensanspruch (vom Verletzten) geltend gemacht ist; c) wenn die Straftat mit Verlust der Standesrechte oder aller besonderen Rechte und Vorrechte bedroht ist (Art. 1214).

In den Strafsachen wegen Amtsdelikte gegen Richter und Staatsanwälte dürfen weder irgendwelche Untersuchungshandlungen einem Mitglied des Gerichts, bei dem der Beschuldigte tätig war, übertragen werden, noch darf die Verhandlung vor demjenigen Gerichte stattfinden, wo der Angeklagte amtlich beschäftigt war (Art. 1215, 1218).

Sachlich zuständig in Amtsdelikten sind die Militärbezirksgerichte, bzw. die zeitweiligen Militärgerichte. Für Strafsachen gegen die Mitglieder des Obersten Militärgerichtshofs, den Oberstaatsanwalt und seinen Gehilfen ist der Kassationshof zuständig (Art. 1218, 1209)

Die Erhebung der Anklage gegen Personen der Staatsanwaltschaft erfolgt auf Antrag des Kriegsministers, gegen den Oberstaatsanwalt und die Mitglieder des Obersten Militärgerichtshofs auf kaiserlichen Befehl, gegen andere richterliche Personen durch Beschluß des

Obersten Militärgerichtshofs und gegen Sekretäre und deren Gehilfen durch Beschluß der Militärbezirksgerichte (Art. 1216 f.).

5. In den Strafsachen, welche Verfehlungen von Militärpersonen gegen die Vorschriften und Gesetze über die verschiedenen Zweige der Staatsverwaltung, des Staatsvermögens, der allgemeinen Wohlfahrt, die Quarantäne- oder Medizinalvorschriften nehmen die Behörden, in deren Bereich die strafbare Handlung begangen ist, die Stellung des Zivilklägers (des Verletzten, Nebenklägers) ein. Die beteiligten Behörden können aber auch verlangen, daß die Führung des Ermittelungsverfahrens oder der Voruntersuchung ihnen übertragen werde. In jedem Falle werden ihnen vor Erhebung der Anklage die Akten zur Meinungsäußerung übersandt. Diese Meinungsäußerung hat der Staatsanwalt zusammen mit der seinigen dem zuständigen militärischen Befehlshaber zur weiteren Beschlußfassung zu übermitteln. Zur Wahrnehmung der Interessen der Staatskasse oder des betreffenden Verwaltungszweiges können die beteiligten Behörden Vertreter zum Hauptverhandlungstermin entsenden, deren Nichterscheinen jedoch die Verhandlung nicht aufhält (Art. 1239, 1225, 1228, 1233, 1238).

In einer ganzen Anzahl von Zweigen der Staatsverwaltung (im Zollwesen, in der Forstverwaltung, der Postverwaltung, auf dem Gebiete von Handel und Gewerbe, im privaten Goldsuchergewerbe und auf dem Gebiete der Probeordnung für Gold und Silber vom 11. März 1896) überlaßt die bürgerliche Strafprozeßordnung das gesamte Strafverfahren den beteiligten Behörden (Art. 1124 der StPO. und Beilage dazu). Diese Vorschrift bleibt auch für Personen des Militärstandes unberührt (Art. 1219).

6. Bei konkurrierender Zuständigkeit der Militär- und Zivilgerichte ist folgendes hervorzuheben:

a) Sind bei einer Straftat, welche nicht die Militärdisziplin oder den Militärdienst betrifft, Zivilpersonen und Personen des Militärstandes als Täter beteiligt, so gehört die Sache hinsichtlich aller Beteiligten zur Zuständigkeit der bürgerlichen Gerichte. Betrifft dagegen die Straftat die Militärdisziplin oder den Militärdienst, so ist für alle Mittäter, auch die Zivilpersonen, die Zuständigkeit des Militärbezirksgerichts (bzw. des zeitweiligen Militärgerichts) begründet (Art. 1261, 1262). Auf die Zivilpersonen sind jedoch die materiellen Bestimmungen des bürgerlichen Strafgesetzbuchs anzuwenden, ebenso ist das rechtskräftige Urteil des Militärgerichts zur Vollstreckung gegen die verurteilten Zivilpersonen an den zuständigen bürgerlichen Staatsanwalt abzugeben (Art. 1267, 1268).

b) Beim Vorliegen mehrerer Straftaten gegen einen Angeklagten, von denen die einen zur Zuständigkeit der Zivilgerichte, andere zu derjenigen der Militärgerichte gehören, ist für die Gesamtheit der Straftaten dasjenige Gericht zuständig, zu dessen Zuständigkeit die schwerere Straftat gehört. Haben Personen des Militärstandes, abgesehen von der gemeinschaftlichen Begehung einer allgemeinen Straftat, zusammen mit Zivilpersonen auch Gesetze der Disziplin und des Militärdienstes verletzt, so sind alle Teilnehmer an der Straftat von dem bürgerlichen Gericht abzuurteilen, und nach Erlaß des Urteils des Zivilgerichts ist die Sache, falls das Militärdelikt mit einer höheren Strafe als die andern Straftaten bedroht ist, an das Militärgericht zur erneuten Aburteilung des militärischen Delikts abzugeben. Die Vollstreckung aus dem Urteil desjenigen Gerichts, welches zuerst mit der Sache befaßt war, wird bis zum Erlaß des Urteils des später tätigen Gerichts ausgesetzt. Die Strafe ist von dem letzteren nach den Grundsätzen des Zusammentreffens mehrerer Straftaten festzusetzen (Art. 1269—1273).

7. Haben Personen des Militärstandes Vergehen gegen die Preßgesetze begangen, die zugleich ein militärdienstliches Vergehen darstellen, so sind sie durch das Militärgericht gemäß den Bestimmungen der Strafgerichtsordnung abzuurteilen. Sind dagegen die Preßdelikte nicht militärdienstlicher Natur, so ist die Zuständigkeit der bürgerlichen Gerichte nach Maßgabe der Strafprozeßordnung begründet. Letzterenfalls wird aber in den Bestand des Appellhofs (der hierfür an sich zuständig ist) von dem Chef des Militärbezirks ein ihm unterstellter Offizier delegiert. Die Strafen, auf welche in diesem Verfahren zu erkennen sind (Geldstrafen bis zu 300 Rubel und Gefängnis bis zu einem Jahre und vier Monaten, Art. 1010—1019 1030, 1032 StGB.), sind in Gemäßheit der Bestimmungen des Disziplinargesetzes zu verhängen (Art. 1274—1277).

N. Das Strafverfahren in Kriegszeiten.

1. Die Bestimmungen über das Strafverfahren in Kriegszeiten kommen von dem Zeitpunkte an zur Anwendung, wo der Mobilisationsbefehl publiziert oder ein bestimmtes Gebiet in Kriegszustand erklärt ist, und zwar im ganzen Bereiche der dem Oberbefehlshaber unterstellten Gebiete. Strafbare Handlungen, die vor diesem Zeitpunkte begangen sind, aber nach demselben zur Aburteilung kommen, werden zwar nach dem ordentlichen Militärstrafverfahren abgeurteilt, es findet aber auf sie das materielle Strafrecht für Kriegszeiten Anwendung (Art. 1278).

Von dem angegebenen Zeitpunkt und innerhalb der bezeichneten Gebiete treten folgende Militärkriegsgerichte in Funktion:

a) Regiments- und Etappengerichte;
b) dem Oberkommandierenden unterstellte Militärbezirksgerichte, Armeegerichte — diese beiden Kategorien a und b mit der örtlichen Zuständigkeit ihres Tätigkeitsgebietes — und
c) das Kassationsamt (Art. 1280, 1281).

Die Etappengerichte, mit derselben Zuständigkeit wie die Regimentsgerichte, werden nach Bedarf für die einzelnen Etappenbezirke eingesetzt. Die Etappenbefehlshaber oder die Regimentskommandeure können die Besetzung der ihnen unterstellten Gerichte nach ihrem Ermessen ändern, auch vor Ablauf der Amtsdauer der ernannten Richteroffiziere (ein Jahr für den Vorsitzenden, sechs Monate für die Beisitzer). Zu Vorsitzenden und Beisitzern der Etappengerichte können nötigenfalls auch Offiziere ernannt werden, die kein Kommando bekleiden, wenn sie nur vier Jahre Frontdienst getan haben (Art. 1284—1287).

Die bestehenden Militärbezirksgerichte, in verstärkter Zusammensetzung, treten als solche oder Armeegerichte mit der Publikation des Mobilisierungsbefehls in Funktion und folgen den Heereskörpern, denen sie zugeteilt sind, und werden nach Bedarf auf die verschiedenen Bezirke des Mobilisierungsgebietes verteilt. Dasselbe gilt von den Militärstaatsanwälten und Militäruntersuchungsrichtern. Auch hier können die richterlichen Offiziere innerhalb ihrer Amtsperiode durch andere ersetzt werden (Art. 1289—1291, 1296).

Ist der Angeklagte ein Regimentskommandeur (nicht im Generalsrange) oder ein im gleichen Range stehender Befehlshaber, so werden die zeitweiligen Mitglieder des Gerichts durch denjenigen Befehlshaber ernannt, der die Erhebung der Anklage beschließt. Ist der Angeklagte ein General oder ein in gleichem Range stehender Militärbeamter, so werden der Vorsitzende und die Mitglieder des Gerichts von dem Oberbefehlshaber des Heeres oder in seinem Auftrage aus der Generalität ernannt (Art. 1297, 1298). Für die Stellvertretung behinderter Mitglieder des Gerichts und der Staatsanwaltschaft hat der älteste Befehlshaber des dem Orte des Gerichts nächsten Heeresteiles zu sorgen. Der Kommandant einer vom Feinde belagerten Festung und der Befehlshaber eines vom übrigen Heere abgeschnittenen Truppenteiles haben die Befugnis, für ihren Wirkungsbereich Kriegsgerichte einzusetzen (Art. 1300, 1301).

Das Kassationsamt, bestehend aus einem Vorsitzenden und drei Mitgliedern, alle im Generalsrang, wird für das gesamte Kriegsgebiet oder Kriegsschauplatz (Kriegstheater) ernannt und hat seinen Sitz an dem vom Oberbefehlshaber bezeichneten Orte. Der Vorsitzende wird vom Kaiser, zwei der Mitglieder vom Kriegsminister, der dritte vom Oberbefehlshaber ernannt (Art. 1302).

Zur Ausübung der Funktionen der Staatsanwaltschaft beim Kassationsamt werden vom Kriegsminister bzw. vom Militäroberstaatsanwalt drei Beamte aus dem Militärgerichtsressort ernannt, von denen drei auch die Geschäftsleitung zu besorgen haben (Art. 1303).

Endlich werden noch aus den Generalen des Militärgerichtsressorts Verwalter des Militärgerichtswesens bei dem Oberkommando oder Heereskommando vom Kriegsminister ernannt, denen je ein Stabsoffizier zur Unterstützung und Vertretung beigegeben werden (Art. 1304, 1305).

Die Aufsicht und die Disziplinargewalt über die Militärkriegsgerichte und deren Beamten im Operationsgebiete eines Heeres steht dem Kommandierenden dieses Heeresteiles zu, dem die Machtbefugnisse des Kriegsministers beigelegt werden. Die Aufsicht über das Kassationsamt und die oberste Aufsicht über die übrigen Behörden und Amtspersonen des Militärgerichtsressorts steht dem Oberkommandierenden des Kriegsgebietes zu (Art. 1307).

3. a) Die Zuständigkeit der Kriegsgerichte erstreckt sich außer den der Militärgerichtsbarkeit unterstehenden Personen (vgl. oben B. I) auf alle zum Heere gehörende Personen, darunter alle in irgendeinem Zweige der Kriegsverwaltung beschäftigten Personen, Korrespondenten, Lieferanten usw., auch ausländische Offiziere, die sich beim Heere befinden und durch einen kaiserlichen Befehl nicht eximiert sind, auf alle Zivilpersonen in dem in Kriegszustand erklärten Gebiet und endlich auf die Bewohner der feindlichen, vom Heere besetzten Gebiete. Die letzteren und die Zivilpersonen unterstehen den Kriegsgerichten wegen strafbarer Handlungen, die sie gemeinschaftlich mit Personen, die den Militärgerichten unterstehen, begangen haben oder wegen solcher Straftaten, die in irgendeiner Beziehung zur Kriegführung oder zur Heeresverwaltung stehen (Art. 1311—1314).

b) Zur sachlichen Zuständigkeit der Regiments- und Etappengerichte gehören die Straftaten der oben unter a bezeichneten Personen, welche nur mit korrektionellen Strafen bedroht sind und den Verlust irgendwelcher Rechte und Vorrechte nicht nach sich ziehen, sowie die Straftaten der Kriegsgefangenen, die im Range den Militärpersonen der unteren Dienstgrade des russischen Heeres entsprechen. Strafbare Handlungen, die mit einer Geldstrafe über 300 Rubel bedroht sind, oder mit welchen ein Schadensanspruch über diesen Betrag hinaus geltend gemacht ist, ebenso alle Straftaten der zeitweiligen Fähnriche und der zeitweiligen Militärbeamten sind von der Zuständigkeit der Regiments- und Etappengerichte ausgenommen (Art. 1315, 1316, Verordn. v. 6. Okt. 1904).

c) Zur Zuständigkeit der Militärbezirksgerichte und des Armeegerichts gehören alle strafbaren Handlungen, die nicht zur Zuständigkeit der Regiments- und Etappengerichte gehören, wobei die Zuständigkeit des Armeegerichts dann begründet ist, wenn die Straftaten im Auslande oder im Inlande von Personen begangen sind, die zu den beweglichen Heeresteilen zählen. Ist eine Straftat gemeinschaftlich von Personen begangen, von denen die einen der Gerichtsbarkeit der Militärbezirksgerichte unterstehen, die andern zu den beweglichen Heeresteilen zählen, so ist das Militärbezirksgericht zuständig. Außerdem sind die Militärbezirksgerichte und das Armeegericht Berufungs- und Beschwerdeinstanz für Berufungen und Beschwerden gegen Entscheidungen der Regiments- und Etappengerichte (Art. 1320—1323).

Kompetenzkonflikte der einzelnen Militärgerichte über die Zuständigkeit werden von dem übergeordneten Befehlshaber, dem die im Konflikt befindlichen Gerichte gemeinsam unterstellt sind, entschieden. Außerdem können auch Sachen von dem einen Gericht an das andere gleicher Ordnung auf Anordnung der Befehlshaber aus Zweckmäßigkeitsgründen übertragen werden (Art. 1324—1331).

4. Für das Ermittelungsverfahren und die Voruntersuchung gelten die allgemeinen Vorschriften (oben unter E. und F.) mit unwesentlichen Abweichungen.

a) die Führung des Ermittelungsverfahrens kann außer einem Offizier (vgl. E. 2) auch einem Beamten der Militärpolizei übertragen werden. Ergibt das Ermittelungsverfahren die Straftat mit unzweifelhafter Klarheit und die Zuständigkeit des Militärbezirksgerichts oder des Armeegerichts, so kann der zuständige Befehlshaber auch ohne eine Voruntersuchung die Erhebung der Anklage anordnen (Art. 1333, 1334).

b) Die Voruntersuchung wird unter Anwendung der allgemein geltenden Bestimmungen (vgl. oben F.) in beschleunigterem Verfahren geführt. Besichtigungen, persönliche Untersuchungen, Haussuchungen und Beschlagnahmen nimmt der Untersuchungsrichter persönlich nur am Orte der geführten Voruntersuchung oder in Orten, die nicht weiter als 100 Werst davon entfernt sind, vor, im übrigen läßt er diese Handlungen durch die zuständigen Militär- oder Militärpolizeibehörden vernehmen; ebenso werden Zeugen, die nicht am Orte der geführten Voruntersuchung sich befinden, durch die ersuchte zuständige Behörde vernommen (Art. 1338, 1345). Die Untersuchung des Angeschuldigten auf seinen Geisteszustand erfolgt auf Anordnung des örtlichen militärischen Befehlshabers durch drei Militärärzte im Beisein des ganzen Gerichts nach Anhörung des Staatsanwalts (Art. 1343). Ergeben sich bei der Voruntersuchung Zweifel an der geistigen Gesundheit des Angeschuldigten, so hat sich der Untersuchungsrichter auf dessen Untersuchung durch Vernehmung des Angeschuldigten und des Arztes, der diesen kennt, zu beschränken und die Sache dann an den Staatsanwalt zur Einreichung bei dem Militärbezirksgericht oder dem Armeegericht zu übersenden (Art. 1342). Die Akten über die Voruntersuchung wegen Staatsdelikte werden dem Kommandierenden des Heeres, oder in wichtigeren Fällen dem Oberkommandierenden zur Beschlußfassung über Einstellung des Verfahrens oder Erhebung der Anklage übergeben (Art. 1352).

5. Die Erhebung der Anklage erfolgt: gegen Generale (vgl. G. unter e) gegen Personen der ersten vier Rangklassen und ausländische Offiziere durch den Oberkommandierenden; gegen Regimentskomman-

deure und dem Heere angehörende Personen der fünften Rangklasse, durch den Kommandierenden des betreffenden Heeresteiles; gegen Stabsoffiziere durch die Korpskommandeure; gegen Oberoffiziere durch die Divisionskommandeure; gegen alle andern Personen des Heeresstandes durch die Regimentskommandeure. Überall, wo Militärpersonen, Beamte oder ausländische Offiziere an einer strafbaren Handlung beteiligt sind, erfolgt die Erhebung der Anklage durch denjenigen militärischen Befehlshaber, dem diese Personen unterstellt sind. Liegt eine Beteiligung dieser Personen nicht vor, so ist zur Erhebung der Anklage der militärische Befehlshaber berufen, in dessen Bezirk die Straftat begangen ist (Art. 1353–1355).

6. Auf das Verfahren vor den Regiments- oder Etappengerichten finden die oben unter H. wiedergegebenen Vorschriften Anwendung mit wenigen nur unwesentlichen Abweichungen: Die Ladung von Zeugen, die nicht am Orte des Gerichts wohnen, zur Hauptverhandlung hängt vom Ermessen des Gerichts ab. Der Angeklagte, der mit dem Urteil nicht zufrieden ist, muß seine mündliche oder schriftliche Beschwerde binnen 24 Stunden nach Verkündung des Urteils anbringen. Ebenso muß der Verletzte (Nebenkläger) bei Vermeidung des Verlustes auf das Einspruchsrecht sofort nach Verkündung des Urteils seine etwaige Unzufriedenheit mit demselben erklären (Art. 1358, 1362, 1363).

7. Hinsichtlich der Rechtsmittel gegen die Urteile der Regiments- und Etappengerichte ist hervorzuheben, daß die Erklärung des Nebenklägers oder Zivilklägers gegen die Meinungsäußerung des Regimentskommandeurs (falls dieser dem Urteil des Regiments- oder Etappengerichts nicht zustimmt) sofort nach der Mitteilung dieser Meinungsäußerung an ihn, wozu er vorgeladen wird, erfolgen muß. Die Unzulässigkeit des Einspruchs gegen vom Regimentskommandeur bestätigte Urteile erstreckt sich auf Fälle, wo der Einspruch einen Schadensanspruch betrifft, der 100 Rubel nicht übersteigt (Art. 1367, 1368, 1370). Im übrigen sind die oben unter H. 5 wiedergegebenen Bestimmungen zu vergleichen. In dem Beschluß, der einen den Einspruch zurückweisenden Beschluß aufhebt, ist zur erneuten Einreichung des Einspruchs eine Frist von einem bis zu drei Tagen zu bestimmen (Art. 1396).

8. In Verfahren vor den Militärbezirksgerichten und dem Armeegericht sind von den vom ordentlichen Verfahren (vgl. oben unter J.) abweichenden Vorschriften folgende hervorzuheben:

a) Die Anklageschrift hat der Staatsanwalt innerhalb 2 Tagen nach Empfang der Akten vom Befehlshaber bei Gericht einzureichen. In der gleichen Frist hat das Gericht in einer Beschlußsitzung über die die Hauptverhandlung vorbereitenden Maßnahmen zu beschließen (Art. 1376, 1378).

b) Anklageschrift, Zeugenliste und Verzeichnis der Richter, die an der Hauptverhandlung teilnehmen sollen (vgl. oben J. 2 und 3) sind dem Angeklagten spätestens an dem der unter a) bezeichneten Sitzung folgenden Tag zuzustellen. Ablehnungsanträge gegen Richter und Staatsanwalt müssen innerhalb 24 Stunden nach Empfang dieser Schriftstücke gestellt werden (Art. 1379, 1380).

c) Der Zivilkläger (Nebenkläger) wird zur Hauptverhandlung nur dann geladen, wenn die Möglichkeit besteht, daß er binnen 2 Tagen nach Absendung der Ladung erscheinen kann. Anträge auf Zeugenladung muß er binnen 24 Stunden nach Empfang dieser Ladung stellen (Art. 1381, 1382).

d) Die Ladung von Zeugen, die außerhalb des Gerichtsortes wohnen, ist dem Ermessen des Gerichts überlassen. Ist der Antrag eines Beteiligten auf Zeugenladung abgelehnt, so kann der Antragsteller die Zeugen auf seine Kosten laden lassen und, wenn er dies sofort nach Empfang des ablehnenden Bescheides dem Gericht anzeigt, und diese Ladung ist auch nur hinsichtlich solcher Zeugen und Sachverständigen zulässig, die Zivilpersonen sind (Art. 1383, 1385, 1386).

c) Mangelt es an geeigneten Verteidigern, so muß der Angeklagte sich selbst verteidigen (Art. 1384).

f) Vom Erscheinen zur Hauptverhandlung sind Zeugen wegen Altersschwäche oder wegen zu großer Entfernung, d. h. wenn sie mehr als 24 Stunden zum Erscheinen brauchen, befreit. Die Aussagen von Zeugen, die nicht geladen und nicht erschienen sind, können verlesen werden. Fehlt es an einem Geistlichen zur Vereidigung der Zeugen, so können diese auch unvereidigt vernommen werden (Art. 1388—1390).

g) Das Recht, die Begnadigung oder eine Milderung der Strafe zu befürworten, steht dem Kommandierenden des Heeres zu, der diesen Antrag mit seiner Meinungsäußerung dem Oberkommandierenden binnen 24 Stunden zu übersenden hat, falls dem Hindernisse nicht entgegenstehen (Art. 1391).

9. Die Frist zur Einlegung von Kassationsbeschwerden ist auf 2 Tage beschränkt. Ein Mitangeklagter ist berechtigt, sich der Kassation anzuschließen, und zwar ebenfalls binnen 2 Tagen von der Mitteilung der Einlegung der Kassation durch einen andern Mitangeklagten. Gegen die Urteile der Militärbezirksgerichte und der Etappengerichte in der Berufungsinstanz ist die Kassation nicht zulässig (Art. 1397, 1399, 1400).

Der Oberkommandierende der Truppen ist berechtigt, der eingereichten Kassation keinen Fortgang zu geben, wenn die Verurteilung wegen solcher schweren Straftaten erfolgt ist, die mit Rücksicht auf die Wahrung wesentlicher Interessen des Heeres, der militärischen Disziplin und der öffentlichen Sicherheit die sofortige Vollstreckung des Urteils notwendig erscheinen lassen. Die einzelnen Straftaten, bei denen der Kassation der Fortgang versagt werden kann, hat der Oberkommandierende zuvor öffentlich bekannt zu machen.

Dieselbe Machtbefugnis wie dem Oberkommandierenden steht in außerordentlichen Fällen, wo die sofortige Urteilsvollstreckung als notwendig sich erweist, auch den Kommandierenden einzelner Truppenteile und den Kommandanten zu. Diese haben in diesem Falle über die von ihnen getroffenen Maßnahmen tunlichst bald unter Übersendung der Akten an den Obersten Militärgerichtshof zu berichten, welcher sofort über die Rechtmäßigkeit des Verfahrens und die Festsetzung der Strafe entscheidet und seine Entscheidung der Kaiserlichen Entschließung unterbreitet (Art. 1396—1406).

10. Die rechtskräftigen Urteile bedürfen vor ihrer Vollstreckung der Bestätigung durch den Oberkommandierenden in den Fällen:

a) wo sonst die kaiserliche Bestätigung erforderlich ist (vgl. oben L. 2),
b) wo durch das Urteil auf die Todesstrafe, auf Aberkennung aller Standesrechte oder auf Festungshaft erkannt ist,
c) wo dem Kassationsverfahren kein Fortgang gegeben wird (vgl. oben unter 9) und das Urteil angefochten ist (Art. 1409).

In außerordentlichen Fällen, die eine sofortige Vollstreckung des Urteils notwendig machen, steht die Bestätigung von Todesurteilen dem Kommandierenden des betreffenden Heeres zu. Das Bestätigungsrecht des Oberkommandierenden steht auch dem Kommandanten einer vom Feinde belagerten Festung und dem Kommandierenden eines vom übrigen Heere abgeschnittenen Truppenteiles zu (Art. 1409, 1410).

Die korrektionellen Freiheitsstrafen (MilStGB. Art. 5), auf welche im Kriegsoperationsgebiete erkannt ist, werden erst nach Beendigung des Krieges verbüßt; die Militärpersonen der unteren Dienstgrade werden in diesem Falle sofort in die Bestraftenklasse versetzt. Diese können indessen, wenn zugleich auf Ausschluß aus dem Militärdienst erkannt ist und sie so verdorben sind, daß ihr Einfluß als schadenbringend für die übrige Mannschaft zu besorgen ist, aus dem Operationsgebiet zur Verbüßung der Freiheitsstrafe entfernt werden (Beil. zu Art. 1412).

Gegen Militärpersonen der Reserve, die nach Beendigung des Krieges wieder zur Reserve entlassen werden, ist im Urteil anzugeben, welche Strafe nach dem bürgerlichen Strafgesetzbuch der nach dem Kriegsrecht erkannten Strafe zu substituieren ist; die so substituierte Strafe verbüßen diese Personen nach ihrer Entlassung (a. a. O.).

Druck von Leonhard Simion Nf. in Berlin SW.

Fortsetzung auf der 4. Umschlagseite.

No. 28. Vorentwurf zu einem **Schweizerischen Strafgesetzbuch.** (April 1908.) 1 M. 50 Pf.

No. 29. Vorentwurf zu einem **Oesterreichischen Strafgesetzbuch.** (September 1909.) 2 M.

No. 30. **Das Ungarische Strafgesetzbuch über Verbrechen und Vergehen** (V. Gesetzartikel vom Jahre 1878) mit allen Abänderungen und Ergänzungen einschließlich der Ungarischen Strafgesetznovelle (XXXVI. Gesetzartikel vom Jahre 1908) und den bis 1909 ergangenen strafrechtlichen Nebengesetzen. 2 M. 50 Pf.

No. 31. **Japanisches Militär-Strafgesetzbuch** vom 9. April 1908. Gesetzblatt No. 46. — **Japanische Militär-Strafgerichtsordnung** vom 19. Oktober 1898, Gesetzblatt No. 2. Übersetzt von Rennosuke Fujisawa, Berlin-Schöneberg. 1 M. 20 Pf.

No. 32. **Vorentwurf zu einem Strafgesetzbuch für das Königreich Serbien.** Nach der amtlichen Ausgabe des Justizministeriums übersetzt und herausgegeben von Zivko Topalovits aus Belgrad und Hans Landsberg aus Berlin. 2 M.

No. 33. **Das Alkoholgesetz in Chile** vom 18. Januar 1902. Übersetzt von Alfredo Hartwig. 1 M.

No. 34. **Das türkische Strafgesetzbuch** vom **9. August 1858** mit Novelle vom **4.** April 1911 und den **wichtigsten** türkischen Strafnebengesetzen. Deutsche **Übersetzung** nebst Einleitung und Anmerkungen von Dr. jur. Erich Nord. 3 M. 50 Pf.

No. 35. **Englisches Spionage-Gesetz** vom Jahre 1911. 80 Pf.

No. 36. **Das Gerichtsverfassungsgesetz und die Strafprozeßordnung von Japan.** Übersetzt und mit Anmerkungen versehen von Staatsanwalt Dr. Mannosuke Yamaoka und k. k. Hauptmannauditor Dr. Otto Kerry. 3 M.

No. 37. a) **Das belgische Kinderschutzgesetz** vom 15. Mai 1912. Übersetzt von Staatsanwalt Dr. Rosenfeld. b) **Französisches Gesetz betr. Jugendgerichte und Schutzaufsicht** vom 22. Juli 1912. Übersetzt von Staatsanwalt Dr. Rosenfeld. c) **Entwurf eines Deutschen Gesetzes über das Verfahren gegen Jugendliche.** 80 Pf.

No. 38. **Das polizeiliche Strafverfahren in Ungarn.** Übersetzt von Dr. Gabriel von Szöllösy, Oberleutnantauditor im k. u. k. Kriegsministerium in Wien.

No. 39. **Regierungs-Entwurf eines Österreichischen Strafgesetzbuches und einer Abänderung der Strafprozeßordnung (1912).**

No. 40. **Das Russische Militär-Strafrecht.** Übersetzt und bearbeitet von Rechtsanwalt Klibanski in Berlin.

Druck von Leonhard Simion Nf. in Berlin SW 48.

185512

FSC
www.fsc.org
MIX
Papier | Fördert gute Waldnutzung
FSC® C083411

Kolibri 360 GmbH
Ferdinand-Jühlke-Straße 7
99095 Erfurt, Deutschland
produktsicherheit@kolibri360.de